复旦大学中外现代化进程研究中心
CENTER FOR COMPARATIVE STUDIES OF MODERNIZATION, FUDAN UNIVERSITY

近代中外交涉史料丛刊

金轺筹笔

曾纪泽　庆常　等撰

李峻杰　整理

近代中外交涉史料丛刊

第一辑

复旦大学中外现代化进程研究中心　主编

编委会成员（以姓氏拼音排序）

本辑执行主编：张晓川

曾纪泽像

《金轺筹笔》光绪九年（1883）朱克敬刻本书影

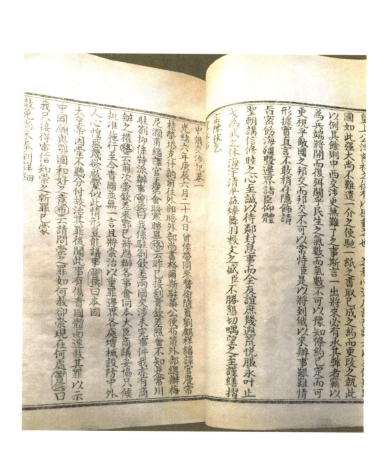

《中俄交涉记》光绪二十二年（1896）积山书局石印本书影

大清国
大皇帝
大俄国
大皇帝　大清国　大俄国会商将两国边界及通商等事秉两国有益之意妥商以固和好是以特派全权大臣

大清国钦差出使俄国钦差大臣一等毅勇侯大理寺少卿曾

大俄国钦差大臣各将所奉

谕旨互相校阅俱属妥协议定条约如左

第一条

大俄国允将其兵前次所据伊犁地方交还

大清国管属暨伊犁所属地方应归俄国管辖

大皇帝先前一千八百七十一年即同治十年兵抵伊犁所有

大清国允俟将来平靖俄国应照此约第七条所定界址应归俄国管属

谕旨将伊犁交还时仍照此约第二条所载办理

大清国收伊犁后俄国前项遵照

第二条

大皇帝降

大皇帝恩旨出示晓谕伊犁居民

大皇帝惠旨出示晓谕伊犁居民

第三条

俄国人在伊犁居住有田地者交收伊犁后仍准旧业其伊犁居民

伊犁前项现居原处愿居俄国者均听其便愿仍交回交收伊犁之日起于一年限期遵照原居伊犁户口中国官

并不阻拦

第四条

俄国人在伊犁原置有田地者交收伊犁后仍准旧业其伊犁居民照旧营业其伊犁居民愿仍俄国籍者不得过此限

定贸易往来货物应照原约第十二条所

两国特派大臣一面交还一面接收伊犁并遵照所约开具册档交收伊犁事宜在伊犁城

次摒阅斟酌限甘稍酌定

大俄国应尽速派遣大臣前往塔什干城如照上屙吉斯坦总督自酌道到塔

大皇帝执允请将通行之事前派委员前往塔什干城

第六条

大皇帝执允请将通行之事前自酌月内应将伊犁之事前越酌能先期酌定亦可

大清国

《中俄伊犁条约》（《中俄改订条约》、《圣彼得堡条约》）
汉文本部分影像

总　序

　　梁启超在 20 世纪初年撰《中国史叙论》,将乾隆末年至其所处之时划为近世史,以别于上世史和中世史。此文虽以"中国史叙论"为题,但当日国人对于"史"的理解本来就具有一定的"经世"意味,故不能单纯以现代学科分类下的史学涵盖之。况且,既然时代下延到该文写作当下,则对近世史的描述恐怕也兼具"史论"和"时论"双重意义。任公笔下的近世史,虽然前后不过百来年时间,但却因内外变动甚剧,而不得不专门区分为一个时代。在梁启超看来近世之中国成为了"世界之中国",而不仅仅局限于中国、亚洲的范围,其原因乃在于这一时代是"中国民族连同全亚洲民族,与西方人交涉竞争之时代"。不过,就当日的情形而论,中国尚处于需要"保国"的困境之中,遑论与列强相争;而面对一盘散沙、逐渐沦胥的亚洲诸国,联合亦无从说起,所谓"连同"与"竞争"大抵只能算作"将来史"的一种愿景而已。由此不难看出,中国之进入近世,重中之重实为"交涉"二字。

　　"交涉"一词,古已有之,主要为两造之间产生关系之用语,用以表示牵涉、相关、联系等,继而渐有交往协商的意思。清代以前的文献记载中,鲜有以"交涉"表述两个群体之间的关系者。有清一代,形成多民族一统的大帝国,对境内不同族群、宗教和地域的治理模式更加多元。当不同治理模式下的族群产生纠纷乃至案件,或者有需要沟通处理之事宜时,公文中便会使用"交涉"字眼。比如"旗民交涉"乃是沟通满人与汉人,"蒙民交涉"或"蒙古民人交涉"乃是沟通蒙古八旗与汉人,甚至在不同省份或衙门之间协调办理相关事务时,也使用了这一词汇。乾隆中叶以降,"交涉"一词已经开始出现新的涵义,即国与国之间的协商。这样的旧瓶新酒,或许是清廷"理藩"思维的推行与惯性使然,不过若抛开朝贡宗藩的理念,其实质与今日国际关系范畴中的外交谈判并无二致。当日与中国产生"交涉"的主要是陆上的邻国,包括此后被认为属于"西方"的沙俄,封贡而在治外的朝鲜与服叛不定的缅甸等国。从时间上来看,"交涉"涵义的外交化与《中国史叙论》中的"乾隆末年"基本相合——只是梁启超定"近世史"开端时,心中所念想必是马嘎尔尼使华事件,不过两者默契或可引人深思。

道光年间的鸦片战争,深深改变了中外格局,战后出现的通商口岸和条约体制,致使华洋杂处、中外相联之势不可逆转。故而道咸之际,与"外夷"及"夷人"的交涉开始增多。尤其在沿海的广东一地,因涉及入城问题等,"民夷交涉"蔚然成为一类事件,须由皇帝亲自过问,要求地方官根据勿失民心的原则办理。在《天津条约》规定不准使用"夷"字称呼外人之前一年,上谕中也已出现"中国与外国交涉事件"之谓,则近百年间,"交涉"之对象,由"外藩"而"外夷",再到"外国",其中变化自不难体悟。当然,时人的感触与后见之明毕竟不同,若说"道光洋舰征抚"带来的不过是"万年和约"心态,导致京城沦陷的"庚申之变"则带来更大的震慑与变化。列强获得直接在北京驻使的权力,负责与之对接的总理衙门成立,中外国家外交与地方洋务交涉进入常态化阶段。这是当日朝廷和官员施政新增的重要内容。因为不仅数量上"中外交涉事件甚多","各国交涉事件甚繁",而且一旦处置不当,将造成"枝节丛生,不可收拾"的局面,所以不得不"倍加慎重",且因"办理中外交涉事件,关系重大",不能"稍有漏泄",消息传递须"格外严密"。如此种种,可见从同治年间开始,"中外交涉"之称逐渐流行且常见,"中外交涉"之事亦成为清廷为政之一大重心。

在传统中国,政、学之间联系紧密,既新增"交涉"之政,则必有"交涉"之学兴。早在同治元年,冯桂芬即在为李鸿章草拟的疏奏中称,上海、广州两口岸"中外交涉事件"尤其繁多,故而可仿同文馆之例建立学堂,往后再遇交涉则可得此人才之力,于是便有广方言馆的建立。自办学堂之外,还需出国留学,马建忠在光绪初年前往法国学习,所学者却非船炮制造,而是"政治交涉之学"。他曾专门写信回国,概述其学业,即"交涉之道",以便转寄总理衙门备考。其书信所述主要内容,以今天的学科划分来看大概属于简明的国际关系史,则不能不旁涉世界历史、各国政治以及万国公法。故而西来的"交涉之学"一入中文世界,则与史学、政教及公法学牵连缠绕,不可区分。同时,马建忠表示"办交涉者"已经不是往昔与一二重臣打交道即可,而必须洞察政治气候、国民喜好、流行风尚以及矿产地利、发明创造与工商业状况,如此则交涉一道似无所不包,涵纳了当日语境下西学西情几乎所有内容。

甲午一战后,朝野由挫败带来的反思,汇成一场轰轰烈烈的变法运动,西学西政潮水般涌入读书人的视野。其中所包含的交涉之学也从总署星使、疆臣关道处的职责攸关,下移为普通士子们学习议论的内容。马关条约次年,署理两江的张之洞即提出在南京设立储才学堂,学堂专业分为交涉、农政、工艺、商务四大类,其中交涉类下又有律例、赋税、舆图、翻书(译书)之课程。在张之洞的设计之中,交涉之学专为一大类,其所涵之广远远超过单纯的外交领域。戊戌年,甚至有人提议,在各省通商口岸无论城乡各处,应一律建立专门的"交涉学堂"。入学后,学生所习之书为公法、约章和各国法律,接受交涉学的基础教育,学成后再进入省会学堂进修,以期能在相关领域有所展布。

甲午、戊戌之间,内地省份湖南成为维新变法运动的一个中心,实因官员与士绅的协力。盐法道黄遵宪曾经两次随使出洋,他主持制定了《改定课吏馆章程》,为这一负责教育候补官员和监督实缺署理官员自学的机构,设置了六门课程:学校、农工、工程、刑名、缉捕、交涉。交涉一类包括通商、游历、传教一切保护之法。虽然黄遵宪自己表示"明交涉"的主要用意在防止引发地方外交争端,避免巨额赔款,但从课程的设置上来看包含了商务等端,实际上也说明即便是内陆,交涉也被认为是地方急务。新设立的时务学堂由梁启超等人制定章程,课程中有公法一门,此处显然有立《春秋》为万世公法之意。公法门下包括交涉一类,所列书目不仅有《各国交涉公法论》,还有《左氏春秋》等,欲将中西交涉学、术汇通的意图甚为明显。与康梁的经学理念略有不同,唐才常认为没必要因尊《公羊》而以《左传》为刘歆伪作,可将两书分别视为交涉门类中的"公法家言"和"条例约章",形同纲目。他专门撰写了《交涉甄微》一文,一则"以公法通《春秋》",此与康梁的汇通努力一致;另外则是大力鼓吹交涉为当今必须深谙之道,否则国、民利权将丧失殆尽。在唐才常等人创办的《湘学报》上,共分六个栏目,"交涉之学"即其一,乃为"述陈一切律例、公法、条约、章程,与夫使臣应付之道若何,间附译学,以明交涉之要"。

中国传统学问依托于书籍,近代以来西学的传入亦延续了这一方式,西学书目往往又是新学门径之书。在以新学或东西学为名的书目中,都有"交涉"的一席之地。比如《增版东西学书录》和《译书经眼录》,都设"交涉"门类。两书相似之处在于将"交涉"分为了广义和狭义两个概念,广义者为此一门类总名,其下皆以"首公法、次交涉、次案牍"的顺序展开,由总体而个例,首先是国际法相关内容,其次即狭义交涉,则为两国交往的一些规则惯例,再次是一些具体个案。

除"中外交涉"事宜和"交涉之学"外,还有一个表述值得注意,即关于时间的"中外交涉以来"。这一表述从字面意思上看相对较为模糊,究竟是哪个时间点以来,无人有非常明确的定义。曾国藩曾在处理天津教案时上奏称"中外交涉以来二十余年",这是以道光末年计。中法战争时,龙湛霖也提及"中外交涉以来二十余年",又大概是指自总理衙门成立始。薛福成曾以叶名琛被掳为"中外交涉以来一大案",时间上便早于第二次鸦片战争。世纪之交的1899年,《申报》上曾有文章开篇即言"中外交涉以来五十余年",则又与曾国藩所述比较接近。以上还是有一定年份指示的,其他但言"中外交涉以来"者更不计其数。不过尽管字面上比较模糊,但这恰恰可能说明"中外交涉以来"作为一个巨变或者引出议论的时间点,大约是时人共同的认识。即道咸年间,两次鸦片战争及其后的条约框架,使得中国进入了一个不得不面对"中外交涉"的时代。

"交涉"既然作为一个时代的特征,且历史上"中外交涉"事务和"交涉"学又如上所述涵纳甚广,则可以想见其留下的相关资料亦并不在少数。对相关资料进行编撰和整理的工作,其实自同治年间即以"筹办夷务"的名义开始。当然《筹办夷务始末》的主要编撰意图在于整理陈案,对下一步外交活动有所借鉴。进入民国后,王彦威父子所编的《清季外交史料》则以"史料"为题名,不再完全立足于"经世"。此外,出使游记、外交案牍等内容,虽未必独立名目,也在各种丛书类书中出现。近数十年来,以《清代外务部中外关系档案史料丛编》、《民国时期外交史料汇编》、《走向世界丛书》(正续编)以及台湾近史所编《教务教案档》、《四国新档》等大量相关主题影印或整理的丛书面世,极大丰富了人们对近代中外交涉历史的了解。不过,需要认识到的是,限于体裁、内容等因,往往有遗珠之憾,很多重要的稿钞、刻印本,仍深藏于各地档案馆、图书馆乃至民间,且有不少大部头影印丛书又让人无处寻觅或望而生畏,继续推进近代中外交涉相关资料的整理、研究工作实在是有必要的,这也是《近代中外交涉史料丛刊》的意义所在。

这套《丛刊》的动议,是在六七年前,由我们一些相关领域的年轻学者发起的,经过对资料的爬梳,拟定了一份大体计划和目录。复旦大学中外现代化进程研究中心的章清教授非常支持和鼓励此事,并决定由中心牵头、出资,来完成这一计划。以此为契机,2016年在复旦大学召开了"近代中国的旅行写作、空间生产与知识转型"学术研讨会,2017年在四川师范大学举办了"绝域辎轩:近代中外交涉与交流"学术研讨会,进一步讨论了相关问题。上海古籍出版社将《丛刊》纳入出版计划,吕瑞锋先生和乔颖丛女士等为此做了大量的工作。由于发起参与的整理者大多是研究者,所以大家都认为应该本着整理一本,深入研究一本的态度,这一态度也可以在每一种资料的研究性前言中得以体现。《丛刊》计划以十种左右为一辑,陆续推出,我们相信这将是一个长期而有意义的历程。

张晓川

整理凡例

一、本《丛刊》将稿、钞、刻、印各本整理为简体横排印本,以方便阅读。

二、将繁体字改为规范汉字,除人名或其他需要保留之专有名词外,异体、避讳等字径改为通行字。

三、原则上保持文字原貌,尽量不作更改,对明显讹误加以修改,以〔 〕表示增字,以( )表示改字,以□表示阙字及不能辨认之字。

四、本《丛刊》整理按照国家标准标点符号用法,进行标点。

五、本《丛刊》收书类型丰富,种类差异较大,如有特殊情况,由该书整理者在前言中加以说明。

目　录

---

① 　朱克敬刻本目录页缺此目录，现按正文补入。

---

① 署：朱刻本目录为"署"字，正文处标题则为"馆"字，下同。

---

① 俄：朱克敬本为"鄂"字，现均改为"俄"，下同。
② 此为编校者仿袁同礼本所增编附录内容，与《金轺筹笔》正文参看，可对曾纪泽与中俄伊犁改约谈判作进一步了解。

虎口如何索食：曾纪泽在中俄伊犁改约谈判中的道、术与气（代前言）

一、读其书想见其人

一百多年前的光绪二十三年（1897）秋，江苏南菁书院的一名士子蒋维乔因"旧恙复作"而"无所事事"，在感慨"逍遥竟日"之余竟也读完了当时流行的一本"新学"书籍《金轺筹笔》。他这段时间的日记时有时无，倒也不惜笔墨写了一段阅读该书的感触："阅《金轺筹笔》一部，共四卷，其中详载曾惠敏（即曾纪泽）索还伊犁之事，辩论精细，折冲樽俎，良使才也。于薛氏叔耘（即晚清洋务思想家、外交家薛福成）之外，吾未见其匹矣。"①而在他所提到的薛福成看来，"光绪初年以来出洋星使，究以曾惠敏公为第一，以其资性聪明，颇多材艺，而又得文正之庭训，在任八年，练习洋务，并谙言语，至今为洋人所钦慕。伊犁改约一案，弭兵修好，颇著成功……"②薛福成以通达洋务闻名于世，对何为使才有自己的看法，这段对驻外使臣品评的文字记于出使后期的日记，显然不是自

---

① 见蒋维乔光绪二十三年十月十二日的日记，载《蒋维乔日记》第 1 册，中华书局，2014 年，第 45 页。
② 见薛福成光绪十九年（1893）八月初三日日记，载蔡少卿整理：《薛福成日记》下册，吉林文史出版社，2004 年，第 826 页。

谦的客套话①。

　　同年秋,远在长沙的湖南学政江标正忙着挑选岁、科两试中的优秀答卷,准备编校一部可以展示和振兴该省"新学"之风的"课士录"——《沅湘通艺录》,善化籍士子汪都良所作的《书曾惠敏公〈金轺筹笔〉后》得以入选,编进了卷四的"掌故学"②。当江标在编校这份答卷时,定能想起此前译作《咸同以来中俄交涉记》时参阅《金轺筹笔》的情形③。而类似于"曾惠敏《金轺筹笔》书后"这样的考题,其实早在光绪十九年(1893)上海求志书院春季的"舆地题"中出现过,还被当年的《申报》予以刊载④。转眼之间,这位深处甲午战后中国"危局"的湘中士子,看到这道考题时,不由想起

---

① 光绪十八年(1892)薛福成在《使才与将相并重说》一文中提出了自己对使才的看法:"无贤相之识与度,不可为使臣;无贤将之胆与智,亦不可为使臣。"载丁凤麟、王欣之编:《薛福成选集》,上海人民出版社,1987年,第418—419页。
② 江标在湖南举行岁、科两试情形,可见江标光绪二十一年(1895)至光绪二十二年日记,载黄政整理:《江标日记》下册,凤凰出版社,2019年,第596—692页。江标在湖南专意振兴"新学",如光绪二十二年三月初三日日记便载:"前年持节来湘中,适中东战事方炽,旋成和议,痛上下不知新学之理,致受欺于附国,遂专以新学启导湘士。"光绪二十二年九月初七日日记载:"见《万国公报》'三湘喜事'一则,云余命题课士,古今并治……惟愿湘人以后不以俗学相扦格,不以鄙陋之心待人,公求新学,为国家雪无穷之耻,则余愿也。"又该年致两函于湖广总督张之洞"具述湘中振兴新学及改变情形……湘中丞陈年丈(即陈宝箴)于振启新学极意佐助,获益非常……拟专意振兴新学,为湘士率。"分见《江标日记》下册,凤凰出版社,2019年,第665、685、692页。
③ 江标于光绪十七年至十八年夏开始译作《咸同以来中俄交涉记》,在该书序言和正文中多参考《金轺筹笔》及所附中俄改订约章。他在光绪十八年九月初八日日记谈到此书缘起:"自光绪七年伊犁索归以后,则有曾惠敏年丈所定约章与俄诸臣问答节略及洪文卿(即洪钧)世丈《中俄交界图》、缪抽存(即缪祐孙)户部之《俄游汇编》,不必再予详说矣。标因中俄交涉之书,魏、何诸家之所纪,徐景罗俄史之译,皆止于咸丰初年,曾惠敏丈之问答,洪文卿世丈之交界图,缪抽存户部之《俄游汇编》,则又在光绪七年伊犁索归以后,咸同两朝中国多故,西北纪载缺焉无书,而欧洲之人独能详纪及之者。"该段日记文字后经修改即作为《咸同以来中俄交涉记》自序,见成都志古堂光绪十八年刊本。
④ 《上海求志书院癸巳春季题目》,载1893年6月11日《申报》,第2版。江标喜看《申报》,在其日记中多有记录,兹不赘引。

了"吾湘曾惠敏公"的往事行迹，想起他在众人皆以"事之难成"、"难以立辞"的情况下与强俄"诘难数十万言"，最终得以废"崇约"而重立新约。"今自和倭以往，人思雪耻"，汪都良在答卷中走笔疾书道："伊犁虽未全还，然得伊南乌宗岛山、帖克斯川、莫萨山口诸要隘，塔尔巴哈台、喀什噶尔诸界均新勘定，吾华自翻改俄约后，声威较前日增，真莫大之功也……呜呼！时局日非，四方多事，顾安得复有折冲御辱如公者，宜令人读公书而怀想不已也。"①

曾纪泽赴俄改约谈判之事，发生在光绪六、七年间（1880—1881），像蒋维乔、汪都良这样的后进之士自是无缘得见其如何"谈笑樽俎之间，折冲万里之外"（俞樾语）②，好在他们可以阅读中俄改约谈判留下来的"问答节略"，遥想当年曾纪泽等人在俄京艰辛的谈判历程。或许他们会有和两江总督刘坤一阅看节略后同样的感受，通过"再三循绎"便可神游于谈判现场。当年在中俄定约后，参与筹商伊犁问题的刘坤一便致信曾纪泽如是说："初闻台从俄都之役，区区不免忧疑，洵如来指，成新綦易，补破綦难也……兹承寄示新定约章及历次辩论节略，再三循绎，想见执事之于俄廷，衔杯接席、伸纸落笔时，片词必慎，只字必争，惨淡经营，斟酌一归至当，而因势利导，开诚布公，以彼国之横，彼相之狡，卒能敚其锋焰，就我范围，所谓'子产有词（辞），郑国赖之'也。"③此段读后感颇为传神，亦或说明《金轺筹笔》所可传递的现场感。

戊戌前后，《金轺筹笔》和曾纪泽的文集已成为时人了解中外

① 江标编校：《沅湘通艺录》卷四，光绪二十三年长沙使院刻本。
② 俞樾：《曾惠敏公墓志铭》，载《春在堂杂文五编·五》，见沈云龙主编：《近代中国史料丛刊》第一编第 412 册，文海出版社，1966 年，第 1571—1581 页。
③ 《致曾劼刚（光绪七年五月二十日）》，载陈代湘点校：《刘坤一集》第五册，岳麓书社，2018 年，第 426 页。

形势和"新学"的重要读物。不惟康有为、梁启超等人会向学子们推荐,就连一些新出的丛书和目录书也将其包纳在内①。一些书商甚至为了吸引读者,还将书名由《金轺筹笔》改为《中俄交涉记》,使得主题一目了然,并出版价廉且易于携带的石印小开本②。当时关注"新学"的读者也注意到了该书的出版情况,如在光绪二十八年(1902)出版的《增版东西学书录》中,编者便将"《金轺筹笔》四卷"列入"交涉类",并注有"曾纪泽,原刻本、湘南新学书局本、石印本、小方壶斋本,坊间缩印改名《中俄交涉记》"等字样③。此时各地的书商们也不遗余力在为各自版本的《金轺筹笔》打广告。如光绪十八年(1892)的《申报》便连续几日刊登了上海乐善堂书局题名为"金轺筹笔和约新书"的售书广告,称:"此书系曾侯与俄国重整旧谊,订立新约,自始至终无不经心着意,两国对答一一详载,并附《陆路通商章程》以及《鄂(即"俄")商过界卡伦单》,兹觅得原录付梓,盖欲问洋务者,未有过于此书之淳备也。"④

---

① 如光绪十七年(1891年)王锡祺出版的《小方壶斋舆地丛钞》和光绪二十二年(1896)湖南新学书局刊刻的《游记汇刊》便收录有《金轺筹笔》一书。梁启超在1896年的《西学书目表》将《金轺筹笔》纳入到"游记类",并在《读西书法》一文中推荐曾纪泽的文集。分见梁启超著、夏晓虹辑:《〈饮冰室合集〉集外文》下册,北京大学出版社,2005年,第1157页,第1169页。

② 笔者在国家图书馆之古籍馆阅览所藏《中俄交涉记》四卷,为积山书局光绪二十二年(1896年)石印小开本。当时石印书籍流行情况,可见光绪二十年(1894)八月十一日光绪帝召见江标时对话,江标的日记载:"现在盛兴石印各书,因近年物力不如以前,刻工皆贵,有此等新法,遂致风行。初兴于上海,近来广东、天津皆有。初仅墨印,近有印五彩者。其价闻甚便宜,大约照刻本廉十分之九。"见《江标日记》下册,凤凰出版社,2019年,第571页。

③ 见熊月之主编:《晚清新学书目提要》,上海书店出版社,2014年,第175—176页。

④ "金轺筹笔和约新书"的售书广告,载《申报》1892年11月01日,第07版;又载于《申报》1892年11月05日,第08版。

二、追忆

不惟汪都良这样的士子读其书怀想其人。多年后的光绪三十一年（1905），前充出使德和国钦差大臣、办理商约大臣吕海寰在为自己所编纂的《奉使金鉴》一书作序时，也不免感慨清廷近来出使大臣中"不乏明通练达之材，而曾纪泽为尤著也"，进而向光绪帝追忆道，"微臣充译署（即总理衙门）章京时犹得饫闻其绪论，每见谈及时事辄眦裂髭张，盖有慨乎其言之矣"，及至后来奉使出洋，"值国步艰难，慄慄冰渊然，虽不及效法古人，犹得以亲炙曾纪泽为幸也！"①

这段追忆曾纪泽的文字，还勾起了当时已名重海内的硕学大儒俞樾的回忆，他在为吕海寰此书作序时也不免想起了"吾师文正公之子"，故在序文中直言不讳地写道："（曾纪泽）出使俄国有索还伊犁之举，海内以为美谈，余亦与闻焉。以前使（崇厚）业已定约之事，毁约力争，定界务三端、商务四端，保全甚巨，余为惠敏墓志详言之。苟载入《金鉴》，亦伟人伟事矣。"②

大浪淘沙，俞樾作序时，中俄伊犁改约交涉已经过去了二十多年，已很少有人能够说清楚事情的原委。此时已是八十五岁高龄的俞樾，不由得想起了这位"通家昆弟"出使俄国"折冲樽俎，夺肉虎口"（墓志铭中语）的壮举，想起十多年前（即光绪十七年）为这位故人所作的墓志铭：

① 吕海寰：《奉使金鉴·自序》，载《奉使金鉴》，台北文海出版社影印本，1971年，第7页。
② 俞樾：《奉使金鉴·序》，载《奉使金鉴》，台北文海出版社影印本，1971年，第3页。

公讳纪泽，字劼刚，号归朴，文正公长子。世牒炳然，可无述也。自幼究心经史，喜读《庄子》、《离骚》，所为诗古文辞，卓然成家。

……

光绪四年，充出使英国、法国钦差大臣，赐花翎以宠其行。是年补授太常寺少卿，明年迁大理寺少卿。公在海外，遇事侃侃，英人、法人多为折服。朝廷益知公可大用，明年遂有出使俄国之命。

先是中原多事，俄人窃据伊犁，至是议索还之。而侍郎崇厚实以全权大臣往，乃为俄人恫喝，诸事多从其请，又以全权大臣例得专行，竟与定约而归。上震怒，夺其官治罪，改命公往毁约更议。当是时俄人要挟万端，且自我毁约，使彼有辞，沿海震动，以为兵事将起。公受命于艰危之际，力任其难，与其国外部尚书格尔斯及驻华公使布策诸人，笔舌辩难，往复十数万言，卒毁已成之约，更立新议。其大端有七：

一曰交还伊犁。原约以伊犁西、南两境，分归俄国。而南境之帖克斯川，实为南北要区，尤重于西。若南境属俄，则俄有归地之名，我无得地之实。力言于俄，俾南境悉归于我。

二曰定喀什噶尔之界。原约所载地名，按图悬拟，未足为凭。俄必欲如原约者，乃争苏约克山口也。公与辩论再三，始定议两国各派大员勘定，不以原约为准。

三曰定塔尔巴哈台之界。前将军明谊、奎昌等已分有定界，及崇厚至俄，以分清哈萨克为言，于是为俄所占者又三百余里。公力争于俄，乃于明谊、崇厚所定两界间酌中勘定，更立新界。

四曰嘉峪关通商。原约许俄商由西安、汉中行走，直达汉口。而向来通商，从无指定何处许西商减税、行走之例。公与定议嘉峪关通商如天津例，而西安、汉中两路及"汉口"字均删去，不入载书。

五曰松花江水道。松花江直抵吉林瑷珲城，从前误指混同江为松花江，致俄船驶入无禁。崇厚许其船得至伯都纳，俄犹未餍也。公与力争，竟废此条，不特于新约夺其利，并为旧约辩其诬矣。

六曰乌鲁木齐领事。公初意尽废各城领事官。俄谓各领事废，则乌鲁木齐必须增设一员。公又与争，乃改为吐鲁番增设一员，而乌鲁木齐不增，余领事并罢。

七曰天山南北路税务。新疆兵燹之后，凋敝殊甚，转运维艰，是以原约有均不纳税之说。公改为暂不纳税，俟商务兴仍开征，以充国课。

凡所定界务三端、商务四端，皆毁旧约，更立新章。而又有偿款一端，改兵费之名为代守伊犁之费，减卢布五百万元为卢布四百万元。

自光绪六年至七年，凡十阅月，而议始定。前使者以头等全权大臣，仅得伊犁之半，而诸要隘尽弃以畀俄。公以二等使臣，又无全权之名，乃能取已成之约而更之，乌宗岛山、帖克斯川诸要隘仍为我有，伊犁拱辰，诸城足以自守，而又得与喀什噶尔之阿克苏诸城形势联络，其有功于新疆甚大……①

这应是有关中俄伊犁改约最为简练的概述了。俞樾很清楚，墓志贵在言简意赅、取舍得当，故在志文起始便表明撰写主旨："余

---

① 俞樾：《曾惠敏公墓志铭》，载《春在堂杂文五编五》，见沈云龙主编：《近代中国史料丛刊》第一编第 412 册，文海出版社，1967 年，第 1571—1581 页。关于对新疆的贡献，宣统年间新疆布政使王树枏等纂修完成的《新疆图志》之卷六《国界二》对曾纪泽的改约努力及对国界的贡献做了重点论述。见王树枏等纂修，朱玉麒等整理：《新疆图志》第一册，上海古籍出版社，2017 年，第 140—150 页。

惟公以元功侯籍,弱冠登朝,智深勇沉,中外詟服,固不待余言以为重,然公仗节出疆,慷慨辨论,有中外大局所关,不可不垂示后世者,则又安敢以不文辞。"在他看来,中俄伊犁改约谈判的成功是曾纪泽一生中最为重要的事迹,要为他的这个不朽之功而立言。但要概述这位故人的生平,遣词不管如何简约,恐怕也难免数千言。在取舍和详略之间反复斟酌,俞樾最终确定了上述近千字的文稿,作为通篇墓志的主体,哪怕初看起来有些冗长①。因为他坚信,上述界务三端、商务四端和偿款的议定结果,即使是换做他人"笔舌辩难,往复十数万言"也未必能够办到。当然,他也很清楚曾纪泽从使俄准备、谈判交涉到新约议定整个过程的艰难,这点偏盖棺定论性的文字本已忽略了不少当时的隐情。

　　不仅俞樾在构思墓志时大书其使俄事迹,连曾纪泽的"姻愚弟"刘麒祥在光绪十七年(1891)撰写的《惠敏曾公行状》一文时也如此布局。行状本是概述其生平事略,但曾纪泽的这位"骨肉之好、莫逆之交"却不嫌冗赘,全文引述了他向清廷上奏改约过程的《遵旨改订俄约盖印画押疏》和另行奏明"委屈难言之隐"的《改订俄约办事艰难情形疏》,洋洋数千言②。在行状末,为了进一步突显"公之立德立功立言",参与了伊犁改约谈判的刘麒祥还不忘感慨道:"中俄定界一事,挽既逝之颓波,夺已投之虎食,尤能人之所不能。"③

---

① 粗略统计,俞樾所撰《曾惠敏公墓志铭》大约为两千二百字,其中有关伊犁交涉的文字便近千字。

② 曾纪泽上奏《遵旨改订俄约盖印画押疏》、《改订俄约办事艰难情形疏》可见本书所载附录。此二疏也全文收录于王树枏等纂修完成的《新疆图志》之卷六《国界二》。

③ 刘麒祥:《诰授光禄大夫建威将军追赠太子少保衔户部右侍郎承袭一等毅勇侯谥惠敏曾公行状》,国家图书馆所藏清光绪十七年(1891)刻本。

不仅俞樾、刘麒祥会如此，曾纪泽于光绪十六年（1890）闰二月逝世后，不少亲朋故旧的祭文、挽联、挽诗中也无不如此颂扬此事。侄辈的祭文有云："俄夷弄兵，伊犁执竞，使臣妄庸，失地辱命；伯父持节，独任其难，折冲樽俎，易危为安，界务商务，顾全大端，谈辩锋出，西人胆寒，涂改成约，华夷交欢。"①当时同为总理衙门大臣的庆郡王奕劻有挽联云："积劳非一日持节永垂伟绩耗传海国并伤情"，当年和他一起筹议改约的"姻世愚兄"李鸿章挽联有云："抗棱四裔此才方识九州难"，当年与他在俄"朝夕畅谈"改约事宜的驻俄参赞邵友濂挽联有云："仗节复边城令殊俗怀益敬吾使"，就连当年上奏责骂他为崇厚乞恩而自为身家计的"清流"黄体芳也有挽联云："有此佳使臣万国方知天节贵，真堪续名父一官惜以地卿终。"②

三、"第一难事"与"第一难处之境"

"呜呼！山颓木坏，遽黯东维，星陨皇都，雨泣龙墀……"③当李鸿章、刘麒祥、俞樾等人为曾纪泽之死而哀怀感伤时，应该还能想起他们当年是如何与他一起为中俄改约事而操心焦虑，想起那时的"书问往来"（俞樾在《奉使金鉴序》中语）。

---

① 《功服侄广江、广汉、广河祭文》，载《曾惠敏公荣哀录》卷一，国家图书馆所藏光绪年间抄本。
② 类似这样的挽联可谓不胜枚举，上述挽联见《曾惠敏公荣哀录》卷二，国家图书馆藏光绪年间抄本。另黄体芳谙熟曾氏父子的仕宦履历，曾国藩一生历仕吏、礼、兵、刑、工五部侍郎，独缺户部，而曾纪泽由荫生考授户部员外郎，后虽迁转不断，兼署多差，但去世前仍为户部右侍郎。户部亦称"地官"，故在联语中称"地卿"。
③ 《二品顶戴江苏候补道内弟刘麒祥祭文》，载《曾惠敏公荣哀录》卷一，国家图书馆藏光绪年间抄本。

光绪六年正月初三日,清廷发布上谕:"一等毅勇侯大理寺少卿曾纪泽,著派充出使俄国钦差大臣。"①就在这条简短任命谕旨发布的第二天,还在揣测曾纪泽为使俄人选的李鸿章便致信他说:"崇地山(即崇厚)已交刑部治罪,所定俄约,廷议指驳多条,闻日内复奏,另行遣使再议。盖由左帅(即左宗棠)倡为翻案,张香涛(即张之洞)、黄淑兰(即黄体芳)、宝竹坡(即宝廷)等群相争鸣,语多激射,枢廷(即军机处)不能自持,变态多日,此事甚难结束……头等使臣所议旋废,岂有二等使者所能挽回之理?且彼必不肯谈,拒人千里之外。倘得免斯役,固属万幸。否则,知难而退,为不准行,徒著痕迹。似只可虚与委蛇,相机酌办。"②在李鸿章看来,眼下出使,不仅对俄交涉难以应付,而且还难以满足国内张之洞、黄体芳等清流派的期望,以至掏心置腹对这位"仁弟"说出以不出使俄国为幸和"虚与委蛇,相机酌办"的话。

清廷任命谕旨发布后,曾纪泽的九叔父、山西巡抚曾国荃也不无担忧地说"劼刚舍侄奉使俄疆,大难题目",俄国"性强狡,较英法尤不可以理喻,前使既受其要挟,恐非口角所能挽回,劼刚此行,未识能无辱命否?"③

正月二十二日夜,曾纪泽收到国内奉派使俄的电报,第一反应便是"惶惧无措"④,并在当天的日记中写道:"知地山(即崇厚)所

---

① 见曾纪泽:《派使俄国大臣谢恩疏》,载喻岳衡点校:《曾纪泽集》,岳麓书社,2005年,第23页。另可见本书附录。

② 《致曾纪泽(一八八〇年正月初四日)》,见拓晓堂辑录:《李鸿章关于中俄伊犁交涉的未刊书牍四件》,载《文献》1990年02期。

③ 分见《复江蓉舫》、《复阎丹初》,载《曾国荃全集》第4册,岳麓书社,2006年,第121、125页。

④ 李鸿章在三月十七日收到曾纪泽正月二十四日来信后,便在第二天回复丁日昌的信中说:"劼刚正月杪询行使俄电音,惶惧无措。"《复丁雨生中丞》,载顾廷龙、戴逸主编:《李鸿章全集》之《信函四》,第32册,安徽教育出版社,2008年,第539页。

定约章，内外臣工谓为窒碍难行，正月初三日旨派纪泽使俄，再行
商议，事体重大，而以轮才当之，能无祗惧？"①他随后在致总理衙
门总办的信函中也说："纪泽才不如地翁，而承其后，且须障川流而
挽既逝之波，探虎口而索已投之食，事之难成，已可逆睹，覆车有
辙，欲避何由？"②同时他还深明除了"虎口索食"之外，还将面临两
大难处：一是崇厚所定之约虽未经清廷批准，但已经俄皇亲自签
字批准，俄国臣民与远近国家莫不周知，"一旦将已押未行之约废
而不用，从新商议，渠若允我，辱孰甚焉"；二是以他目前驻英、法公
使的身份赴俄会比他人尤难，因"英、俄两大相竞，猜疑日滋，中俄
交涉事件，稍有不顺俄人，则曰此英国之所唆耸也"③。在李鸿章
看来，曾纪泽有这样的忧心和畏惧不是没有道理："所陈难处两端，
烛照数计，洞澈先几，曷任敬佩。"④

　　李鸿章对这位仁弟使俄所遇难处也是早有洞见的。当他得知
使俄人选为曾纪泽后，便在致四川总督丁宝桢信中说："地山以头
品京秩、头等公使之议，旋即翻变，劼刚名位视地翁相去远甚。地
山衔朝命而出，尚不可靠，劼刚则由海外移俄，知其未曾面圣，亲授
机宜。又俄、英猜嫌已深，劼刚与英人交密，俄必疑其与英勾串，更
格格不入。有此数节，可谓画蛇添足，恐于国事无益有损耳。"⑤随

---

① 曾纪泽光绪六年正月二十二日日记，载刘志惠整理：《曾纪泽日记》第三册，中华书
　局，2013年，第1012页。
② 《巴黎致总署总办（光绪六年正月二十四日）》，载喻岳衡点校：《曾纪泽集》，岳麓
　书社，2005年，第160页。全文另可见本书附录。
③ 《巴黎致总署总办（光绪六年正月二十四日）》，载喻岳衡点校：《曾纪泽集》，岳麓
　书社，2005年，第160页。全文另可见本书附录。
④ 李鸿章于三月十七日收到曾纪泽正月二十四日所陈难处之信件，见：《复曾劼刚星
　使（光绪六年三月十七日）》，载顾廷龙、戴逸主编：《李鸿章全集》之《信函四》，第
　32册，安徽教育出版社，2008年，第538页。
⑤ 《复丁稚璜制军（光绪六年三月初一日夜）》，载顾廷龙、戴逸主编：《李鸿章全集》
　之《信函四》，第32册，安徽教育出版社，2008年，第532页。

后,他又致信曾纪泽,表达其关心,先是鼓舞说"朝野上下金盼我公以三寸舌折冲樽俎之间",随后话锋一转,"今执事居二等之班,当举朝鼎沸之后,若仅接见而不与议事,其奈之何……总之,彼已到口之食,复令吐出,是大难事!"①此间身在国内的李鸿章能与远在伦敦的曾纪泽基本想到一处,可谓是"心意相通"。另外,李鸿章的来信再次向曾纪泽谈及国内"举朝鼎沸"的情形,这会让他使俄谈判更加难以着手。从正月初信文中的"群相争鸣,语多激射"到三月初的"举朝鼎沸",到底国内为此事而经历了些什么?

先是光绪五年(1879)八月,崇厚在黑海里瓦几亚宫与俄外交大臣格尔斯签订了《交收伊犁条约》《陆路通商章程》、卡伦单及专条②。随后,总理衙门便上奏认为"偿费一节尚不过多,通商则事多掣肘,分界则弊难枚举",这其中"尤以界务最关紧要"。清廷随即便让牵涉条约中界务、商务的左宗棠、李鸿章、沈葆桢等人筹议应对办法,并要求"分别详细密陈"③。两江总督沈葆桢率先复奏,认为"俄人要挟太甚,应将使臣所议作为罢论"。直隶总督李鸿章认为崇厚"失之轻率","先允后翻"易与俄国开启兵衅,"是崇厚所定俄约,行之确有后患,若不允行,后患更亟"。另外,李鸿章还认为"是界务与商务相较,界务固由重矣",商务可以通过"立法"与"用人"来补救。督办新疆军务、陕甘总督左宗棠认为"崇约"中界务不可许,商务亦设法挽回,可以"先折之以议论,委婉而

① 《复曾劼刚星使(光绪六年三月初四日夜)》,顾廷龙、戴逸主编:《李鸿章全集》之《信函四》,第32册,安徽教育出版社,2008年,第534页。
② 《使俄崇厚奏与俄国议明交收伊犁修约定章谨陈办理情形折》,载王彦威等编,李育民等点校:《清季外交史料》卷十七,湖南师范大学出版社,2015年,第335—338页。
③ 王彦威等编,李育民等点校:《清季外交史料》卷十七,湖南师范大学出版社,2015年,第321—323页。

用机；次决之以战阵，坚忍而求胜"，随即开始布置新疆南北两路军务和边防①。十月底左宗棠又致函总理衙门进一步申说，就目前局势而言，非用兵收取伊犁不可，"是先之议论尚是空谈，继之兵威乃有结束也"②。

光绪五年十一月二十一日，清廷又发布上谕将崇厚严加议处，并令大学士、六部九卿、詹翰科道等官员对崇厚之罪及他所定的约章妥议具奏③。此事由最初李鸿章等人的"密折复陈"到较为公开的朝臣集议，自然也引来了俄国方面的抗议。随后俄国驻华署任公使凯阳德便至总理衙门询问二十一日谕旨是何用意？他还放言："若将此事报知本国，不但疑惑，一定以为中国不是真心和好，一定是不照办，既是中国内政，俄国使臣在此无事可办，只可就走。"随即凯阳德便"艴然而去"。总理衙门认为这是凯阳德故意"藉此生衅"④。随后，凯阳德便将此事告知俄国外部。当署理驻俄公使邵友濂于十二月初碰见俄国外部尚书格尔斯、侍郎热梅尼、总办梅尼阔甫、驻华公使布策时，他们便"谆谆见询"崇厚情况，"盖凯阳德在京早有电信来也"。在再次确认崇厚被谴的消息后，格尔斯"伸舌"，布策问崇厚何时复职，梅尼阔甫"连呼可惜不止"⑤。很显

---

① 相关奏议，见王彦威等编，李育民等点校：《清季外交史料》卷十七至卷十八，湖南师范大学出版社，2015 年，第 328—343 页。清廷关于崇厚定约的筹议，另可参李恩涵：《外交家曾纪泽》第三章第一节，东方出版社，2014 年。
② 《上总理各国事务衙门》，载刘泱泱等点校：《左宗棠全集》第 12 册之《书信三》，岳麓书社，2014 年，第 507—509 页。
③ 王彦威等编，李育民等点校：《清季外交史料》卷十七至卷十八，湖南师范大学出版社，2015 年，第 345 页。
④ 《总署奏俄署使凯阳德因议处崇厚谕旨提出抗议折》，王彦威等编，李育民等点校：《清季外交史料》卷十七至卷十八，湖南师范大学出版社，2015 年，第 345—346 页。
⑤ 邵友濂光绪五年十二月初一、初二日日记，见：《邵友濂日记》，载周德明、黄显功主编：《上海图书馆藏稿钞本日记丛刊》，第 43 册，国家图书馆出版社、上海科学技术文献出版社，2017 年，第 469—470 页。

然,清廷后续还想另遣使臣赴俄和谈,其面临的局势也将更加严峻。李鸿章在致曾纪泽的信中便坦言道:"当交议之命下,俄署使即于次日赴总署忿争,谓中国显欲毁约,和局不成……总署又将此事奏交廷臣一并集议,将来似不过敷衍了事,徒添痕迹,弄巧反拙耳。"①

而在这些廷臣的奏议中,尤以台谏詹翰的"清议"最为高亢,引人瞩目。十一月,翰林院侍读学士黄体芳上奏,认为崇厚"奉使不忠,复命不敬","专擅误国",奏请"重治其罪"②。十二月初五,司经局洗马张之洞上奏认为"要盟不可曲从",提出"不可许者十"和改议之道四:"计决"、"气盛"、"理长"、"谋定"。其"不可许"的重点不在伊犁而在商约,认为"其最谬妄者,如陆路通商由嘉峪关、西安、汉中直达汉口,秦陇要害、荆楚上游尽为所据,码头所在支蔓日盛,消息皆通,边围虽防,堂奥已失……"这与总理衙门和李鸿章认为的重点不同。改议之道中"计决"即是要"立诛崇厚";"气盛"即是将俄人之不公布告中外,"行文各国,评其曲直";"理长"即是种种要约皆由伊犁而起,得伊犁二字虚名而失新疆之实际,不如缓索伊犁;"谋定"即是修武备、设边防。在奏折末,张之洞不忘总结道:"要之,武备者,改议宜修,不改议亦宜修;伊犁者,改议宜缓,不

---

① 《复曾侯(光绪五年十二月初五日)》,载顾廷龙、戴逸主编:《李鸿章全集》之《信函四》,第32册,安徽教育出版社,2008年,第506页。另李鸿章在光绪六年二月致苏松太道刘瑞芬信中再次说:"伊犁之事,始误于遣使未审,迨星使仓猝定约,流弊孔多。倘朝廷不动声色,予以罢黜,另遣使臣,执定御笔批准后遵行一语,徐与磋磨,似未尝不可去其太甚,或另寻办法。古人所谓天下本无事也。乃盈廷聚讼,先自张皇,致民心为之惶惑,邻敌闻而生心。"见《复刘芝田观察》,载顾廷龙、戴逸主编:《李鸿章全集》之《信函四》,第32册,安徽教育出版社,2008年,第519页。
② 温州市图书馆整理:《黄体芳集》上册,中华书局,2018年,第17页。另见王彦威等编,李育民等点校:《清季外交史料》卷十七至卷十八,湖南师范大学出版社,2015年,第344—345页。

改议亦宜缓；崇厚者，改议宜诛，不改议亦宜诛。"①此间，还有翰林院庶吉士盛昱的奏折、翰林院修撰王仁堪等二十四人所上的《翰林院联衔公疏折》均主张诛崇厚而"更前约"，詹事府少詹事宝廷亦"主战而沉痛恻怛"②。

十二月初十日，两宫皇太后再次命廷臣们"再行详细妥议具奏"。十二月十六日，张之洞意犹未尽又上《驳俄之策宜先备后讲详筹边计折》，提出"无备则不能战，无备则并不能讲"，必须要有实战之心而后可以与俄讲和，"备为主，讲为辅"。该折在提出练兵、筹饷、用人等"筹备"之法后，继而提出对俄"筹讲"之法："责以义"、"折以约"和"怵以势"。对于驻俄使臣，张之洞提出要讲求"操纵之法"，可以增加偿款以换取伊犁，或"划穷边荒远、无关紧要之地数百里与之，使尽归伊犁山川要隘"③。宝廷再次"力争毁约"；黄体芳奏劾李鸿章"怯强敌"而不主战，"与白面书生无异"，并附片奏请"以输敌之罪责使臣，以转圜之术责总署"，续遣使臣宜格外慎重④。这其中以张之洞的两折深得两宫皇太后的赞许，并谕令张之洞前往总理衙门与王大臣等会商此事。

光绪六年正月初，军机处汇总各方意见，"用意不外崇约所定

---

① 赵德馨主编：《张之洞全集》第一册《奏议》，武汉出版社，2008 年，第 21—23 页。另见王彦威等编，李育民等点校：《清季外交史料》卷十八，湖南师范大学出版社，2015 年，第 349—352 页。

② 见翁同龢光绪五年十二月初五日日记，载陈义杰整理：《翁同龢日记》第三册，中华书局，1993 年，第 1462 页。王仁堪等人公疏折见《王苏州遗书》卷一，载《清代诗文集汇编》第 771 卷，上海古籍出版社，2010 年，第 141—142 页。

③ 赵德馨主编：《张之洞全集》第一册《奏议》，武汉出版社，2008 年，第 23—26 页。另见王彦威等编，李育民等点校：《清季外交史料》卷十八，湖南师范大学出版社，2015 年，第 353—357 页。

④ 温州市图书馆整理：《黄体芳集》上册，中华书局，2018 年，第 18—20 页。十六日，翁同龢赴总理衙门商议时看到上述三折，并提出"缓索伊犁之议"。见陈义杰整理：《翁同龢日记》第三册，中华书局，1993 年，第 1465 页。

约章专条不可许、治崇厚之罪、筹战守之策三端",并建议另行遣使向俄国剀切言之,藉以转圜①。就在清廷命曾纪泽奉使俄国后,宝廷又再次上奏说,鉴于崇厚"违训越权"之例,建议曾纪泽先由英回京请训,"谋定而往",如怕延误事机,或不得已需直接由英赴俄,他也必须严格遵照国内的指示,有事需"随时请旨,不得专擅",而总理衙门给他的寄信亦不得含混其词,"致使臣得以藉口"②。接着,翰林院庶吉士樊增祥又上奏,行文更为激切,话锋直指曾纪泽,明确指称:

> 夫曾纪泽虽曾国藩之子,而韩门出绛,张氏生均,平日倾心泰西,吐弃周孔,过庭之诚扫地无余。此次朝廷简命,不过谓其于彼中语言文字粗能通晓,又奉使欧洲,赴俄较近。论其读书嗜古,容非安心卖国者流。特其见解既偏,总谓西人百倍于中朝,西法远逾乎孔教,充此一念,虽使腹地遍布洋商,边陲尽为俄有,彼将视为固然,而不复与之争论,此其为害何可胜言? 故崇厚不即加诛,则曾纪泽以为得罪于俄国,恐遭非礼之侵凌,得罪于本国,转有幸逃之法纲,是使俄国得一忠臣,为崇厚添一护法,其于国事究竟何裨? 况崇厚一误可令曾纪泽往,若曾纪泽再误,庸可再更再讲乎? 欲令曾纪泽使不辱命,惟杀崇厚足以儆之,欲俄人不执前议,亦惟杀崇厚足以谢之。③

---

① 《礼亲王世铎等奏军机处会议崇厚与俄所订约章、专条窒碍难行请遣使前往转圜折》,载王彦威等编,李育民等点校:《清季外交史料》卷十九,湖南师范大学出版社,2015年,第359—360页。
② 《少詹宝廷奏使事宜慎请饬曾纪泽来京请训折》,载王彦威等编,李育民等点校:《清季外交史料》卷十九,湖南师范大学出版社,2015年,第359—360页。
③ 《庶吉士樊增祥奏崇厚使俄违训越权请诇正典刑折》,载王彦威等编,李育民等点校:《清季外交史料》卷十九,湖南师范大学出版社,2015年,第361—362页。

樊增祥认为崇厚应亟正典刑，加之对曾纪泽使俄存疑，觉得更应该诛崇厚以儆效尤。他还在奏折中故意强调一个众所周知的关系，即曾纪泽为曾国藩之子，把已故的曾文正公都列出来，其心思不可谓不复杂①。此间，李鸿章在致浙江巡抚谭钟麟、署福建巡抚的光禄寺卿吴赞诚、苏松太道刘瑞芬等人信中便一再陈说其担忧，"奉派曾劼刚移使俄邦，冀不决裂，劼刚易难于措词"，"曾劼侯移往俄都，徒受讥嘲，于大局恐无裨益"，"曾劼侯出使俄国，恐较前次愈难商办"等。同时李鸿章对廷议也颇有微词，认为"盈廷聚讼，先自张皇"，"邻敌闻而生心，而所谓一切布置，又虚文多而实际少，他日如何结案，尚难逆料"②。

对此，尚在伦敦等待清廷进一步指示的曾纪泽"连旬心绪尤恶"，思虑使俄后"彼不与议，或姑议而无成，终无退步"③。他向辞官在家而深知洋务的丁日昌吐露苦水道：

吾华清流士大夫，高论唐虞商周糟粕之遗，而忽肘腋腹心之患。究其弊不独无益，实足贻误事机，挫壮健之躯，以成羸尪之疾……纪泽所惧者，入其境而见轻，直无术以自列于公使之班，无论商议事件之龃龉也。总署有总署意见，京官有京官意见，左帅有

---

① 研究中国近代史的著名学者徐中约亦在《伊犁危机：中俄外交研究(1871—1881)》书中引用樊增祥此折，并说该折内容使得曾纪泽使俄困境进一步恶化。Immanuel C. Y. Hsü, *The Ili Crisis: A Study of Sino-Russian Diplomacy 1871—1881*, Oxford University Press, 1965, P.143—144.

② 分见《复谭文卿中丞》、《复吴春帆京卿》、《复刘芝田观察》，载顾廷龙、戴逸主编：《李鸿章全集》之《信函四》，第32册，安徽教育出版社，2008年，第513、514、519页。

③ 此段引文出自李鸿章三月致浙江巡抚谭钟麟信中提及曾纪泽正月来信的内容。同时，李鸿章在致曾纪泽信中也说："当举朝鼎沸之后，若仅接见而不与议事，其奈之何?"分见《复浙江谭文卿中丞》、《复曾劼刚星使》，载顾廷龙、戴逸主编：《李鸿章全集》之《信函四》，第32册，安徽教育出版社，2008年，第539、534页。

左帅意见,俄人有俄人意见,纪泽纵有画策,于无可着棋之局,觅一劫路,其奈意见纷歧,道旁筑室,助成者鲜,而促毁者多,盖不蹈地山覆辙不止也。地山固太怯弱,又牵于私家之事,回华太急,近于专擅,与言路以口实,然全权大臣处事一有不当,即重谴丑诋无所不至,嗣后使臣在外者,更何能开口议事? 此亦言事者只观一面,不顾后难之过也。①

曾纪泽认为国内对于改约各有各的意见,让他无所适从,并在信末再次抱怨道:"毁约亦非译署本意,特为言路所迫,而纪泽适承其累耳。"②当日他在封寄完致丁日昌和李鸿章的信函后,仍不能释怀,又"翻阅《大清会典》舆地图,取鄂刻舆图及西人中亚细亚图核对良久"③。

对于国内讨论崇厚定罪的问题,曾纪泽也有自己的看法,正如他自己所言"与时贤所论相反"。他并不否认崇厚使俄过于轻率,但认为事已至此,"惩使愈重,则辱俄愈甚,改约愈难,将有所求而故激怒之,所求其能获耶?"④李鸿章也向总理衙门转述了他二月十四日的来信大略:"深恐入境之受窘,议事之棘手,而谆谆于崇公谴责不可太重,并责鸿章于利害大端不肯侃侃一陈。"⑤站在和议

---

① 《伦敦致丁雨生中丞(光绪六年二月十五日)》,载喻岳衡点校:《曾纪泽集》,岳麓书社,2005 年,第 161—162 页。信函全文可见本书附录。
② 《伦敦致丁雨生中丞(光绪六年二月十五日)》,载喻岳衡点校:《曾纪泽集》,岳麓书社,2005 年,第 162 页。
③ 见曾纪泽光绪六年二月十五、十六日日记,载刘志惠整理:《曾纪泽日记》第三册,中华书局,2013 年,第 1018 页。
④ 《伦敦致丁雨生中丞(光绪六年二月十五日)》,载喻岳衡点校:《曾纪泽集》,岳麓书社,2005 年,第 162 页。信函全文可见本书附录。
⑤ 《复总署请宽减崇厚罪名以固邦交(光绪六年四月十一日)》,载顾廷龙、戴逸主编:《李鸿章全集》之《信函四》,第 32 册,安徽教育出版社,2008 年,第 547 页。

改约的基础上，曾纪泽又密函致总署，"谓崇不宜重罪，致激俄怒"①。加之此间英国驻华公使威妥玛、署法国驻华公使巴特纳、德国驻华公使巴兰德等人为崇厚乞恩，清廷"援中外众论"，于正月二十三日将其定罪为斩监候②。从清流派官员的诛杀论来看，斩监候已是对崇厚格外开恩了。而俄国驻华公使、中俄伊犁交涉代表布策在二月下旬仍对邵友濂说："贵国若将崇宫保治以死罪，则关系邦交大局与各国公使脸面，明知言之无益，姑看贵国办理如何？"③

此间的曾纪泽在为使俄犯愁之时，也在思考应对之策。二月十五日他致信总理衙门和李鸿章，认为再遣使臣赴俄无济于事，只是"徒助波澜，徒添痕迹而已"，进而建议学西洋处理两国纠纷之案，请一西洋小国居间"评定是非，剖断交易"，如能改约自然甚好，如无更改，"则我之曲从为全公义于天下"，而并非中国"屈势"于俄国④。对此，总理衙门和李鸿章均认为："若令无约小国居间，恐难得力。"⑤

就在曾纪泽想要推卸使事之际，清廷再次发布上谕，命他到俄后察看情形，从容与俄筹商改约，纵然一时不能就绪，也需不激不

---

① 《复曾劼刚星使（光绪六年四月初五日）》，载顾廷龙、戴逸主编：《李鸿章全集》之《信函四》，第 32 册，安徽教育出版社，2008 年，第 543 页。
② 王彦威等编，李育民等点校：《清季外交史料》卷十九，湖南师范大学出版社，2015 年，第 365 页。
③ 镇江市博物馆：《邵友濂使俄文稿和家书中的沙俄侵华史料》，载《文物》，1976 年第 10 期。
④ 《巴黎致译署总办再启》，载喻岳衡点校：《曾纪泽集》，岳麓书社，2005 年，第 162—163 页。信函全文可见本书附录。另可见李鸿章复总署函，载顾廷龙、戴逸主编：《李鸿章全集》之《信函四》，第 32 册，安徽教育出版社，2008 年，第 549 页。
⑤ 见李鸿章复总署函，载顾廷龙、戴逸主编：《李鸿章全集》之《信函四》，第 32 册，安徽教育出版社，2008 年，第 549 页。六月曾纪泽致总理衙门信函也说："援据公法，从中评断者，纪泽曾以此说电达津门，旋奉复电，以为不可。纪泽更熟思之，亦觉难于妥协。"见《巴黎致总署总办》，载喻岳衡点校：《曾纪泽集》，岳麓书社，2005 年，第 170 页。

随。该上谕还告知他,已将致俄国的国书寄送,已命总理衙门大臣等人将崇厚所定条约、章程等详细酌核,"分别可行及必不可行之款,奏准后知照该京卿,以便与俄人另行商办"①。随之清廷便一面着手布置防务,命左宗棠、李鸿章、刘坤一、曾国荃等人悉心筹防,以防俄国"伺机起衅";一面就"崇约"逐款进行申说签注,"权其轻重利害",并将商定奏准的《中俄约章总论》和签注的条约、章程和专条寄送曾纪泽,以为谈判之依据,令其遵照办理②。

总理衙门签注"崇约"在"重界务"的基础上,吸收了左宗棠、张之洞等人"重商务"的意见,认为"曾纪泽此次办法自以全收伊犁为是",并还特别申明崇厚与俄所订"条约"中第十条在非通商口岸设领事、第十二条俄人在蒙古地区贸易不纳税、第十三条在张家口设领事和行栈,《通商章程》中第二条在天山南北贸易之法、第三条前往汉口可由嘉峪关赴西安和汉中行走、第七条俄国运货可由张家口或嘉峪关赴内地销售,《瑷珲专条》中准许俄人在松花江行船至伯都纳等,"各节关系既大,窒碍尤多,虽伊犁全境交还亦不可行"。当然,总理衙门也很清楚这种对"崇约"重要条款均需驳改的要求,"其难较崇厚十倍,约章等件如何与议,固不可使之无所依据,亦不敢谓执此一成不变之说。"③对此,李鸿章于三月中旬致曾纪泽的信中不无忧虑地说道:

---

① 《谕曾纪泽到俄后必须力持定见妥慎办理以全大局(二月初一)》,王彦威等编,李育民等点校:《清季外交史料》卷十九,湖南师范大学出版社,2015年,第365页。
② 《总署奏俄国分界通商各事经审订签注拟议办法折(二月二十二)》,王彦威等编,李育民等点校:《清季外交史料》卷十九,湖南师范大学出版社,2015年,第372—385页。另逐款签注内容,可见本书附录。
③ 《中俄约章总论七条》,载王彦威等编,李育民等点校:《清季外交史料》卷十九,湖南师范大学出版社,2015年,第384—385页。另逐款签注内容,可见本书附录。

　　闻总署会同王大臣议复，将崇公原定条约逐节驳斥，请旨交尊处照办。俄若肯与议约，驳改太多，断难就绪，或不欲与议，或勉强与议，而仍无成，似未便匆遽告归，致败和局。识者多以苏子卿执节不屈望公，而鄙人深知尊体畏寒，不宜朔漠，恐亦爱莫能助，如何、如何？

　　政府畏清议实甚，明知其难，又不能不为细驳，仍由执事密察事势，通筹利害，或摘商数大端，与俄廷辨难，其小小节目则奏咨谆请通融，傎有结局，是亦了事之一法耶。此次使俄，为第一难事，我公生平磨难险阻，亦以此为第一难处之境，置身家于度外，斯无入不自得，乞无过虑。①

　　信文中用了两个"如何"，两个"第一难"，李鸿章是与这位仁弟多么感同身受啊！面对使俄改约"第一难事"，虽说总理衙门畏惧清议而条条细驳，但这位"愚兄"也设身处地为仁弟出主意，建议他"通筹利害"，不必条条细驳，与俄商议几处大端即可。面对"第一难处之境"，李鸿章也只能在信末中感慨道"置身家于度外"，并引《中庸》中"君子素其位而行，不愿乎其外……素患难，行乎患难，君子无入而不自得焉"的话来安慰和砥砺他，让他坦然面对忧患，面对自我，争取做到"上不怨天，下不尤人"②。

　　由于从国内寄信到伦敦费时较长，李鸿章预估总理衙门关于改约的签注意见以及他的这封信函，要迟至四、五月之交方可递到。四月初五日，李鸿章再次致信曾纪泽："总署函称，但据悬拟，亦只可备辩论之资，临时仍恃善为变通等语，是明知其万难做不到，姑为

① 《复曾劼刚星使（光绪六年三月十七日）》，载顾廷龙、戴逸主编：《李鸿章全集》之《信函四》，第 32 册，安徽教育出版社，2008 年，第 538 页。
② 李鸿章信文末所用"斯无入不自得"，出自《中庸》第十四章，载《四书章句集注》，中华书局，2012 年，第 24 页。

此论,以谢清议而免众责耳。"该信还向他透露了国内政局堪忧的情况,慈禧太后因患肝疾而不能临朝处事,慈安太后"敷衍其事,不甚作主",军机大臣兼总理衙门大臣沈桂芬因保荐崇厚使俄而"致丛众谤,懊恼成疾",军机处最后只剩李鸿藻主其事,但他对洋务"甚为隔膜"①。面对李鸿章所担忧的"办事人少,解事人亦少,可概也",身处海外的曾纪泽在展阅李鸿章上述信件时又将做何感想呢?

四、理与势之间：面对清议的"另类谈判"

光绪六年(1880)夏间,目睹国内清议的俞樾曾致信曾纪泽,感慨他此次使俄"系天下之安危",进而为他敬诵苏洵之言:"丈夫生不为将,得为使,折冲口舌之间,足矣。"②同时他还向曾纪泽寄赠"小诗两章,聊发万里一笑",其中一章为:

又闻使节去匆匆,五日飙轮走似风。自注：闻将由法至俄,轮车五日可至。

直以苦心持大局,不妨清议听群公。

鲁连排难无双士,魏绛和戎第一功。

旧隶南丰门下籍,喜看继起有英雄。③

身处江湖之远的俞樾也深知曾纪泽使俄之难,先是说他"苦心

① 《复曾劼刚星使(光绪六年四月初五日)》,载顾廷龙、戴逸主编:《李鸿章全集》之《信函四》,第32册,安徽教育出版社,2008年,第544页。
② 《与曾劼刚通侯》,载张燕婴整理:《俞樾函札辑证》下册,凤凰出版社,2014年,第620页。曾纪泽次韵答俞樾的诗,见后文所引。
③ 见《次韵酬俞荫甫附录原唱》,载喻岳衡点校:《曾纪泽集》,岳麓书社,2005年,第264—265页。

持大局",同时又建议他要听取国内的"清议",并举春秋战国时期著名的政治外交家鲁仲连和魏绛来加以鼓励。诗中"南丰"指曾巩,借以表达这位曾国藩的门下士对师门后人的期望,希望他能不辱使命,光耀门楣。

对于俞樾的劝告和鼓励,曾纪泽自有一番体会和认识。他在向丁日昌抱怨清议之前,早就对国内盛行的清议持有成见。如在他出使英、法的光绪四年(1878),他便复书"以清议为言"的好友杨商农,说当时的"清议之流"不外三种:一是"径径自守之士","除高头讲章外,不知人世更有何书……此泥古者流,其识不足,其心无他";第二种为"好名之士","附会理学之绪论,发为虚悬无薄之庄言,或陈一说,或奏一疏,聊以自附于腐儒之科,博持正之声而已";第三种为"视洋务为终南捷径,钻营不得,则从而诋毁之,以媚嫉之心,发为刻毒之词"。他觉得这三种人均不可取,面临"中西通商互市,交际旁午,开千古未曾有之局",中国不能闭门不纳,束手而不问,更不能放言高论,空谈了事,而应"考求事理","贵能易地而思之也"①。与清议所讲的"理"不同,曾纪泽更强调所处时势下"易地而思之"的"事理"。当他说这这些话时,还没有因处理现实的洋务事宜而直面清议。转眼之间,他便因使俄之事而身陷清议之困,常在理与势、进与退、取与舍、战与和、轻与重、刚与柔之间踌躇犯难,并在中外之间周旋与抉择。他心里很清楚,在谈判中但凡处理不好理与势之间的关系,进退取舍之间稍有不慎,便会重演崇厚的悲剧,还将辱及家门与国家。他所面临的各种压力可想

---

① 见曾纪泽光绪四年十月初五日记,载刘志惠整理:《曾纪泽日记》第二册,中华书局,第840页。据整理者刘志惠先生所言,此段日记据光绪七年秋申报馆仿聚珍本补录,应是曾纪泽在原日记基础上增补后寄呈总理衙门的,应该是他有意让此段议论公诸于世,借以表明自己的立场。

而知,也正如此间主战的左宗棠所说,他的出使"是否成议而返,固未可知",但目睹前车覆辙,"自不敢复蹈前愆"①。

光绪六年三月初八日,曾纪泽正式收到国内奉派他使俄的谕旨和总理衙门的函件,"系命一人兼使三大国"。他虽说自己"才短任重",但又很感谢"朝廷曲体艰难情形,特相宽假之意"。在使俄情形未可预知、难以把握的情况下,他向总理衙门坦言,他兼驻英、法两国公使,可以"留一退步","盖公使离境,所关极重,若俄人待客疏慢,纪泽可借英、法公事,时去时来,纡与委蛇,则虽驻俄都而不受欺侮,虽离境而不着痕迹,操纵在我,则机局较为灵动耳"②。此间曾纪泽还拒绝总理衙门建议授予他"全权便宜行事"的"虚名",认为"头等、二等名目虽不同,而实际本无异","非纪泽敢于规避",而是"俄人专尚谲诈","权位稍轻,则责任亦轻,或犹纪泽之一幸"③。他的这些言语,初读起来大有推卸责任之嫌。对此,李鸿章在致他人的信函中亦说,曾纪泽将眷属留在英国,同时又兼任英、法使事,其言行"固未能勉效苏武"持节不屈也④。

另外一方面,受自身家教、学养、性情等方面的影响,曾纪泽在对驻美公使陈兰彬的信函中又说,虽然虎口夺食很难,预料到俄后,俄方会"推故不见","议事格格不入",但他深受朝廷眷遇,"只求于

---

① 《与朱茗笙侍郎》、《答金和甫》,载刘泱泱等点校:《左宗棠全集》第 12 册之《书信三》,岳麓书社,2014 年,第 540、542 页。

② 《伦敦复译署各堂(光绪六年三月十五日)》,载喻岳衡点校:《曾纪泽集》,岳麓书社,2005 年,第 165 页。信函全文可见本书附录。另可见曾纪泽光绪六年三月初八日日记,载刘志惠整理:《曾纪泽日记》第三册,中华书局,2013 年,第 1024—1025 页。

③ 《伦敦致总署总办(光绪六年三月十五日)》,载喻岳衡点校:《曾纪泽集》,岳麓书社,2005 年,第 166—167 页。信函全文可见本书附录。

④ 《复浙江谭文卿中丞(光绪六年三月十八日)》,载顾廷龙、戴逸主编:《李鸿章全集》之《信函四》,第 32 册,安徽教育出版社,2008 年,第 538—539 页。

军国大端稍有裨益，至于一身之荣辱，自当置之度外"①。此话虽看似套话，但更是一种自我的暗示与期许，借以自重！他在信中接着提到了另外一层恐惧，即崇厚"字字均经电商"而订的俄约传入国内"忽然翻异"，"京官齐声哗噪"，左宗棠又夸大其词，其锋不可挡，崇厚被劾甚至波及总理衙门②。他预料自己将会夹在谲诈强俄与国内哗噪的意见之间，其内心的担忧也不难理解。而外交谈判亦是一场残酷的心理战。他拒绝崇厚出使时所求的"全权"，兼任英、法使事以为退步，放弃可以"夸耀于路人"的虚名，实际上是一种自我的心理释放，是他基于中、俄双方现实困境所做的务实考虑。从他事后的言行与结果来看，退步的背后大有以退为进的效果。

　　鉴于崇厚的前车之鉴和所处的中外时势，曾纪泽在使俄之前必要做一番准备。他除了要了解"崇约"的具体内容和国内的驳改意见之外，还要探听俄国对于遣使改约的态度。当然在知己知彼之外，他自己还要对如何和谈、如何改约有个基本的判断。在思考如何对俄谈判的同时，他还将面临与国内的"另类谈判"，如与清议派官员之间关于罪崇厚与赦崇厚之争，改约谈判中界务与商务孰轻孰重之争③。

---

① 拓荒：《曾纪泽未刊书牍》，载《近代史资料》总 75 号，中国社会科学出版社，1989年，第 153 页。
② 拓荒：《曾纪泽未刊书牍》，载《近代史资料》总 75 号，中国社会科学出版社，1989年，第 153—154 页。
③ 关于清流派在中俄伊犁谈判时的意见与作用，已有赵春晨、汤仁泽、吴宝晓等学者专文论及，但均未从曾纪泽方面论述清流派与他的相关争论及其意义。如赵春晨先生《伊犁交涉中清朝统治集团的内部斗争》(《西北大学学报》1984 年第 3 期)一文注意到清流派在拒"崇约"、罪崇厚、主战与支持左宗棠等方面的作用。著有《经世悲欢：崇厚传》的汤仁泽先生所撰《论中俄伊犁谈判时期的清流派》(《华东师范大学学报》2011 年第 5 期)一文重点在清流派严惩崇厚、清流派如何在政治上崛起及其局限性的论述。吴宝晓先生《张之洞在中俄伊犁谈判问题上的态度》(《西域研究》2004 年第 4 期)重在论述张之洞改约态度的四次重要变化。

（一）罪崇厚与赦崇厚之争

光绪六年十一月，两江总督刘坤一在清廷开释崇厚后致信曾纪泽说，他春夏之交"展觐在京"，随同总理衙门力请宽释崇厚，"且谓言路可开而不可纵，历引南宋之三学生及明季之台谏为戒，明知犯清议而不敢惜也"，进而建议"身当其任"的曾纪泽"只宜斟酌是非可否，权衡利害轻重，以定准驳，不必以悠悠之谈为虑"。在刘坤一看来，中俄伊犁交涉之事之所以迁延贻误，"始则误于遣使，致无事为有事，继则误于罪使，激小事为大事"①。那么在春夏之交开始的罪崇厚与赦崇厚之争中，曾纪泽又是如何斟酌权衡的呢？

正如光绪六年四月，李鸿章不无苦恼对曾纪泽说，崇厚以斩监候定谳，"在中国自谓宽贷，而外人犹有烦言"②。此间英、法、美等国驻华公使和税务司赫德等人多次向李鸿章和总理衙门函商，说俄国兵船来华，欲与中国为难，曾纪泽赴俄必不能和谈，进而请清廷宽免崇厚斩监候罪名。为避免与俄国发生冲突，促成曾纪泽早日赴俄和谈，总理衙门和北洋大臣李鸿章、南洋大臣刘坤一多次密商，"所见相同"，认为"崇某一人无足计较，而大局安危甚重"，且英国君主也为之求情，不能拒绝英、法之好，而使中国处于孤立无援之势，故于五月初八日密折上奏，建议宽减崇厚之罪③。

总理衙门大臣和李鸿章、刘坤一心里很清楚，此等建议肯定会招致清流派官员的反对。李鸿章在致总署的信函中便说："鸿章非

① 《致曾劼刚》，陈代湘点校：《刘坤一集》第五册，岳麓书社，2018年，第418页。
② 《复曾劼刚星使（光绪六年四月初五日）》，载顾廷龙、戴逸主编：《李鸿章全集》之《信函四》，第32册，安徽教育出版社，2008年，第543页。
③ 《总署奏崇厚获罪英法德等国使臣来函请加宽免折（光绪六年五月初八日）》及附片，王彦威等编，李育民等点校：《清季外交史料》卷二十一，湖南师范大学出版社，2015年，第401—403页。

敢避谤,亦非畏用兵,惟念办理洋务以了事为要义。"刘坤一亦在致他人信中说:"为中俄解纷,坤一不得不从合肥之后,驰至京邸,身冒不韪,明知为清议所不容,亦圣怀所不乐,而以时局安危所系,不敢不委曲求全。"①总理衙门大臣奕䜣等人在密陈折片最后也不忘说道:"若言者不察,必且交章争论,执常理以相绳,臣等固无所逃罪;然国家安危所系,万一事至不可收拾,论者反责臣等以失此机会不早转圜,区区身家固不足惜,如国事何?"②

　　果不其然,詹事府少詹事黄体芳、宝廷听闻此事后,随即于五月十一日上奏谓"罪臣不可轻赦",罪崇厚为俄国之辱,释崇厚为中国之大辱,可谓"徒长敌骄而辱国体"③。密折不密,第二天两宫皇太后只好发下谕旨,将总署密折和宝廷、黄体芳折交由"王大臣、大学士、六部、九卿、翰、詹、科、道会同妥议具奏",醇亲王亦参与会议④。

　　随后,太仆寺少卿钟佩贤上奏认为朝廷如不治崇厚之罪,"使外国之人无端而操中国生杀之柄,何以为国?"内阁侍读学士胡聘之、国子监祭酒王先谦则奏请将崇厚"暂免死罪,仍行监禁",待曾纪泽使俄后看议约情形如何再行酌办。醇亲王奕譞也认为"暂将

① 分见《复总署 请宽减崇厚罪名以固邦交（四月十一日）》《复总署 请总署奏减崇厚罪名（四月十五日）》,分载顾廷龙、戴逸主编:《李鸿章全集》之《信函四》,第32册,安徽教育出版社,2008年,第547、549—550页;《复刘荫渠》,陈代湘点校:《刘坤一集》第四册,岳麓书社,2018年,第411页。

② 《总署奏崇厚获罪英法德等国使臣来函请加宽免折（光绪六年五月初八日）》及附片,王彦威等编,李育民等点校:《清季外交史料》卷二十一,湖南师范大学出版社,2015年,第401—403页。

③ 可参考夏震武编:《嘉定（徐致祥）、长白（宝廷）二先生奏议》,沈云龙主编:《近代中国史料丛刊》第一编第425册,文海出版社,1966年,第221—222页;《请饬枢臣妥筹审处崇厚疏》,载温州市图书馆整理:《黄体芳集》上册,中华书局,2018年,第21页;另见王彦威等编,李育民等点校:《清季外交史料》卷二十一,湖南师范大学出版社,2015年,第404页。

④ 见翁同龢光绪六年五月十二日日记,见陈义杰整理:《翁同龢日记》第三册,中华书局,1993年,第1486页。

崇厚免去斩罪,仍牢固监禁",视中俄议约情况再定,且进一步认为清廷处此情形要有"必战之心"和"必胜之势",方能了事。翰林院修撰王仁堪认为崇厚之罪"万无可翻",并奏请疆臣"修防边围",严饬曾纪泽速赴俄都"反复辩论,更定修约,毋稍怯懦"。已任翰林院侍讲的张之洞奏陈守正与变通二策。守正之策为崇厚必诛无赦,以存国权,并告以俄国伊犁可以缓索,偿款可给,并非一味翻驳,以此作为和好依据,俄国自会接待新任使臣;变通之策为"一赦一罚",可赦免崇厚,但需"戴罪自效",并严谴南、北洋大臣"甘心畏葸",责令戴罪急修防务①。不过,张之洞应更倾向于不赦崇厚,他甚至对参与此事筹议的帝师翁同龢说,"崇约"十八条可全从,减罪臣之议则不可从。翁同龢认为张之洞所言"真高论哉",刘坤一亦认为该说是以纲纪重于疆土,"此则宋、明诸公之遗唾也"②。

在权衡轻重之后,由礼亲王世铎领衔军机大臣、御前大臣等具奏,认为"政刑者,国家之大柄",宝廷、黄体芳折中不减崇厚之罪"自是正论",但为顾全中外大局,避免与俄失和,应徇外使之请,"将崇厚罪名量予减等"。对此无奈情形,参与此折内容商议的翁同龢也感慨道:"恨有惭于清议,无补于大局也。"③

五月十九日,清廷密发上谕,暂免崇厚斩监候罪名,但仍行监禁,侯曾纪泽使俄情形如何再降谕旨,并让曾纪泽将此谕旨知照俄

---

① 上述奏议内容,可见王彦威等编,李育民等点校:《清季外交史料》卷二十一,湖南师范大学出版社,2015年,第404—409页。

② 见翁同龢光绪六年五月十四日日记,载陈义杰整理:《翁同龢日记》第三册,中华书局,1993年,第1487页;《复李若农》,载陈代湘点校:《刘坤一集》第四册,岳麓书社,2018年,第458页。

③ 见翁同龢光绪六年五月十四日日记,载陈义杰整理:《翁同龢日记》第三册,中华书局,1993年,第1487页。

国，以为中俄和好之据①。曾纪泽于五月底收到相关电报，并于六月初一复电总署云："遣崇本非有意辱俄，则赦崇以慰俄之牍，似不宜太着重笔。"②李鸿章对此谕旨也不甚满意，在致信曾纪泽的信中便说："崇使免罪一节，谕旨明露挟制俄人之意。"虽说待使臣到俄后相机酌量，但到俄后再行宽释，"已是画蛇添足，无济于事，何如早办之直截了当耶？"③同时，李鸿章也向总理衙门汇报说，英、法两国认为此折之意"系借崇挟制俄人，转激其怒"；德国使臣也认为谕旨内有"暂"字，且俟曾纪泽到俄后查看情形，"反为不美"④。此时在俄京代理使事的参赞邵友濂亦发电报致总署，认为恩释崇厚之旨可否直书，并建议明发上谕说是据曾纪泽所请，"以助来俄办事之势，庶恩不虚施"也。同时，他也致信曾纪泽，建议"乞恩释崇以杜俄之口"⑤。

　　六月二十四日，曾纪泽到达俄京圣彼得堡，随后接任使事。二十八日，他遣派英文翻译马格里往见驻俄英使德佛楞，派法文翻译日意格往见驻俄法使商西，二使均认为"崇罪必须赦免，且须斟酌措辞"，不能再激俄怒。随后，曾纪泽便摘录二使意见致电总署，希

---

① 王彦威等编，李育民等点校：《清季外交史料》卷二一，湖南师范大学出版社，2015年，第409页。
② 刘志惠整理：《曾纪泽日记》第三册，中华书局，2013年，第1049页。
③ 《致曾纪泽（一八八〇年六月二十三日）》，见拓晓堂辑录：《李鸿章关于中俄伊犁交涉的未刊书牍四件》，载《文献》1990年02期。
④ 可参考《复总署论中俄交涉兼议购铁甲（光绪六年六月初三日）》《复丁稚璜宫保（光绪六年六月十五日）》《致总署呈巴使问答节略（光绪六年六月二十三日）》，载顾廷龙、戴逸主编：《李鸿章全集》之《信函四》，第32册，安徽教育出版社，2008年，第557、563、569页。
⑤ 相关内容可参邵友濂光绪六年六月二十、二十一日日记，见《邵友濂日记》，载周德明、黄显功主编：《上海图书馆藏稿钞本日记丛刊》，第43册，国家图书馆出版社、上海科学技术文献出版社，2017年，第518页。

望总署为崇厚乞恩,则与俄论事"稍有把握"①。二十九日,曾纪泽带同参赞刘麒祥、翻译官庆常等人前往俄国外部,与该部尚书格尔斯、驻华公使布策、外部总办梅尼阔甫等会晤②。果不其然,初次会晤,俄国外部尚书格尔斯便"面冷词横",诘难中国在条约未经商改之先,便"罪使筹兵,从古所无"③。

出于和谈的现实考虑,曾纪泽斟酌后便致电总理衙门,"乞将崇厚罪名宽免为转圜第一步,虽干清议不敢辞"④。七月初七日,军机大臣将曾纪泽电报内容入告两宫皇太后,慈禧太后认为既然俄国已接待我使,"崇厚杀不杀亦甚不要紧",据曾纪泽之请,将崇厚加恩开释⑤。七天后,曾纪泽收到总署发来的回电,得知初七日明发谕旨,是据他所请而开释崇厚,"闻之且喜且惧"。他高兴的是两宫太后"宽仁"与总理衙门的"谏行言听",感慨"事不掣肘,则措置稍易也";同时又觉得自己才轻任重,有负朝廷期望⑥。七月十七日,他谒见俄皇,呈递国书、致诵词。俄皇听闻崇厚开释,"词色甚悦"⑦。

---

① 《森比德堡致总署总办(光绪六年七月初四日)》,载喻岳衡点校:《曾纪泽集》,岳麓书社,2005 年,第 171 页。另可见本书附录。
② 会晤内容,见本书正文光绪六年六月二十九日第一次会晤。
③ 曾纪泽六月二十九日日记,刘志惠整理:《曾纪泽日记》第三册,中华书局,2013 年,第 1058 页;亦可见李鸿章向刘瑞芬转述曾纪泽六月底电报内容,载顾廷龙、戴逸主编:《李鸿章全集》之《信函四》,第 32 册,安徽教育出版社,2008 年,第 578 页。
④ 见翁同龢光绪六年七月初六、初七日日记,载陈义杰整理:《翁同龢日记》第三册,中华书局,1993 年,第 1497 页。
⑤ 王彦威等编,李育民等点校:《清季外交史料》卷二十一,湖南师范大学出版社,2015 年,第 409 页;陈义杰整理:《翁同龢日记》第三册,中华书局,1993 年,第 1497—1498 页。
⑥ 曾纪泽七月十四日日记,刘志惠整理:《曾纪泽日记》第三册,中华书局,2013 年,第 1062 页。
⑦ 曾纪泽七月十七日日记,刘志惠整理:《曾纪泽日记》第三册,中华书局,2013 年,第 1063 页;亦可见本书附录中《谒见俄君呈递国书日期疏》。

不难料想，宽赦崇厚之事，定会再次引发国内清流派官员的激烈反对。黄体芳随之上奏，认为"贼臣逃罪，害不胜言"，痛恨当事诸臣"畏敌而辱国"，且说崇厚在擅定条约之外，尚有死罪三条，合三罪亦可杀之。该折矛头也直指曾纪泽，说崇厚出狱以来，街谈巷议"或曰曾纪泽自为计，故先以此要挟也"，并进一步责问道："今曾纪泽未递国书，约之改不改，未可知也，何所据而乞恩？俄国已经接待我使，尽可从容辩论，并非不容启齿，遽召兵端也，何所迫而渎请，故违前诏，不放不休？"①陈宝琛也上奏说，伏读开释崇厚之旨，"不禁失声痛哭"，"听罪臣挟外交以自固"，视此前的廷议为儿戏，奏请切责军机和总理衙门诸大臣迟延贻误之咎，以存国体②。

七月三十日，张之洞上奏，先是说曾纪泽抵俄后未及议事，便先为崇厚乞恩，将来所议约章已可想见。随后他思路一转，觉得问题的重点不在崇厚，而在当下使俄使臣应该如何谈判。他在该折中提出要"责使臣以羁縻"，要求曾纪泽在谈判中，既不得与俄率尔决裂，也不得率尔允定，需"理正词婉"，不激敌怒。同时他建议在谈判辩驳宜先重后轻，于最紧要数事必须百计挽回，以固国体。最后，他提出了万一无可挽回之退步，即约不能改，"惟有诛崇厚以存国权"，并将崇厚的命运与曾纪泽所为捆绑在一起，"若曾纪泽此行，兵不能撤，约不能改，崇厚亦不能诛，三者一无所得，徒贸然发一乞免罪臣之报，恐人将以议崇厚者议其后也！宜令曾纪泽熟

① 《和议约定后杀崇厚以挽狂澜疏》，载温州市图书馆整理：《黄体芳集》上册，中华书局，2018年，第21页。
② 《请责枢臣迟延贻误折》，载陈宝琛著，刘永翔、许全胜校点：《沧趣楼诗文集》下册，上海古籍出版社，2006年，第777—778页。

思审处,无贻谷戾"①。

对此,李鸿章曾对刘坤一忧虑地说道:"张香涛(即张之洞)、陈伯潜(即陈宝琛)诸君相继劾诋劫侯(即曾纪泽),语侵枢府……劫刚虽有定识,无如条约经廷臣驳改太多,旨令照办,岂敢故违!恐一开谈,而俄知不能就绪,必另遣使来华,以兵要挟,届时非张(仪)、苏(秦)口辨所可了事耳。"②果如李鸿章所料,俄方于七月二十三日照会曾纪泽,不与他在俄议约而另派使臣赴京③。

八月初十日,曾纪泽收到总理衙门电寄的张之洞奏疏摘要。他在当天的日记中写道:

> 查译署初四日发来电报,三百四十字,摘录张芗涛侍读之疏,疏中劾纪泽不应为崇厚乞恩。当时发电致译署云:"清议咎泽,所不遑避。"固逆料有此劾矣。查电报毕,头昏眼花,倦甚,静坐片刻。复作七律一首,第三联云:"正祝奇功归谢傅,自甘无识似桓冲。"饭后,核公文二件,头痛,小睡,未成寐。④

此时的曾纪泽可谓忧心忡忡,读了张之洞的奏疏更觉"头昏眼花",再想想眼下在俄和谈无望,国内又应他之请而宽释了崇厚,接

---

① 《议约迫促急图补救折》,载赵德馨主编:《张之洞全集》第一册《奏议》,武汉出版社,2008年,第34页。
② 《复两江刘岘庄制军(光绪六年七月十六日)》,载顾廷龙、戴逸主编:《李鸿章全集》之《信函四》,第32册,安徽教育出版社,2008年,第580页。
③ 见曾纪泽光绪六年七月二十三日日记,刘志惠整理:《曾纪泽日记》第三册,中华书局,2013年,第1065页。详情见本书附录中曾纪泽所作《俄使到京议约派员回京疏》。
④ 见曾纪泽八月十一日日记,刘志惠整理:《曾纪泽日记》第三册,中华书局,2013年,第1070—1071页。

下来还不知清流会怎样弹劾他，心中不免更加寂寥愁闷。

八月初五日，清廷收到俄国派使赴京的电报后怒不可遏，密寄上谕责骂曾纪泽：

> 商议约章是曾纪泽专责，前允该少卿所请，将崇厚开释罪名，原为改约地步。乃曾纪泽因外部一言龃龉，遂不能设法转圜，与之从容商议，岂开释罪名仅以呈递国书遂为了事？且据称，释崇、结案，占理十足，该少卿何不即与辩论？种种情节，殊不可解！①

从国内来看，释崇又未能达到在俄改约的目的，确实有辱国体。不过也正因为有损国体还宽释了崇厚，正可充分表明中国有与俄国和好之心，给中俄双方和谈预留台阶下，也为曾纪泽的后续重启谈判创造一个机会和说辞。

八月十四日，曾纪泽受清廷委派设法召布策回俄时，他便对俄国外部说："本国将崇大人加恩开释，又将各案饬令妥为办结，足征友睦之意。愿贵国放心推诚，相信同我商议，虽不能全照前议，但有可让之处，我必酌量相让。"俄国外部署任尚书热梅尼也回复道："本国皇帝闻贵国将崇大人开释，各案妥为办结，知贵国实有和好之意。"②也正如十一月中俄和谈进入实质性阶段后，刘坤一致信曾纪泽所言："今以大力斡旋，得以化大为小，化有为无。"③

光绪七年中俄定约后，刘坤一又向友人平情而论："以俄约论，

---

① 王彦威等编，李育民等点校：《清季外交史料》卷十八，湖南师范大学出版社，2015年，第431页。
② 见本书《金轺筹笔》八月十四日条会谈节略。
③ 《致曾劼刚（光绪六年十一月十二日）》，载陈代湘点校：《刘坤一集》第四册，岳麓书社，2018年，第418页。

其中自有委曲,崇罪未必至死,朝廷亦必不杀之,上年所争亦不过不杀崇已耳。使当时真杀之,则劫侯(即曾纪泽)无可借手,安得有今日之和盘妥处? 但不依俄约,则不免决裂,患在目前;若依俄约,则莫杜觊觎,患在日后。香涛(即张之洞)何弗深思乎?"①

(二)割地通商轻与重

在罪崇厚与赦崇之争的同时,曾纪泽也一直在思考如何赴俄和谈,如何改约,以及采取何等谈判策略。光绪六年三月中旬,他致函总理衙门认为:想要更改"崇约",不得不以别项条件"以饱其欲",这样才能与俄国发端立论,这其中需要"权其轻重",要想界约稍有更改,不可能不增加兵费补偿,要想商务另案办理或不兼议商务,则兵费不能不增加。同时他还建议国内做好战守之备,以备不虞②。但这封信并没有对何轻何重说得太清楚,随后他再次致函总理衙门,表示俄约中的商约、界约二者之间"亦须权其轻重"。他吸收了"万国公法会"屠爱士的意见③,先说西洋各国定约分为两种:一是"长守不渝之约",如分界之约;二是"随时修改之约",如通商之约。如果中国不想与俄开战,保全和局,与其商议改约,必须"开一转圜之路"。接着,他在信文中明确表态:

> 若分界、通商,条条皆须争回,无论纪泽无此才力,即使主议诸公自持旄节,恐未必得手应心。无论吾华独力镇御不足以慑之,即

---

① 《复李若农(光绪七年三月二十九日)》,载陈代湘点校:《刘坤一集》第四册,岳麓书社,2018 年,第 458 页。

② 《伦敦复译署各堂(三月十五日)》,喻岳衡点校:《曾纪泽集》,岳麓书社,2005 年,第 164—165 页。

③ 三月初二日,他与屠爱士聊条约中的界约与商约,"谈极久"。他同意屠爱士的看法,即分界之约为"永远订定",通商之约"有时须变更",故而界约与商约必须分为两次办理。见刘志惠整理:《曾纪泽日记》第三册,中华书局,2013 年,第 1025 页。

西洋各国合从以助我，犹不足以销俄人之倔强也。窃谓分界既为永定之局，自宜以百折不回之力争之；通商既属按期修改之约，似宜权宜允许，而采用李相（即李鸿章）立法、用人之说以补救之。①

  曾纪泽向总理衙门明确提出了"重界轻商"的谈判策略，这与此前清议中"重商"的意见颇为不同。随后他又将上述意见反复打磨，于四月下旬写定《敬陈管见疏》上奏清廷。他在该疏中首先总结伊犁之案主要在于分界、通商、偿款三大端，而筹办之法不外战、守、和三种，眼下言战"固为易言"，言守又非长久之计，言和则需权其轻重。随后，他便重申此前致总理衙门的意见，三大端中"偿款固其小焉者，即就分界、通商言之，则通商一端亦似较分界为稍轻"，故而力争分界，酌允通商，虽然得失暂未公平，但可保全和局，而商约中不善者则"俟诸异日修改"。曾纪泽也很清楚，他目前尚未赴俄便先提出上述"通融之说"，未免"迹涉畏葸"，会招致国内"物议沸腾"。故他在该疏中接着自陈心曲：如只是秉承国内指示，将应驳之条"屡辩而力争之"，然后居间传译两国意见，不管事之成败，"是臣之责任较轻，于臣之私计，实为甚便"。但他又觉得这样做，心里过不去，思量着"世受国恩"，现又膺任使职，责任攸归，岂敢缄默不言，"自避嫌疑之谤"。他坦言其鳃鳃过虑者，是怕廷臣所议除偿款之外，所有分界、通商各款，条条均需驳改。驳议者所说虽是"荡荡平平之道，堂堂正正之辞"，但却"言经而不言权，论理而不论势"。如只顾一面道理而不顾及现实，俄国必不答应。最后，他也表示，请将他的"愚昧之见"交由朝臣集议，如果

① 《伦敦致总署总办（三月二十九日）》，载喻岳衡点校：《曾纪泽集》，岳麓书社，2005年，第167页。

"界重于商"的准驳策略全无是处,通商各条也需全驳,他自当恪照总理衙门寄来的指驳意见,逐一争辩①。他的主张不仅与张之洞此前"重商务"的看法不同,也与左宗棠和伊犁将军金顺等主战派官员"商界并重"的观点相悖②。

就在他缮写《敬陈管见疏》期间,又收到总理衙门密电,告知他到俄后先向其说明不批准"崇约"的原因,如因条约不准而不还伊犁,那就"缓索伊犁","能将崇议两作罢论,便可暂作了局"。随后曾纪泽便将与总理衙门密商的情形附片密陈。其中,曾纪泽提到可用英文名为"普鲁太司特"(或为"protest"的音译)的办法,即两国遇有争议之事,争持不下而又不想用兵,则可知照该国且布告各国,谓某事本国不允,特不愿用兵,姑且从缓商议。但他又觉得总理衙门提出的"缓索伊犁"只是暂时办法,将来归宿应是"商务稍予推广,伊犁全境归还,乃可真为了结"。他也担心被误解,在附片最后专门说,他并非是受俄人挟制而妄进"通融之说",而是"揆度敌情,熟权事势"后所不敢不言③。他也很清楚此折片的内容

---

① 《敬陈管见疏》,载喻岳衡点校:《曾纪泽集》,岳麓书社,2005 年,第 23—28 页。奏疏全文可见本书附录。曾纪泽在光绪六年四月初七、初八、二十二日的日记中均记有"核改敬陈管见折稿"。

② 对于商务的意见,左宗棠在十月底议复崇厚所定约章时便上奏清廷说,崇约中通商口岸深入关内,"并议及秦、蜀、楚各处","便其深入腹地,纵横自恣","商务蔓及地方,化中为俄,断不可许"。(《甘督左宗棠奏遵议伊犁交涉应付事宜折》,载王彦威等编,李育民等点校:《清季外交史料》卷十八,湖南师范大学出版社,2015 年,第342 页。)他随后又在致总理衙门信中说,商务一节"无论水陆万里,事隶四省,断非势力所及,且自此引其深入,防不胜防,不仅西北之忧已也。"(《上总理各国事务衙门》,载刘泱泱等点校:《左宗棠全集》第 12 册之《书信三》,岳麓书社,2014 年,第502 页。)

③ 《与总署电报密商情形片》,载喻岳衡点校:《曾纪泽集》,岳麓书社,2005 年,第28—29 页。奏疏全文可见本书附录。

"稍嫌质直"，必然会招致局外人的诟病，"然亦不遑蚍也"①。

李鸿章也认为曾纪泽此疏主张伊犁全境归还，通商酌予推广，是"俄事结穴之法"，不过揆度俄方情势，"似一时尚办不到此地步"。同时，他也预料曾纪泽这种"局外旁观"的看法，虽说"事理详切"，但交由廷议"必又哗然"，"莫衷一是"②。

远在湖南的前任驻英、法公使郭嵩焘在收到他五月份的来信后，认为他的《敬陈管见疏》所言甚是，但又觉得处今日之势，"伊犁万无索回之理"，且总署"缓索伊犁"一节不由朝廷明发谕旨，而"委之使臣作终竟收束之局"，实在是失之千里。郭嵩焘的友人朱克敬，与曾纪泽曾有往来，在看到该疏稿后，则说他"有玩弄一世手段，尽管说，尽管推卸净尽，一丝不搭到身上"，进而感慨"今时仕宦所尚，专在此种，亦相与习而安之"，可为痛哭③。

虽说郭嵩焘、朱克敬身处江湖之远，但却时刻关注中俄伊犁事件的发展。早在光绪六年正月，朱克敬便对郭嵩焘说过，崇厚使俄之误，责在左宗棠，因"季高(即左宗棠)亦知收回伊犁非可责效于一使臣"，且知兵力不足以胜俄国，为避免"贿求之名"，便将收回伊犁之事交由朝廷，引身事外，"此其一念取巧之私，遂至假手崇公以贻国家之害"。郭嵩焘听后，认为此段议论"极透辟"，左宗棠无以免责④。随后，郭嵩焘得知曾纪泽奉派使俄后，便觉得"直无可

① 《伦敦致总署总办(光绪六年四月十九日)》，载喻岳衡点校：《曾纪泽集》，岳麓书社，2005年，第168页。
② 《致曾纪泽(一八八〇年六月二十三日)》，载拓晓堂辑录：《李鸿章关于中俄伊犁交涉的未刊书牍四件》，载《文献》1990年02期。
③ 见郭嵩焘光绪六年七月十八日、十九日日记，载梁小进主编：《郭嵩焘全集》第11册，岳麓书社，2012年，第286—287页。
④ 见郭嵩焘光绪六年正月初六日日记，载梁小进主编：《郭嵩焘全集》第11册，岳麓书社，2012年，第222—223页。

立言","欲重与定议,为辱而已矣"①。

三月中旬,郭嵩焘有感于张之洞去年十二月的折稿"足以为乱天下",便将此前所拟论伊犁事六条抄寄李鸿章,交由他代奏,"以身任天下之讥诟,使合肥(即李鸿章)得有所借手以行其志"②。郭嵩焘所谈伊犁六事为:一为收还伊犁应由陕甘总督左宗棠核议;二为遣使议还伊犁当赴伊犁会办;三为议驳"崇约",暂不收回伊犁;四为驻英、法公使不宜遣使俄国;五为定崇厚罪名当稍准《万国公法》行之,不激俄国之怒;六为廷臣主战为"一隅之见",不急言用兵开衅③。四月初,李鸿章便将此疏代递清廷,并将内容抄寄给曾纪泽,并在信中说此疏"侃侃而谈,深中情势,惜到京已迟,已成之议,无可挽救"④。

五月十九日,曾纪泽才收到了总理衙门寄到的条约、章程、专条等件的签注意见,即有"分别可行及必不可行之款"可做赴俄谈判的依据。六月初六日,曾纪泽便收到了国内军机大臣密寄的四月初五日谕旨,让他阅看郭嵩焘的论俄事折,说该折"不为无见",同意郭嵩焘暂时缓索伊犁全境的意见,以免操之太蹙,与俄开衅。同时该上谕还强调总理衙门此前寄到的条约、章程等签注意见已就原约"权衡利害",可作为辩论改议之资,最后又重申:"如彼以条约不允,不能交还伊犁,亦只可暂时缓议,两作罢论。但须相机

---

① 见郭嵩焘光绪六年二月初九日日记,载梁小进主编:《郭嵩焘全集》第 11 册,岳麓书社,2012 年,第 235 页。

② 见郭嵩焘光绪六年三月十八日、十九日日记,载梁小进主编:《郭嵩焘全集》第 11 册,岳麓书社,2012 年,第 250—251 页。

③ 《论俄事疏》,载梁小进主编:《郭嵩焘全集》第 4 册,岳麓书社,2012 年,第 849—854 页。另见王彦威等编,李育民等点校:《清季外交史料》卷二十,湖南师范大学出版社,2015 年,第 394—396 页。

④ 《复曾劼刚星使(光绪六年四月初五日)》,载顾廷龙、戴逸主编:《李鸿章全集》之《信函四》,第 32 册,安徽教育出版社,2008 年,第 544 页。

引导，归宿到此，即可暂作了局。惟不可先露此意，转致得步进步，别有要求。"①而他关于中俄改约谈判的折、片，清廷于六月十五日才提出看法，不大同意他"重界轻商"的策略，强调通商一节"自当权其利害轻重，予以限制"。不过当他收到上述密寄上谕时，已是八月中旬中俄和谈陷入僵局之时②。

七月初三日，曾纪泽致总理衙门恭亲王和李鸿章信中略云："俄事开办伊始，该国狡谲难测，倘天之幸将来能全收伊犁，酌改商务，是为上了。如俄不受商量，我则全驳商务，缓索伊犁，是为中了。俄人不讲情理，竟开边衅，照各国旧章，使者例须出境，是为下了。计惟祷祀以求无至下了而已。"③由此可见，曾纪泽还是最希望以酌改通商来全收伊犁的。

七月十七日，曾纪泽等人到俄后谒见俄皇时，俄皇便告知他不久将携外部尚书格尔斯前赴黑海行宫，嘱咐他将应议之事，快速与格尔斯商议。驻俄参赞邵友濂认为俄皇既然催议条约，建议将中方议改节略尽快办去，不宜等候总署的续电指示，曾纪泽"韪而从之"④。十八日，曾纪泽等人便到俄国外部，将"崇约"中窒碍难行处和商改条约大意向格尔斯等人陈述⑤。十九日，驻俄使馆便将法文和汉文议改节略六款各一份送去俄国外部。随后曾纪泽也向

---

① 王彦威等编，李育民等点校：《清季外交史料》卷二十，湖南师范大学出版社，2015年，第396页。

② 王彦威等编，李育民等点校：《清季外交史料》卷二十一，湖南师范大学出版社，2015年，第414页。

③ 见曾国藩的幕僚赵烈文光绪六年十月十三日日记，赵烈文曾看到曾纪泽致国内恭亲王、李鸿章等人关于中俄交涉事件的信札。此处引文，见赵烈文：《能静居日记》第四册，岳麓书社，2013年，第1986页。

④ 见曾纪泽光绪六年七月十七日日记，刘志惠整理：《曾纪泽日记》第三册，中华书局，2013年，第1063页。

⑤ 会晤情形，见本书正文七月十八日条。

总理衙门汇报,他未将该衙门奏准议改各案和盘托出,是因谈判伊始"似以浑括大意为宜",看俄方口气、态度如何,再行逐条分晰。他自述该节略六条中,有照原议驳改者,有照原议允准者,有照原议议驳而措辞稍异者,有原议未曾议及而必须添议者,有原议准驳两歧仍遵驳议而措辞稍活者,有照原议驳改而办法稍异者,有原议驳改而此次未曾吐露者,有原议通融允许而此次仍未吐露者,有未照原议明驳而隐含驳议者……这其中,照原议驳改者和允准者是曾纪泽预备谈判的重点,其内容如下:

有照原议驳改者:如第一款伊犁须交还全境;第二款塔、喀两界仍照旧址;第四款领事只添嘉峪关一处;第六款关外各处不宜概行免税是也。有照原议允准者,如第三款之嘉峪通商,尼(布楚)、科(布多)行走;第四款嘉峪设领事,哈、古、巴指定一处留货是也。以上准驳,关系最大,确不可易,故立言不嫌其决绝。①

由上可知,曾纪泽仍然坚持"重界轻商",并没有完全按照总理衙门奏准的准驳方略。与此同时,曾纪泽于七月十八日接到总理衙门的电报,其内容应是清廷让他参酌张之洞七月初十日所奏改约方略的上谕②。张之洞认为界务与商务两大端中,"行迹则界务重,隐患则商务重","商务中以陕、楚陆路通商一条为尤重",并

---

① 议改节略六条,详见《森比德堡致总署总办(光绪六年七月二十四日)》,载喻岳衡点校:《曾纪泽集》,岳麓书社,2005年,第171—172页。另可见本书附录。

② 曾纪泽该日日记记"接译署电报,查考码号二百字",凌晨三点才睡。邵友濂日记记十九日阅往来电报,"知相陶(应为香涛,即张之洞)有奏论松花江及西、汉行走两事"。查七月十九日上谕内容刚好为二百字,与邵友濂所阅电报内容相同。见《邵友濂日记》,载周德明、黄显功主编:《上海图书馆藏稿钞本日记丛刊》,第43册,国家图书馆出版社、上海科学技术文献出版社,2017年,第524页。

提及松花江行船专条,奏请清廷让曾纪泽于关系极要之条,必须
"力为辩论","尤须坚持定见,期于必行"。清廷发布的上谕认为,
张之洞所奏陆路通商和松花江行船两条,筹虑尚属周详,"著曾纪
泽于议约时揆度情形,参酌办理"①。显然,曾纪泽没有过多听从
张之洞的改约意见。如关于松花江行船案,曾纪泽在致总理衙门
信函中便明确说,张之洞所谈"虚言其理,犹不若实征其地","因
此龃龉,恐他事亦相持不下。鄙意拟留为后图。倘伊犁全交,他事
亦尚顺手,则可告以此事应由两国派员在彼勘明属地江名,再商办
法,此次约内暂置勿论,以免争执"②。

七月十九日,曾纪泽再次致电总署,进一步谈论不同于国内的
改约看法,其文称:

张之洞所陈者理,俄恃强则不甚顾理。且订约理易伸,改约理
难伸。昨见外部,谈驳数端:一索伊犁全境,一塔、喀界各派大臣
面定,一嘉峪关领事外暂不添设,一哈、巴、古仅许一处留货,一关
外西路不全免税。格(即格尔斯)已艴然。今日送节略仍照昨谈
大端,且看答复如何。

闻俄派海部为公使,以兵船挟华照前约。现容泽商,试泽刚
否,如泽太刚,彼必不在此处议事。泽恐其在华无理取闹,故未将
驳议全露,宽以縻之,乞婉奏为感。泽意国事为重,身名为轻,且所
议终须衙门电允乃定。现用柔实非得已,如不谓然,恳严电明示,
泽可改而用刚。松花专条本在约外,现尚未提。提则设词请其缓

---

① 《改约重要各条必应坚持片(光绪六年七月初十日)》及所附上谕,载赵德馨主编:
《张之洞全集》第一册《奏议》,武汉出版社,2008年,第33—34页。
② 《森比德堡致总署总办(光绪六年七月二十四日)》,载喻岳衡点校:《曾纪泽集》,
岳麓书社,2005年,第173—174页。另可见本书附录。

议,不能据理直驳。汉口既有运商能夺俄利,何不将西安、汉中慨允?俄行久之,渠将废然而返等语。①

从这封回电内容可以看出,曾纪泽认为张之洞所言是顾理而不顾势,不具可行性,对谈判采取柔策做了解释,并再次强调自己以"国事为重,身名为轻"。由于此间曾纪泽与国内最快的信息交流只能是通过电报,而电报当时只能从俄京圣彼得堡寄到上海,上海到北京还需要靠快船和其他方式寄送,因而电报到达京城快则需时一周,慢则需要十来天。总理衙门于七月二十七日才收到此复电。

七月二十二日,曾纪泽又"写一函致李相",吐露他的愤懑之气,大意为:"崇约之不公允,西国皆知,俄人亦自知之。向使地山(即崇厚)之归,吾华不动声色,但言所订未妥,不能允行,是西人常有之事,何至遂有失和之说?只因举措慌乱,而备战之说自我发之,故致如此棘手……凡处大事,须以平静出之。议战议和,纷纷喧闹,转使外人得窥朝廷之无主见。究竟所谓边防果皆处处可恃否?即所驳条约亦皆处处允当否?"②显然,曾纪泽对国内的改约

① 曾纪泽十九日的日记记"发一电寄译署,二百六十余字",但他的遗集和日记并没有留下电文内容。邵友濂十九日读到张之洞关于松花江及西、汉行走两事的奏论,《清季外交史料》中《总署奏接曾纪泽电俄以兵船挟华遵照前约请谕曾纪泽与俄交涉要旨折 附电及上谕》收有总理衙门在七月二十七日所收曾纪泽电报内容。考虑此间由俄发电致北京大约需时一周,结合电文内容、"昨见外部"的时间以及电文字数,可以断定总理衙门二十七日所收电文即是曾纪泽十九日所发。曾纪泽所发电文内容,载王彦威等编,李育民等点校:《清季外交史料》卷二十二,湖南师范大学出版社,2015年,第427页。另可见本书附录。
② 曾纪泽遗集并无此信内容,李鸿章在九月二十二日致孙家鼐(字燮臣,与翁同龢同为帝师)侍郎信中摘录了曾纪泽信函的内容,信中有"顷接劼刚七月二十二日函称"字样,曾纪泽日记七月二十二日亦记"写一函致李相"。由此亦可知,由俄邮寄纸质信函到天津大约需时两个月。详参《复孙侍郎(光绪六年九月二十二日)》,载顾廷龙、戴逸主编:《李鸿章全集》之《信函四》,第32册,安徽教育出版社,2008年,第623页。

意见和举棋不定的战和举措大为不满。而此时的李鸿章也为他议约而忧虑着，虽然李鸿章还没有收到上述信件，但李鸿章几乎同时致信总理衙门，汇报俄国遣兵来华情形，并说"窃虑劫刚商及改约，驳议太多，俄必艴然变计，另派专使来京，彼时更难了局"，进而建议总署电致曾纪泽，"将前议改约各条略参活笔"，既然未能一一遵从所奉的寄谕和廷议办法，"与其事急而仍照原约，不若事先而稍与通融，俾得相机转圜，免开兵衅，斯大局之幸也！"①

正如李鸿章所料，曾纪泽于七月二十三日正式接到俄国外部的复文，"知（俄方）不肯在此处议事，而别遣使至北京商订"。随即曾纪泽便与参赞邵友濂和刘麒祥商谈极久，并准备派"熟悉情形"的邵友濂回京以备顾问②。邵友濂当天的日记载："夜晤曾侯，知已接外部不在此议事之复文，为之爽然。因以求退之意商之，承许克日归京，先为奏请，以邵某饬归备总署顾问云云，定议后为之喜而不寐。"③通过邵友濂日记中"喜而不寐"的记述，可知驻俄使馆压抑紧张的气氛，以及曾纪泽所面临的内外压力及心境。

七月二十四日，曾纪泽"作照会稿，答俄外部"，随后向总理衙门汇报俄国的外部复文和他答俄国外部的复文。七月二十五日，他与参赞邵友濂谈极久，并作《俄使到京议约派员回京疏》和《遴员署俄法参赞片》④。二十六日，曾纪泽送邵友濂以《曾文正公全集》，并赠七律诗一首。二十七日，曾纪泽又作七律一首赠邵友濂，

① 《复总署论商改俄约兼论球案（光绪六年七月二十三日）》，载顾廷龙、戴逸主编：《李鸿章全集》之《信函四》，第 32 册，安徽教育出版社，2008 年，第 586 页。
② 见曾纪泽光绪六年七月二十三日日记，刘志惠整理：《曾纪泽日记》第三册，中华书局，2013 年，第 1065 页。
③ 见《邵友濂日记》，载周德明、黄显功主编：《上海图书馆藏稿钞本日记丛刊》，第 43 册，国家图书馆出版社、上海科学技术文献出版社，2017 年，第 524 页。
④ 此疏、片内容可见本书附录。

诗云：

> 仓卒珠盘玉敦间，待凭口舌巩河山。
> 功成燕颔军留塞，利逐蝇头虏叩关。
> 贡马颁茶增互市，雕龙炙辀动朝班。
> 仗君此去纾筹策，更为庸驽乞赐环。①

此诗足以表明曾纪泽此间的心迹，希望邵友濂回京后能"纾筹策"，他也自比"庸驽"，希望早日能被召还。国内故人赵烈文在十月看到他此间致某人的信札略云，"七月二十四日以后，俄使既行，事无可办，俄君亦出游北海，各国公使皆四散游历，曾即拟旋英、法办理驻扎二国之事等语"。读此，赵烈文在日记中感慨道："是则曾所自谓下了之局也，为之喟然！"②

七月二十七日，总理衙门收到曾纪泽的十九日复电，赞同他改约立论不宜过刚，但也认为"松花江及西安、汉中通商两事，实为约章最要关键"，他所提"缓议"松花江和"概允"西安、汉中两条，"将来办理殊多窒碍"③。七月三十日，慈禧太后出见军机大臣，并发布上谕，让总理衙门发电知照曾纪泽，其文称：

> 此次曾纪泽与俄人辩论，自应先以索还伊犁全境为言，然彼既

① 《送邵筱村回京二首》，见喻岳衡点校：《曾纪泽集》，岳麓书社，2005 年，第 262 页。
② 见赵烈文光绪六年十月十三日日记，载赵烈文：《能静居日记》第四册，岳麓书社，2013 年，第 1987 页。
③ 《总署奏接曾纪泽电俄以兵船挟华遵照前约请谕曾纪泽与俄交涉要旨折》及所附曾纪泽电与上谕，载王彦威等编，李育民等点校：《清季外交史料》卷二二，湖南师范大学出版社，2015 年，第 426—427 页。另可见本书附录。

占据已久，未必遽肯全还。目前统筹全局，所重者尚不专在此节。着曾纪泽察看情形，如此事急切未能定议，即遵照四月初五日谕旨暂行从缓。

至通商各条，原因索地起见，不能不量予从宽。如伊犁既从缓商，则通商各条中之必不可允者，亟应据理相持，多争一分，即少受一分之害。内如松花江行船至伯都讷及西安、汉中通商两条，尤为约章最要关键，勿得稍涉迁就，该少卿务须力持定见，与之辩驳。俄人欲以兵舶来华，兼图挟制，亦在意中。惟当刚柔互用，以期事可转圜，无伤大体，方为妥善。①

从以上电文可知，清廷的底线依然是缓索伊犁，而力争删改通商中必不可允者，特别是其中的松花江行船与西安、汉中通商两条。同日张之洞再次上奏，重申所要挽回最要数事："陕甘陆路通商至汉口一也，松花江行船至伯都讷二也，张家口设分栈三也，伊犁未还全境四也。"此四条"害之尤大者也"②。不过，曾纪泽在十天后才收到总理衙门电寄的七月三十日上谕和张之洞奏疏的内容。

八月初三日，总理衙门收到曾纪泽七月二十四日所发电文，内容如下：

接外部复文，大致谓，伊犁割地、推广商务，均须照办。嫌泽节略将要务全驳，无可和衷，议改前派头等钦差所定，中国既视为不足重，且举动情形难堪，俄因受累。惟各案已饬妥办，尚属好意，故

---

① 所附上谕，载王彦威等编，李育民等点校：《清季外交史料》卷二十二，湖南师范大学出版社，2015年，第427页。另可见本书附录。
② 《议约迫促急图补救折》，载赵德馨主编：《张之洞全集》第一册《奏议》，武汉出版社，2008年，第34页。

约章不强中国概允,已派使速赴北京。倘各案业经办结,可即在京和衷商订。顷,案其大意照复四端,并询俄使衔名等第及已否赴华,请其复示,谨录前节略,今照复,另由北路电闻。吾华释崇、结案,占理十足,俄虽横,署中自能应付也。邵道熟悉情形,饬赶回京备问。恳代奏。①

总理衙门接电后认为,商议约章是曾纪泽的"专责","何以俄有派使来京之言遽行诿卸",奏请让他向俄外部"妥速与商,以维大局",并设法阻止俄使来京,"致多枝节"。八月初五日,清廷发布谕旨称:

> 总理衙门奏,接据曾纪泽电报,俄人以要务全驳,无可和衷,派使速赴北京商订一折。览奏不胜诧异!
>
> 此次曾纪泽与俄人论驳,仅及数事,因外部作拒绝之词,遂思诿卸,并未将各条如何窒碍详细商改。所论数事,如松花江行船至伯都讷及西安、汉中通商等最要之件,均未议及。该少卿将听其派使赴京,竟嘿尔而息,置身事外耶!
>
> 商议约章是曾纪泽专责,前允该少卿所请,将崇厚开释罪名,原为改约地步。乃曾纪泽因外部一言龃龉,遂不能设法转圜,与之从容商议,岂开释罪名仅以呈递国书遂为了事?且据称,释崇、结案,占理十足,该少卿何不即与辩论?种种情节,殊不可解!着懔遵迭次电寄办法,与其外部从容商办,以维大局。不得因彼有派使

---

① 曾纪泽七月二十四日日记载"发电报寄译署",总理衙门八月初五日将此电报内容上奏清廷。见《总署奏据曾纪泽电称俄外部拒绝交涉另派使赴北京商订折 附原电及上谕》,载王彦威等编,李育民等点校:《清季外交史料》卷二二,湖南师范大学出版社,2015年,第430—431页。另可见本书附录。

来华之信，不候谕旨，擅离俄国，致生枝节。邵友濂既熟悉情形，着留于该处，以资襄办，毋庸饬令回京。并着总理衙门先将此旨大意由电知照曾纪泽遵办。将此密谕知之。①

清廷收到曾纪泽的电报后，感到"不胜诧异"，进而责骂他"听其俄派使赴华，遂思诿卸"，"竟嘿尔而息，置身事外"，要求他"懔遵迭次电寄办法，与其外部从容商办，以维大局"。同时，该密寄上谕也再次重申松花江行船和西安、汉中通商为"最要之件"。

八月初五日，俄国驻华公使布策来大清驻俄使署辞行。八月初八日，邵友濂由俄京圣彼得堡出发，准备返国②。八月初十日，曾纪泽接到总理衙门七月三十日电寄上谕③。但该上谕中关于如何议约的指示对曾纪泽此时来说已无大用处。当天，曾纪泽又发电致总署，摘录俄外部新来的照会，内容大概为"俄国已派布策来华商办，曾纪泽无可商议"④。

八月十一日，曾纪泽面对急转直下的中俄形势，"为译署拟普噜太司特文牍稿"，并说"西洋各国常有具此牍者"。他不满意法人翻译官日意格的文稿，而自作文稿交由译官照叙为法文，并在日记中记录了大致内容："俄以兵船胁制吾华，吾华不得已而暂弃伊

<hr>

① 见《总署奏据曾纪泽电称俄外部拒绝交涉另派使赴北京商订折 附原电及上谕》，载王彦威等编，李育民等点校：《清季外交史料》卷二十二，湖南师范大学出版社，2015 年，第 430—431 页。另可见本书附录。
② 见《邵友濂日记》，载周德明、黄显功主编：《上海图书馆藏稿钞本日记丛刊》，第 43 册，国家图书馆出版社、上海科学技术文献出版社，2017 年，第 528 页。
③ 曾纪泽八月十日日记记："查译署七月晦来电，一百八十七字。"见刘志惠整理：《曾纪泽日记》第三册，中华书局，2013 年，第 1070 页。上谕内容见上文。
④ 总署于八月十八日收到该电文，内容见：《总署奏接曾纪泽电称俄已派布策来华应俟其到日再议片 附懿旨》，载王彦威等编，李育民等点校：《清季外交史料》卷二十二，湖南师范大学出版社，2015 年，第 434 页。

犁,以收回崇星使上年所议损华利俄诸事,则必须有此表理之文以致俄国暨西洋各国,表明中国之暂以伊犁让俄者,非中国之所愿,长于理而绌于势耳。"① 如前文所述,该日他还接到张之洞七月底奏劾他为崇厚乞恩的电报。他当日的心绪可从该日所作的诗中略窥一二,诗有云:

> 作队长鲸集海东,怪云腥雾掩晴空。
> 六弢金版都陈策,五鞣梁辀备讨戎。
> 但愿奇功归谢傅,自甘无识似桓冲。
> 澶渊一掷诚孤注,莫怪南箕荧帝聪。②

该诗中"长鲸集海东"应是指俄国海军舰队纷纷到达远东海域,战事阴云笼罩。身在俄京的他对此无可奈何,自甘为无甚识见的东晋将领桓冲,而把希望寄托于国内的"谢傅"③。在他看来,面对眼下与俄和谈无望、布策与俄海军来华的时势下,清廷备战已是最后一搏,并反讽这些徒有虚名而又喧嚷的清流官员误导了清廷的决策④。

八月十二日,曾纪泽便收到了八月初五日清廷责骂他"遂思诿卸"上谕。他惶恐不安在日记中摘录了此谕旨,并记:"自念才智短绌,致俄人不能相信,而决计赴京,上贻宵旰之忧,惭悚何既!"随

---

① 见曾纪泽八月十一日日记,刘志惠整理:《曾纪泽日记》第三册,中华书局,2013年,第1070—1071页。
② 《杂感五首》之一,见喻岳衡点校:《曾纪泽集》,岳麓书社,2005年,第263页。
③ 谢傅即为东晋谢安,在淝水之战中以少胜多。
④ 诗中用主口舌的"南箕"为典,多指谗佞之人,且用"荧"字来形容他们迷惑帝聪,故此句应为反讽。

后他又找外籍翻译官马格里、日意格将此前的改约文牍"修饰数处"①。

八月十三日，曾纪泽便携法文翻译官庆常至俄国外部，"拜署外部尚书热梅尼，不晤"，然后又"作一照会稿致热梅尼"。该日，他又接总理衙门来电七十字，应该为国内八月初八日上谕："面奉谕旨，俄事日迫，能照前旨争重让轻固妙，否则就彼不强中国概允一语力争几条，即为转圜地步，总以在俄定议为要。俟有成说，由电请旨遵行。钦此。奉到此旨，即行遵办等语。"②他也感觉可以松一口气，在日记中感慨道："旨命争几条为转圜地步，较前旨放松矣。"③随后他又发电报召回邵友濂，邵在法国马赛接电后"方寸大乱"，"子正困惫已极，犹不能安枕"④。

八月十四日，曾纪泽带翻译官庆常前赴俄国外部，与署任尚书热梅尼会晤，谈极久，"请其电奏俄皇，留布策在俄议约，良久乃允奏"⑤。同日，他还在思考如何改约，并"阅张香涛去腊奏稿二件"。如前文所述，张之洞十二月的两件奏稿是偏向"重商轻界"与较刚的"以战为讲"，有不同于他所认为的理与势。经此番俄方恫吓与国内的责骂，看着张之洞的奏稿，曾纪泽不得不对改约内容重新思量，思考如何"善应"，如何如张之洞所言"参理势兼刚柔以动之"。

---

① 刘志惠整理：《曾纪泽日记》第三册，中华书局，2013 年，第 1071 页。
② 上谕内容可见李鸿章致曾纪泽电报，载顾廷龙、戴逸主编：《李鸿章全集》之《电报一》，第 21 册，安徽教育出版社，2008 年，第 7 页；亦可见朱寿朋编，张静庐等点校：《光绪朝东华录》第一册，中华书局，1984 年，总第 962 页。
③ 刘志惠整理：《曾纪泽日记》第三册，中华书局，2013 年，第 1071 页。
④ 见《邵友濂日记》，载周德明、黄显功主编：《上海图书馆藏稿钞本日记丛刊》，第 43 册，国家图书馆出版社、上海科学技术文献出版社，2017 年，第 530 页。
⑤ 该日会谈纪录可以参考本书《金轺筹笔》"八月十四日"条。亦略见该日日记，刘志惠整理：《曾纪泽日记》第三册，中华书局，2013 年，第 1071—1072 页。

八月十五日,他在日记中记与翻译官"考究透光铜镜之理",西人以为"凹凸不一、刚柔不同",他不信其理。此处,他是否有借物喻事之意,认为自己与国内改约主张看似不同而实则目的一致?该日为中国的中秋佳节,他还作七律一首《八月十五日夜森比德堡对月》,云"明镜喜人增白发,奚囊搜句到红毛",读来不免有惆怅孤寂之感①。

八月十六日,曾纪泽再次"写中国准驳崇约节略",应是调整改约轻重,为重启谈判做准备。八月十七日,曾纪泽收到李鸿章来电,内容应该为李鸿章八月十二日"寄使俄曾侯"电,转述德国驻华公使巴兰德密函:

> 巴兰德与俄使极熟,据称中国愿待俄以邻近友邦,酌许所要通商各款令俄惬意,则伊犁界务中国所不惬者较易商改,是与迭旨争重让轻及就彼不强中国概允一语转圜之意相符。松花江行船系旧约,西安、汉中似应准择一路。如布策尚未动身,请速酌办挽回。其海部已由沪赴长崎。②

显然,李鸿章此时为"令俄惬意",仍倾向于"重界轻商",与此前谕旨和张之洞奏请的改约重点不同。同日,曾纪泽又"编电报二

① 八月十五日日记,见刘志惠整理:《曾纪泽日记》第三册,中华书局,2013 年,第 1071 页。该诗全文见喻岳衡点校:《曾纪泽集》,岳麓书社,2005 年,第 262 页。
② 《寄使俄曾侯(光绪六年八月十二日发)》,载顾廷龙、戴逸主编:《李鸿章全集》之《电报一》,第 21 册,安徽教育出版社,2008 年,第 6 页。此电文内容,曾纪泽应在八月十七日收到,虽然只隔了五天。据曾纪泽十七日日记中记"用《电句集锦》查李相来电",又记"饭后编电报二百余字寄李相"。另根据下文所引李鸿章收到曾纪泽八月十七日来电内容可知,曾纪泽所谈内容正好是回复李鸿章八月十二日所寄转述巴兰德的话。

百余字寄李相"，电文称：

> 松花江约当年并无汉文。西、汉不准行，则嘉峪关利益有限，争论均无把握，然思设法办理。京官过虑洋商精于计算，乃言商重界轻，幸圣主洞悉情形，只饬力争几条。
>
> 鄙见争地争商各有重处，现拟揣情度理，斡旋其间。俄之官绅埋怨俄皇归还伊犁，然则地界亦不甚易争。巴兰德所说，俄国公使绐骗也。俱经照办，如专为恫喝，何必许多兵船，恐有不测险处乘间窃发。海部大臣赴日本互相联结，不知何意。倘布策不能挽回，纪泽将来或有转机告知各国，评其是非。
>
> 现拟学俄放谣言入新闻纸，言乘机或谓俄不将伊犁全数交还，则喀什噶尔亦难保，中国将封喀什噶尔为自主国，与英国立约保护。此俄所惮也。初八日电旨尚未收到，请即访实示知。八月十七日。[①]

从中可以看出，曾纪泽不太同意李鸿章的看法，认为不能以巴兰德所说为是。此时他已参酌了国内京官们"重商"的意见，认为"争地争商各有重处"，并准备"揣情度理，斡旋其间"。他也深明国际交涉之道，了解英、俄在中亚的角逐情形，放谣言将与英国立约，封南疆的喀什噶尔为"自主国"，利用英俄矛盾来纵横捭阖。显然，他不是真心想要让喀什噶尔独立，而只是用计。

八月十八日，曾纪泽接到俄国外部答函，"云俄皇允召布策回

---

① 《曾侯由彼得堡来电(光绪六年八月二十四日到)》，载顾廷龙、戴逸主编：《李鸿章全集》之《电报一》，第 21 册，安徽教育出版社，2008 年，第 6 页。

俄相商,为之稍慰"①。十九日,曾纪泽便"发寄李相电报",告知俄国已允召回布策,并疑惑地说:"尊处电与张奏轻重相反,曾经奉有廷寄否?"他在电文中进一步谈到心中的忧虑:"俄虽允召布暂回,纪泽既虑布多所要挟,又虑廷臣纷纷议论,奈何?"②李鸿章于八月二十六日才收到此电。

八月二十五日,曾纪泽"偕从官至车栈迎接邵小村"③。二十七日,他便带翻译官庆常前去俄国外部,询问布策是否愿意与之会谈。关于此次会谈,俄方谈判代表热梅尼向跟随俄皇在里瓦几亚的格尔斯说:"毕佐夫(即布策)已于星期三(即中历八月二十六日)到达此间,他阅读了有关文件……我们同他(即布策)商妥的步骤如下:不在您的办公厅举行正式会谈,因为那样做就太像谈判了。由毕佐夫单独与曾进行私人会谈,向他说明,自己的使命是听取他的意见并转达给皇帝陛下,由皇帝陛下决定是否存在可能谈判的基础。这样,毕佐夫不必提出任何建议,就可以摸清曾所受指示的最大限度。然后向里瓦基亚报告,也只有到那时候才能按照皇上的决定进行正式谈判……原拟于今天,星期四,毕佐夫前去拜会曾。曾抢在毕佐夫前头,他先到我这里来了……我无法完全描绘出这次会谈多么友好,善良的曾面露喜色。我也给了他不少甜言蜜语。"④

---

① 见曾纪泽八月十八日日记,刘志惠整理:《曾纪泽日记》第三册,中华书局,2013年,第1073页。
② 《曾侯有彼得堡来电(光绪六年八月二十六日到)》,载顾廷龙、戴逸主编:《李鸿章全集》之《电报一》,第21册,安徽教育出版社,2008年,第6页。
③ 刘志惠整理:《曾纪泽日记》第三册,中华书局,2013年,第1074页。
④ 信函全文可见查尔斯·耶拉维奇、巴巴拉·耶拉维奇合编:《俄国在东方(1876—1880)》,商务印书馆,1974年,第133—134页;另可见袁同礼译:《伊犁交涉的俄方文件》,中研院史语所,2015年,33—35页。

热梅尼对曾纪泽主动会晤与面露喜色的描述，可以从侧面了解曾纪泽在收到清廷责骂自己"置身事外"后一段时间内压抑苦闷的心绪。他一直担心俄皇如不允准召回布策，由此而发生不可预料的情况。虽然此前曾纪泽多次向清廷表示他是以"国事为重，身名为轻"，但作为一位深受儒家文化和自小接受曾文正公庭训的士人，其发自内心深处的责任、自省以及国内的亲朋故旧的期许与清议，又不得不让身在俄京的他感到苦闷和喘不过气来。在等布策回俄京期间，由于中外交涉事少，曾纪泽所做的诗也颇多，现摘录其中两首：

读 史 漫 成

织婢耕奴职有归，书生讲武箭锋机。经纶十万横磨剑，组练三千未试衣。坚白崇朝同与异，雌黄终古是耶非。班生黼笔韩谀墓，史氏阙文风已微。

前诗不惬心改作仍未是也姑并录之

摇笔春江下濑船，竞援糟粕折轮扁。高谈坚白妙当世，正恐杀青欺后贤。嗜好苦茶甘若荠，揄扬寒谷暖生烟。史宬粗卒丹铅业，热血雄心两废然。[1]

此二首诗应作于八月二十二、二十三、二十四日，此间曾纪泽在翻看《纲鉴》。他的日记载：二十二日茶食后作仄韵七言排律一首，二十三日改仄韵七言排律为七律，二十四日"复将昨夜所改七律另作一章，仍不惬意"，二十五日起床茶食后"将所作诗二章皆缮出"[2]。

---

[1]　喻岳衡点校：《曾纪泽集》，岳麓书社，2005 年，第 263—264 页。
[2]　刘志惠整理：《曾纪泽日记》第三册，中华书局，2013 年，第 1073—1074 页。

此两首诗应该并读,诗中均提到"坚白论",或暗指清廷内部的和与战之论,亦或指割地、通商孰轻孰重;同时也或指涉张之洞、陈宝琛等清流,说他们书生讲武,好为高论,借谈俄事而博得名声,与主和派(或者他)形成对立。这其中到底孰是孰非,只有待史家来评判。只可惜如今的史家也如班固一样"征赇鬻笔",喜学韩愈作"谀墓文",而司马迁"阙而不录"的直笔书史之风也逐渐衰微,即使空有热血和雄心都已惘然,不过是借古人之笔墨,以浇心中之块垒罢了。此诗多有借古讽今、借史言他之意。曾纪泽作为一个有很高自我期许的儒士,他的内心深处还是期盼能有史家懂得他的内心关怀和所作所为,也想学其父亲能够彪炳史册,免得让表面的"高论"欺骗了后世。故从两首诗的内容和第二首诗的题记"前诗不惬意,改作仍未是,姑并录之"就可看出,曾纪泽此间的不宁心绪和对时事的矛盾纠结。当然,这首"姑并录之"的诗并非"仍未是",恰好为后世留下了解读他个人"心史"的津梁。

八月二十八日,布策即来驻俄使馆与曾纪泽会晤。布策首先质问曾纪泽有无全权,然后又说中方既然挽回了他,"贵爵有何话说"? 有何通融办法。随后曾纪泽便告知了他关于改约的看法,其内容大致分为五端,交还伊犁问题、喀塔修界、通商、松花江行船专条和索要逃犯白彦虎。这其中"争地、争商各有重处",在其他方面又有"量为通融"之处。关于交还伊犁之事,曾纪泽认为"伊犁全交系中国最紧要之条",但为保全两国友谊"亦可通融,量为允许",即允将伊犁西边之地酌让若干给俄国安置迁民,"至于伊犁南边特克斯川一带地方是中国紧要之区",势难割让。关于喀什葛尔和塔尔巴哈台修界,中国同意派员前往勘定。关于通商之事,曾纪泽说俄国可在嘉峪关设领事,"崇约"中科布多、乌里雅苏台、哈密、吐鲁番、乌鲁木齐、古城等处"一时不能设领事"，待以后商务兴旺后再议；并拟将嘉峪关比照天津一律办理，不提"崇约"中准俄陆路通商过西安、汉中到汉口。关于"松花江行船至伯都纳贸易"专条，曾纪泽说"中国臣民皆以为不应允许"，"允准此条使我极其为难"，要么废约，要么入中国界百里"即按各国在内江通商章程一律办理"，要么退让若干远地方而不准到伯都纳①。布策要求曾纪泽开一节略给他，允交格尔斯，代奏俄皇。八月二十九日，布策又来久谈，曾纪泽阅看昨日问答节略。

九月初一日，曾纪泽又与翻译官马格里、庆常和日意格"商订致布策函良久"。该日，曾纪泽还收到李鸿章八月二十六日答复他十七、十九两日电文的复电：

> 总理衙门初八日电旨，何以十七日复电尚未收到？兹照录一分云：面奉谕旨，俄事日迫，能照前旨争重让轻固妙，否则就彼不强中国概允一语力争几条，即为转圜地步，总以在俄定议为要。俟有成说，由电请旨遵行。钦此。奉到此旨，即行遵办等语。
>
> 鸿适与总署函商松花江，西、汉两事，恐难尽免。总署嘱摘巴使函要语电致，俾有依据，并云与初八日电旨不背。兹俄既允召布暂回，能在俄定议最妙，望即遵初八电旨相机商办。如伊犁全归，似松花江行船，西、汉准择一路，即是争重让轻之意。否则尊论争地争商各有重处，又即是力争几条之意，随时由电请旨，亦不虑廷臣纷论也。②

---

① 见本书八月二十八日的会谈节略。
② 《复曾侯（光绪六年八月二十六日亥刻）》，载顾廷龙、戴逸主编：《李鸿章全集》之《电报一》，第 21 册，安徽教育出版社，2008 年，第 7 页。

　　李鸿章没有明确答复曾纪泽来电关于"与张奏轻重相反"的意见是否奉有廷寄的疑问，并再次强调"如伊犁全归，似松花江行船，西、汉准择一路，即是争重让轻之意"，且将该意见的责任主体含糊于总署和他之间。李鸿章也知道如此答复，不符权限和体制，同时亦致信总理衙门请其原谅他的"冒昧之咎"，并希望总理衙门代奏和酌核他的意见①。

　　正如李鸿章所担忧的那样，"电报恐易耽搁"，他也是在八月二十六日才收到曾纪泽十九日来电，知道俄皇允召布策暂回。而此时的总理衙门还为"布策挟兵船而来"而担忧，"深恐大局不可收拾"。八月十七日总理衙门上奏，建议曾纪泽与俄议约在十八条之内可以批准，十八条之外别有要挟，仍不得擅许，并奏请与俄议约展期，"一面遵旨电知曾纪泽遵照妥办"，一面照会署理俄国驻华公使凯德阳，告以展期，并派曾纪泽和衷商议②。八月十八日总理衙门又收到曾纪泽八月初十日的电报，"知俄国已派布策来华商办，曾纪泽无可商议"。八月十九日，清廷便发布懿旨，让"惇亲王、军机大臣、大学士、六部九卿、翰詹科道及左庶子张之洞会议，

————————————

① 八月二十六日，李鸿章复电曾纪泽的同时，又致信总理衙门说明其为何如此复电的缘由："本日酉刻又由上海税务司寄到劼刚十九日电信，译抄呈览。俄允召布策暂回，此是极好机会，能如钧意在俄定议最妙。鸿章窃念事关国家安危大计，当此一刻千金，时不可失。明晨适有丰顺船开行，若必待钧署裁决，再行电复，未免展转误事。遂将八月初九、十二等日敝处密陈尊处两函之意，隐括其词，及八月十一日尊处致鸿章密函所述初八日电旨，敬谨照录，连夜缮一电信交津关税司，由轮船寄上海转发。计九月初二、三日可达俄都，尚赶及。谨将电复照抄呈阅。玩劼刚来电仅言贵署初六日电(似初五日之讹)，仍未接到初八之电，恐其疑虑多端，致有延误。因体会初八日谕旨，分晰言之，冀其略有把握，相机剖辨，冒昧之咎，伏希鉴原。可否由钧署迅速密为陈奏，并望酌核办理是幸！"见《致总署述电复曾侯(光绪六年八月二十六日亥刻)》，载顾廷龙、戴逸主编：《李鸿章全集》之《信函四》，第32册，安徽教育出版社，2008年，第607页。

② 《总署奏中俄换约日期已届请饬曾纪泽和衷商办片》，载王彦威等编，李育民等点校：《清季外交史料》卷二十二，湖南师范大学出版社，2015年，第433页。

醇亲王一并与议"①。他们商议的应对办法，大体上是一边筹备边防，一边筹划布策来京后如何与之议约②。这其中，张之洞于八月二十四日再次上奏，语多责难曾纪泽，其文有云：

> 布策此来固是危局，亦未必非事机缘。曾纪泽多执己见，在彼定议亦属无益。从古敌国交际之事，谋战为本，辩论为末，形势相禁制为上，婉词恳请为下……惟有急修边备，静以待之……五月内议免崇厚罪名，臣疏言既无能战之人，即宜电邵友濂告知俄国，缓伊犁，给偿款，其余各款并非一味翻驳。若不专待曾纪泽，早将此数条达知，何至中使赴俄，俄使赴中，两相错迕，成此紧迫之局？③

在张之洞看来，派曾纪泽使俄一开始就是不智之举，且说曾纪泽多执己见，造成此番紧迫之局。张之洞此说颇有欲加之罪，何患无辞之意味。

九月初二日，曾纪泽致电总署汇报他与布策近来的谈判情况。电文内容大致为：俄皇允准展限一个月商谈；"布（策）问中国改约诸事，云将奏俄皇，与泽议否仍须俟旨"，"泽分条告知"，并略照前寄电文，"添说西汉、松花、白逆（即白彦虎）三事，词婉内松，示以

---

① 王彦威等编，李育民等点校：《清季外交史料》卷二十二，湖南师范大学出版社，2015 年，第 434 页。

② 朝臣们会议筹商此间情形，可见翁同龢此间日记，载陈义杰整理：《翁同龢日记》第三册，中华书局，1993 年，第 1507—1511 页。张之洞、翁同龢、许景澄的奏议，可见王彦威等编，李育民等点校：《清季外交史料》卷二十二，湖南师范大学出版社，2015 年，第 434—439 页。另如惇亲王、醇亲王、宝廷、洪良品、王先谦、万青藜、徐桐等大臣奏议摘要，可参翁斌孙辑：《翁同龢瓶庐丛稿》第一册，上海远东出版社，2014 年，第 124—127 页。

③ 赵德馨主编：《张之洞全集》第一册《奏议》，武汉出版社，2008 年，第 37 页。

可商,布允奏";由于改约时间非常紧促,李鸿章认为"事事请旨恐来不及,拟于定议之后,汇电请奏"①。

九月初三日、初六日布策又接连来大清驻俄使馆拜会。由于此间曾纪泽尚未得到清廷的最新电示,也只能按照自己的看法与之晤谈,临机处置。在九月初三日会晤中,他在回答布策疑问时,再次表达"中国看界务最重,商务于两国有益可以相让"。对于通商,他也明确表示"不必提出西安、汉中,致使中国添派官员,诸多费事,且恐有碍于各国通例"。对于松花江行船,"如专条不改,当加上纳税与专用贸易船字样",以防俄国兵船进入松花江上游的中国内地。九月初六日,曾纪泽向布策说明,伊犁西边地方即是中国相让俄国之处,但布策认为这是"崇约"已许利益,如想俄国让还特克斯川还需中国在约外另行补偿,"请贵爵寻思酌核"。在这次会谈中,布策还专门提到清廷为何要廷议"崇约",闹得沸沸扬扬,既然中国以"崇约"吃亏过多,"当初何以不暗向本国说明,不伤本国体面,较易商改,如今彰明较著,人人晓得,是以难办";随后又质问"中国发兵购械,一切举动至今尚有痕迹"。曾纪泽不失尊严,均巧妙予以回答②。

随后,曾纪泽便向清廷汇报了会谈情形及个人看法。九月初四,曾纪泽致电总署,内容大致为:一布策"持界务甚坚,将来恐难如我愿,泽尚未松口,恪遵初八日(谕旨)力争几条之"。九月初五日,他又致电总署,伊犁事非敢纠缠,认为此时缓索,"有无益者两

---

① 清廷于九月十二日才收到该电报。翁同龢因参与伊犁议约而可以阅看曾纪泽电报,此据翁同龢《时事杂记》所录电报。目前笔者所看到的是上海远东出版社彩影的《时事杂记》手稿本,或偶有识字错误,还请读者指正。该日电文,见翁斌孙辑:《翁同龢瓶庐丛稿》第一册,上海远东出版社,2014年,第132页。
② 九月初三日、初六日问答节略,见本书相关内容。

端"和"致损者两端"。无益者二：一是俄将崇约所许皆为已得之利，"现并不以不交伊犁挟我"；二是"俄明知缓索即不索，我不居弃地名，彼即不居争地名，我徒舍伊犁，彼不以为惠，他事仍纠缠"。致损者二：一是仿西国因理长势绌不欲争战而出以"普鲁太斯特"文牍，"俄不以为好反以为恶，猜嫌滋甚"；二是"俄或云缓索仍系代守，前令守兵费须照交，后此又云每年兵费若干，直至交收日止，迫我以不得不索之势，枝节横生"。另外，该日电报还说，如果伊犁全境难以收还，可据俄所得割地而力争喀、塔界约。九月初六日，他又致电总署，汇报当日会谈情况，说"布来，词特硬，崇约所许皆已得利，如必须争回某条，须于约外议一条相偿，泽自严词拒之"，"彼即以言相恐，泽度其伪"，布策必电嘱凯德阳来总署言仍遣布策来华，望总署答以"布本前使，再来甚好，惟崇约已奉旨派曾某议，布来无可商云云"。九月初八日，曾纪泽再次致电总署说"缓索无益有损，乞据以奏"，并说"伊全境必不可得，力争伊南，相持甚苦"；当布策言中国"既不甘崇约，何不迳废，何必遣使另议"，"佯答华难舍伊犁以糜之，非敢不遵四月旨，实缘布口说无凭，若就其言立论，彼知我可缓索地，又将生狡计也"；"西汉、松花，前北洋电言可许，泽具牍虽仍争之，然措词已松，恐难照驳议争回"；"泽现今词意遵初八旨，力争几条即为转圜地步"[①]。从这几日的电文可以看出，曾纪泽刚柔互用的外交谈判术，以及争重让轻之策略。他并没有完全听从李鸿章电寄的重伊犁而轻通商的建议，但也没有完全重商而轻界，而是坚持界

---

① 曾纪泽的九月初四、初五、初六、初八的四天电报，清廷于九月十五日一起收到。见翁斌孙辑：《翁同龢瓶庐丛稿》第一册，上海远东出版社，2014 年，第 133—134 页；另见翁同龢九月十七日日记摘录，载陈义杰整理：《翁同龢日记》第三册，中华书局，1993 年，第 1514 页。

与商各有重处,力争几条。

而此间布策谈判语气之所以强硬,说中国如想改约,必须约外补偿,并让曾纪泽寻思何处可让,其背后实际上是俄方当时尚未形成统一意见和最终的谈判目标。这一点从俄方热梅尼于俄历9月22日(即中国农历九月初一)、25日(即中国农历九月初四)致格尔斯的信函便可清楚看到。如9月22日热梅尼在信中便说:"我们能够接受这一修改(曾纪泽的修改要求)而不为我们的利益提出其他相应的修改吗……首先必须了解帝国内阁所追求的最终目标……毕佐夫(即布策)先生打算从下述三方面来寻找:1. 补充和扩展商业利益;2. 要求在松花江上航行的权利;3. 也许建议在乌苏里江一带修改边界。"同时,热梅尼请求格尔斯"对下述问题给予明确指示:一、我们所要达到的最终目标;二、为了达到这个最终目标我们所应取得、让予或要求的最大限度和最低限度……"在9月25日热梅尼又向格尔斯汇报说:"毕佐夫今天与曾进行了四小时会谈……会谈仍不能令人满意,毕佐夫依然没有敢向前迈进,会谈始终停留在相互提出问题上,双方接近仍然有很大距离!"①

九月初八日,曾纪泽终于收到了清廷关于力争几条中何轻何重的意见。该电为总理衙门于九月初一日所发,其内容为:"争地不如争商,如伊犁不允全归,可缓索,遵四月初五日旨也。伊犁既缓索,或商务之重者可以相撼,如松花、西汉等条是也。争让之间,惟望刚柔互用,设法抽换,大局总期转圜,在我亦须有下场地步,一

---

① 热梅尼致格尔斯信件全文,见查尔斯·耶拉维奇、巴巴拉·耶拉维奇合编:《俄国在东方(1876—1880)》,商务印书馆,1974 年,第 135—139 页;另可见袁同礼译:《伊犁交涉的俄方文件》,中研院史语所,2015 年,第 35—43 页。

切均先电奏请旨。"①此电先是由驻俄参赞邵友濂接收，他阅看后觉得"意与前电不符，因请曾侯留意"②。确实，这份意见与李鸿章的看法不同，认为伊犁虽重要，但可"缓索伊犁"，先争"松花、西汉等条"。九月十四日，曾纪泽又收总署九月初六日来电，谈到了许景澄奏折中关于设领事、设行栈、免税、松花江行船等方面的议约意见，但最终"以上各节，惟西、汉暂缓行走一层及（松花江）行船至三姓不可率许，其余各条争得一分是一分"③。需要说明的是，该电文内容是初六日军机大臣与惇亲王、醇亲王、恭亲王、翁同龢等人"大言争之"而后改写的较为趋同的意见④。九月十八日，曾纪泽又收到总理衙门九月初十日来电，除了告知总理衙门已经照会凯阳德"阁下有训有权，断不致稍有违越"外，还特别叮嘱说"阁下应遵照迭旨并电信办理，总之缓索伊犁，力争西汉、伯都纳，而西汉尤重，能争此方为妥善，否则本处实无把握，本月二十九以前，将主意与之明说，或可就绪"⑤。

九月十七日，曾纪泽前去俄国外部，与热梅尼会谈。曾纪泽说俄皇允准的和谈期限快满了，问俄方对他此前所提改约节略有何意见。热梅尼则说对此"本国毫无定见"，须让中国自己想个好办法，设法补

---

① 翁斌孙辑：《翁同龢瓶庐丛稿》第一册，上海远东出版社，2014年，第130页。
② 见《邵友濂日记》中"九月初八日"条，载周德明、黄显功主编：《上海图书馆藏稿钞本日记丛刊》，第43册，国家图书馆出版社、上海科学技术文献出版社，2017年，第534页。
③ 翁斌孙辑：《翁同龢瓶庐丛稿》第一册，上海远东出版社，2014年，第131页。许景澄奏折全文，可参王彦威等编，李育民等点校：《清季外交史料》卷二十二，湖南师范大学出版社，2015年，第437—439页。
④ 翁同龢在九月初六日日记中载："惇（亲王）、李（鸿藻）与余同，恭（亲王）则异，醇（亲王）、沈（桂芬）、景（廉）、王（文韶）调停其间。"该日会议大致意见，可参陈义杰整理：《翁同龢日记》第三册，中华书局，1993年，第1511页。
⑤ 翁斌孙辑：《翁同龢瓶庐丛稿》第一册，上海远东出版社，2014年，第131—132页。

偿,否则等期限一满,即饬派俄国海部尚书会同署理驻华公使凯阳德"将大皇帝末了的话告知中国"。对此,曾纪泽按四月初五日谕旨提出"缓索伊犁"而废弃前约之说,"至于通商利益如所请者,中国可以答应,仍可从容商议,此却是我的末了一句话了"。随后,曾纪泽又果断强硬地拒绝了热梅尼提出将伊犁"永交俄国管属"的要求,再三强调伊犁为中国固有领土,不可割让给俄国。而热梅尼在此次会谈中以"末了的话"(即最后通牒)来恫吓曾纪泽,是系他在俄历9月25日(即中历九月初四日)给格尔斯信中早已确定了的谈判手段,借此威胁清廷早日批准《里瓦几亚条约》。甚至他们还向格尔斯提议,电令俄国署理驻华公使凯阳德照会并敦促清廷要么批准条约,要么决裂,"我们就以宣布条约被撕毁,不交伊犁并召回我国驻北京的使馆人员相威胁"①。

九月二十日,布策来馆会晤,再次提出如要索还伊犁需约外另行补偿,曾纪泽再次果断拒绝,提出缓索伊犁,径废崇约。布策建议曾纪泽致电国内询问相关意见,有无另行补偿之可能。曾纪泽予以坚拒,并说"我生性如此,比如买物件太贵,宁可不买,不欲还价"②。对于该日会谈,邵友濂在日记中写道:"布策来,神词怡悦,厉气大减,自会晤数十次,未有如此次之谦蔼者也。"③布策此来,或许是为缓解上次曾纪泽与热梅尼会晤所带来的紧张情形。此时,俄方尚未决定与中国是战是和。

九月二十日,曾纪泽收总署九月十四日电报,再次强调"此时

① 见查尔斯·耶拉维奇、巴巴拉·耶拉维奇合编:《俄国在东方(1876—1880)》,商务印书馆,1974年,第139—140页;另可见袁同礼译:《伊犁交涉的俄方文件》,中研院史语所,2015年,第41—43页。
② 以上两日会谈情形,可见本书所载会谈节略。
③ 见《邵友濂日记》中"九月二十日"条,载周德明、黄显功主编:《上海图书馆藏稿钞本日记丛刊》,第43册,国家图书馆出版社、上海科学技术文献出版社,2017年,第536页。

应照前电缓索伊犁，力争西汊、伯都纳，而西汊尤重"，"此外揆时度势，能争则争……西汊之关系极重，不可放松"，"伯都纳条能延宕亦可"①。总理衙门的此次电报是经过清廷王大臣、军机大臣阅看曾纪泽初二日电报和张之洞、御史李振南等人奏折后所形成的意见。张之洞在九月十二日上奏的《议约期迫请筹挽救折》中，多有指斥曾纪泽议约不当之处：

> 臣闻俄使已经东来，曾纪泽要之使回，重与订议。廷臣皆喜，臣独以为不然，何也？使臣（即曾纪泽）多执成见，但论界务，不争商务。若不予限制，不受机宜，必致逞臆率定，一翻不能再翻，是误国事也……
>
> 今曾纪泽再议，必承该使臣五条上文而言。查原议五条本有难解，内止索还伊犁全境一条为要务、为实争，其余已属次等，措词又甚浮游……大抵曾纪泽之意，既苦俄人强横，又复偏执己见，于最要者止争伊犁全境一条，而以四条或不关紧要，或并非实争者搪塞充数，名为五条，实止一耳……况布策追回，譬如贾人出门，我复招之使返，必须增价无疑，可知曾纪泽此次必至降格相就……夫曾纪泽既有五条不权轻重之上文，失言于前日，又有总署八月初八日漫无限制之电寄横亘于胸中……此时必宜速饬曾纪泽扫除前文，从新另议，注重界务，专力筹商。除其他各条应由使臣相机辩驳外，窃谓西汊通商一节，尤为大利大害之所关。臣上年十二月第一疏已经备陈，而大学士左宗棠复奏疏中，病国、病官、病商、病民诸说尤为详尽……
>
> 此时与俄人辩论，但当以华商生计为言……就令敌国不顾情

① 翁斌孙辑：《翁同龢瓶庐丛稿》第一册，上海远东出版社，2014年，第132页。

理,使臣何忍不一启口乎? 尝读同治六年九月故大学士曾国藩《复奏预筹修约疏》有云: 总就小民生计与之切实理论,自有颠扑不破之道……纵使臣以为不晓洋务,独不思其父曾国藩固尝腐心切齿而力争乎?

闻曾纪泽之意,目前着重专在伊犁全境……枢臣因惶惑而全无定衡,使臣执己见而不度利害。使臣既以当争者为不必争,枢臣又不肯筹一审敌情、钳敌口之法以指授使臣,则虽争亦如不争。①

张之洞不惜引左宗棠的奏疏,并抬出曾国藩来告诫曾纪泽,借以强调"西、汉通商"的重要性。当然,他或也觉得言语过于锋利刻薄,在该折最后也说,"臣诚迂陋,亦知相时势,谅使臣"也。翁同龢阅看后说,"张折数千言,谓争条约归结在西汉不可许"②。张之洞上奏此折,背后大有其他"清议派"官员的影子。如他此间致军机大臣李鸿藻的密信说:"弥知曾议尚不如布议,故不畏布策之来也……硬争松花、西汉两条,彼不允,曾力必不能办。"③而此间张佩纶亦对李鸿藻说:"劼刚抗命畏俄,果于自用,使与布策定约,终不能存国体,魇人心明甚,佩纶唯惧布策不来,不惧布策之来。"对此,"高阳(即李鸿藻)壮之"④。

九月二十九日,曾纪泽收总署九月十七日、十八日电报。十七日电报有云:"初十、十四两电仍现在确切不易办法也……全约以

---

① 赵德馨主编:《张之洞全集》第一册《奏议》,武汉出版社,2008 年,第 39—41 页。
② 陈义杰整理:《翁同龢日记》第三册,中华书局,1993 年,第 1513 页。
③ 张之洞此信,见李宗侗、刘凤翰著:《李鸿藻年谱》,中华书局,2014 年,第 244—245 页。
④ 见张佩纶光绪六年九月初三日日记,载谢海林整理:《张佩纶日记(上)》,凤凰出版社,2015 年,第 48 页。

西汉、伯都纳为重，而西汉尤重，宸谟众论专重在此。本日面奉谕
旨，西汉、松花两条必须力争，何以曾纪泽以北洋电言可许遂形松
劲，以后务须遵旨办理，不得诿诸北洋也。""来电云语气已松，究
竟松到如何地步，亦应详细电报。""至缓索（伊犁）一层，既属无
益，不惟遥制。"①该电内容是清廷答复曾纪泽九月初四、初五、初
六和初八电报而言。参与会议的翁同龢亦在日记中写道："奏片略
言请饬曾某勿偏信北洋电信，并饬北洋如寄电与曾应先期奏
明。"②随后清廷便发布上谕："前据曾纪泽电中有西汉、松花，前北
洋电信可许等语，与总理衙门所发电信不符，嗣后该大臣发与曾纪
泽电信，凡关系俄国议约一事，均着先行奏闻，以免两歧。"③

曾纪泽所收总理衙门十八日电报内容，大致为总署在与俄国
署理驻华公使凯阳德会谈中，答应凯德阳"电知尊处（即曾纪泽
处），可让减者让减，可缓商者缓商，其实在关系紧要者，仍需贵国
互相让减"。该意见已奏明清廷批准，故电知曾纪泽"查明办理"，
并在电文末再次强调"其西汉、伯都纳仍不能减让，所请关系紧要
者是也，万不得已伯都纳可缓商"④。

九月二十九日，俄皇所准的和谈期限日期已满。热梅尼告知
曾纪泽，"拟再展现两个月，以便彼此商酌"，并言及伊犁"固然要

① 翁斌孙辑：《翁同龢瓶庐丛稿》第一册，上海远东出版社，2014 年，第 134 页。
② 当日会议情形，可参翁同龢九月十七日日记，见陈义杰整理：《翁同龢日记》第三
册，中华书局，1993 年，第 1514—1515 页。
③ 王彦威等编，李育民等点校：《清季外交史料》卷二十二，湖南师范大学出版社，
2015 年，第 447 页。李鸿章此间致潘鼎新信中接着说："内廷力持松花江行船、西
汉通商二条，恐难成事。"他又致信张佩纶说："俄事近无所闻，劼刚电报援北洋为
词，不过欲借以分谤。"分见顾廷龙、戴逸主编：《李鸿章全集》之《信函四》，第 32
册，安徽教育出版社，2008 年，第 624、627 页。
④ 翁斌孙辑：《翁同龢瓶庐丛稿》第一册，上海远东出版社，2014 年，第 135 页；亦可参
陈义杰整理：《翁同龢日记》第三册，中华书局，1993 年，第 1515 页。

还"，但具体如何要等外部总办梅尼阔甫从里瓦几亚带信回来。十月初三日，布策又来驻俄使馆会晤，"谓俄君旨意复改议事，须缓数日"。曾纪泽又告以布策"四句要紧之话"：一是俄国全还伊犁，前约所载通商好处至今未答应者，仍可酌让一二，其断难答应者中国仍就不许；二是俄国虽似愿还伊犁而"格外要求"，所求者使中国为难，则中国缓索伊犁而废弃前约；三是嘉峪关通商比照天津，不可坏各国总例，不必再议西安、汉中直达汉口之路；四是松花江行船一事，仍请径废专条①。此次会谈，曾纪泽遵照总理衙门电寄的指示，专门提及西汉、松花江行船二事，正好弥补和强调了此前会谈及改约节略中所较为忽视的两条。

在布策召回俄京后，俄方在谈判中先是以时间紧促相逼迫，使得曾纪泽无法与国内及时保持沟通，随后又以"末了的话"来要挟曾纪泽就范。在退无可退的情况下，曾纪泽也以刚策应付，俄方又采取延宕之法。所幸在此期间，曾纪泽并没有完全受俄方以布策赴京、兵船来华、末了的话和谈时间迫促等方式、手段的恫吓，在没有获得清廷及时指示的情况下，坚持"界务和商务力争重处"，并冒着国内清议可能的责难，在谈判中刚柔兼用，与俄相持有度，这才迎来了此后谈判中向好的可能，也使得他逐渐与国内的意见保持同步。这其中的艰难，也正如曾纪泽在事后的奏疏中所言："事势无常，日期甚促，有时于立谈之顷，须定从违，臣于未经请旨之条，既不敢许之过骤，然既奉转圜之旨，又不敢执之过坚。良由自沪至京，无电线以资迅速，故虽由电请旨，非旬日所能往还，敌廷之询问益多，专对之机权愈滞。"②

---

① 以上两日会谈情形，可见本书所载会谈节略。
② 《改订俄约办事艰难情形疏》，载喻岳衡点校：《曾纪泽集》，岳麓书社，2005 年，第49 页。另可见本书附录。

十月初五日，曾纪泽又收到总理衙门九月二十日电报，电文再次强调："惟现在宸谟众论注重关内西汉一层，无论如何为难，仍力争为要"，并说"至约外补偿之说，究属何指，如缓索伊犁争得西汉，自可不必补偿；如收还伊犁并特克斯一带再争得西汉，或可另议补偿"，"此事移步换形，不能固执，总之扼定大端，如何有益如何办理"。① 此次电报是针对清廷接收到曾纪泽十一日电报所云"松花可商，格斯川一带许还，惟约外索补偿"而展开的，经由二十日内廷之"三邸五枢毕集"而确定的意见。②

而此时的张之洞也根据"俄事机有可乘"的最新时势，对之前"商重于界"的主张进行了修正。他与另一位清流官员陈宝琛联衔上奏，认为"界务以收回伊犁全境为最重，商务以西汉通商为最重"，"若伊犁南境或有可商，则西汉重而伊犁亦未尝不重"。他们提出了"两全之策"：如伊犁南境可还，即当据为铁案，不必更动；西汉一条"当别筹相抵之方，或令曾纪泽商之俄人，令其别议一款与之相抵，或于伊犁原议偿款之数酌量加增，以之相酬"，"盖无路之伊犁则可舍，而有用之伊犁则不可弃；无名之兵费则当拒，而挽回谬约之偿款则不当惜"。他们认为西汉一条为"商民生计、形势要害之所关"，清廷不会吝啬此"区区资财"。最后，他们奏请清廷谕令曾纪泽速与俄设法商议，"两条并争"③。

---

① 翁斌孙辑：《翁同龢瓶庐丛稿》第一册，上海远东出版社，2014 年，第 136 页。
② 可参陈义杰整理：《翁同龢日记》第三册，中华书局，1993 年，第 1515 页。
③ 《论俄事界务商务宜并争折(光绪六年九月二十三日)》，载陈宝琛著、刘永翔、许全胜校点：《沧趣楼诗文集》下册，上海古籍出版社，2006 年，第 779—780 页。该折末尾有"如虑限期将满，即请一面电寄曾纪泽，一面告知凯阳德，属其速达本国"，由此可以判断是在九月二十日左右，而载德馨主编的《张之洞全集》所载此奏议的时间为"光绪六年正月二十一日"，显然有误。奏折内容亦可见赵德馨主编：《张之洞全集》第一册《奏议》，武汉出版社，2008 年，第 28 页。

　　至此，曾纪泽与总署、内廷和清议官员对"争重让轻"的具体看法基本趋于一致。十月初六日，曾纪泽也接到俄国外部照会节略，在日记中写道："于所争诸事，尚不十分坚执，为之稍慰。"十月初七日，曾纪泽再次详细阅看翻译官庆常所译俄国外部照会节略，并与参赞邵友濂"谈极久"。十月初八日，曾纪泽便偕参赞邵友濂、刘麒祥和翻译官庆常前去俄国外部，与热梅尼、布策、梅尼阔甫等会晤。这次会谈，曾纪泽再次向俄方确认了俄国允将伊犁南境之帖克斯川及莫萨尔山口归还中国；也再次向俄方强调，松花江行船专条可以径废，因"此事最为要紧，于商议之成否大有关系"；同时亦提出俄方所要的"兵费"名目不正，"中国允增代守之费，不允偿还兵费"①。

　　随后，曾纪泽在将俄国允还帖克斯川据为铁案后，便与热梅尼、布策等人商议中俄修界、代守费数目等事宜。待到十一月上旬俄国外部尚书格尔斯随俄皇回京后，曾纪泽又多次向格尔斯、布策等人强调，"总之松花江、嘉峪关两事不定，他事不能定"；嘉峪关、松花江两端"尤为紧要，务请格大人退让"②。十一月底，俄国方面也答应中方"嘉峪关比照天津"，删去西安、汉中、汉口通商字样；松花江行船贸易在两国定约之后再行商办。中方亦答应俄方在"崇约"五百万卢布的基础之上，增给"代守费"四百万卢布③。至此，曾纪泽在坚持他原先"重界"的基础之上，又按清廷指示争得"通商"权利之挽回。此时，他也终于松了一口气，开始作诗酬答国内关心中俄议约的友朋，如十一月二十九日作七律寄李眉生（即

---

① 见本书所载"十月初八日"会谈节略。
② 见本书所载"十一月初十日"、"十一月十三日"会谈节略。
③ 以上内容，可详参本书卷二、卷三所载会谈节略。

李香严）有云：

> 割地通商轻与重，百钧一羽更何疑。
> 词强欲为鸡添足，语隽防讥鼠有皮。
> 世界三千身似粟，年华卅二鬓如丝。
> 昨非今是未为晚，季子相如彼一时。①

　　曾纪泽此诗大有自我反思之意味，虽割地、通商已有指归，但内心仍坚持认为割地重于通商，亦感慨个人之渺小与时间之磋磨。在中俄就改约重要条款基本达成一致之后，双方又围绕条款的细节、条文的字句表述和中法俄三种条约文本的校对而展开。而处理这些细故，亦充分展现出了曾纪泽"爱惜羽毛"、严谨细致的做事风格②。

　　光绪七年正月二十六日，曾纪泽偕参赞和翻译前赴俄国外部，与格尔斯、布策校阅条约、通商章程、卡伦单、专条无误后，"公同画押盖印"。正月二十八日，曾纪泽上奏《遵旨改订俄约盖印画押疏》，将此次改约前后过程和结果缮折驰陈；并又上奏《改订俄约办事艰难情形疏》，将此次议约的"委屈难言之隐"之"六难"缮折密陈。他总结此次改约之所以"大致就我范围"，内因方面"幸蒙皇太后皇上指授机宜，不责以强争必行，但责以羁縻无绝；更喜总理衙门王大臣平心体察，艰巨周知，遇事提撕，遵循有自；纵絜长较短，仍不免顾此失彼之虞；而酌理准情，尚不悖争重让轻之议"，外

---

① 曾纪泽：《次韵酬俞荫甫》，见喻岳衡点校：《曾纪泽集》，岳麓书社，2005 年，第264 页。
② 可详参本书卷三、卷四所载会谈节略。

因方面"犹幸我朝与俄罗斯通好二百余年,素无纤芥之嫌,未肇边疆之患;俄国自攻克土耳其后,财殚力竭,雅不欲再启衅端;加以圣明俯纳臣言,释放崇厚以解其疑,办结各案以杜其口,故其君臣悦服,修好输诚,布策诸人虽坚执各条不肯放松,而俄国皇帝与其外部丞相吉尔斯实有和平了结之意,故得从容商改"。① 这份总结颇为全面,也更多将功劳归于自身之外的诸多因素,对自己的谈判则用"纵絜长较短,仍不免顾此失彼之虞;而酌理准情,尚不悖争重让轻之议"这句作为了结,抑扬之间耐人寻味。

虽然清廷表扬曾纪泽在改约中"握要力争,顾全大体,深为不负委任",但他亦未尝喜不自胜,仍对此事抱有遗憾和怨念。他在事后致国子监祭酒王先谦的信中谈及其得已与不得已之处:

伊犁一役,焦舌者半载有余。主邦之相待也:始则冷语相侵,继则危词相胁,迨至仲冬之季,大局方有指归。而商议约章底稿,又往往因一字一句反复辨论至数千万言,直至正月二十六月始行定约画押。衅将开而复弭,私心亦诚稍慰……

伊犁据形胜之势,土田肥沃,又饶矿利,俄之疆臣实欲据之以为屯兵裕饷之所。果如所欲,则东可阻我天山南北两路之声援,而从中观变,西可以控制哈萨克、布鲁特及浩罕诸部而禁其剽掠。又国多内乱,其执政常欲借外衅以消纳思乱之民,迨崇约既翻,我国士大夫持论虽正,然遽有设兵筹饷之举,则又未免过激,俄之备兵遣船,实亦有所借口……兼此数端,则当时之欲藉以下手者,惟有

---

① 分见本书附录所载《遵旨改订俄约盖印画押疏》和《改订俄约办事艰难情形疏》。著名近代中国外交史研究学者李恩涵先生亦在《外交家曾纪泽》中专辟一节予以分析,见李恩涵:《外交家曾纪泽》,东方出版社,2014年,第148—158页。

稍宽商务一途。盖以布策力持商务，而外部惟其言是听也，从此入门，则可以餍彼之欲者，实亦无损于我……而吾华议不及此，辄哆口轩眉谓通商为大蠹，至有愿弃地而不愿通商者，故于商务持之尤坚，而弟遂几至无可措手……然就事而论，则顾此失彼，罅漏岂曰全无？伊犁之西境，弹丸之地，因商务不可概允，遂不得全数归还，尤纪泽之所内疚。①

显然，曾纪泽在事后仍坚持认为"地重于商"，未能全收伊犁，引为憾事，对国内清议所持之"重商"和"筹兵"论未以苟同，而与李鸿章的看法颇为相近。而李鸿章也曾对当时的四川尊经书院山长、湖南人王闿运说道："今劫刚在俄争得伊犁南路帖克斯川，删去西汉通商，废松花江行船专条，偿款添卢布四兆，连崇约合银五百万，内意深为嘉许，促令定约画押。劫刚亦知无甚关要，徇众议而为之耳。所争者于中国并无实济，而彼已稍厌欲壑。士大夫之愚惑，朝廷之无人，亦可笑已。"②

从"重地"这个角度来讲，对一个自我要求甚高的儒士而言，自我的内疚与反省也不可完全视为故作谦虚。他不仅对王先谦如此说，他在回复浙江巡抚陈士杰的信中亦说："上年改订俄约，收地未全，内疚方深，都门士大夫以为稍能补苴前约之绽漏，不复苛责，来书亦引为弟功，过垂奖借，读之益增愧耳。"同时，他在该信中还谈及洋务所面临的"势"与"理"，其文说："西洋诸国，越海无量由旬，以与吾华交接，此亘古未有之奇局。中国士民或畏之如神明，

---

① 此信来自吴相湘先生在 1947 年在长沙看见王先谦家藏曾纪泽寄王先谦手翰，转引自吴相湘：《晚清宫廷与人物》，中国工人出版社，2009 年，第 214—215 页。
② 《复四川王山长壬秋闿运(光绪六年十二月二十二日)》，载顾廷龙、戴逸主编：《李鸿章全集》之《信函四》，第 32 册，安徽教育出版社，2008 年，第 645 页。

或鄙之为禽兽,皆非也。以势较之,如中围已能自强,则可似汉、唐之驭匈奴、西域、吐蕃、回纥;若尚未能自强,则直如春秋战国之晋、楚、齐、秦鼎峙而相角……弟愚以为办洋务并非别有奥窔,遇事仍宜以吾华之情理酌之。理之所在,百折不回,不可为威力所绌。理有不足,则见机退让,不自恃中华上国而欺陵远人。可许者开口即许,不可许者始终不移,庶交涉之际,稍有把握。"①

关心中俄议约而处局外的小京官袁昶亦站在曾纪泽一边立言。他在此间日记中说国内陈言者有三病:"一局外人立言不留局中人地步,不将其苦心表而出之,使之老羞含忿,凡言事者必欲以办事人设身自处,若切己利害,虚心审定";"一文武之见太分……宋、明暨国朝,中国不竞而夷狄内侵,坐此耳";"一清浊之见太分,将来必遭唐末敬李投诸浊流之祸,腼然作词臣、作讲官,岂《文献通考》未一寓目耶?"②

当然,张之洞、左宗棠等人亦并非对伊犁谈判之事完全不通达,他们也有他们的"势"和"理"。如张之洞在致李鸿藻的密信中说道:"凡事见解,不能人人相同,此等大计,某更不敢自以为是。"③左宗棠亦曾致信总理衙门说:"鄙见劼刚此行难有把握,疆吏如能持正,使臣或尚有凭借,多说几句硬朗话;否则依违迁就,在所不免,而后此议论纷腾,重烦唇舌,尤嫌不值也……愚见主战固以自强为急,即主和亦不可示弱以取侮。"④只是由于各自的站位

---

① 《巴黎复陈俊臣中丞》,载喻岳衡点校:《曾纪泽集》,岳麓书社,2005 年,第 182 页。
② 孙之梅整理:《袁昶日记(上)》,凤凰出版社,2018 年,第 401 页。
③ 张之洞此信,见李宗侗、刘凤翰著:《李鸿藻年谱》,中华书局,2014 年,第 244—245 页。
④ 《上总理各国事务衙门》,载刘泱泱等点校:《左宗棠全集》第 12 册之《书信三》,岳麓书社,2014 年,第 596 页。

和视角不同，各有各所处的势，各也有各的理，且各自的理亦随势而随时变化。从中俄伊犁改约的过程和结果来看，俄人亦不无忌惮于中国国内的"清议"与左宗棠等人的筹防备战，这也恰好给了曾纪泽在"前台"议约以某种支持，亦不出张之洞所言"备战以求和"也。① 此二者看似相反而又适相成，均归结于弱国外交如何方可折冲樽俎？

五、"陈之刍狗"：谈判记录的创作与流传

光绪十六年六月曾纪泽去世后，李鸿章致书他的舅子刘麒祥谈其身后事时说："劼侯得谥'惠敏'，称此嘉名，国朝臣工自潘补亭中丞而外，用此二字者，尚无第二人也……《使俄问答》一册，检出寄还，外间刊行所称为《金轺筹笔》者，于《问答》、条款并已详载无遗，惟总署往来各书及事定后密疏未经刊布耳。重一检阅，危言深识，读之动心，环顾九州，此才何可复得也？"② 李鸿章十年后读这位故人在俄谈判记录时，定能想起当年一同所经历的患难与危局，回想起他当年曾对曾纪泽所说的"第一难事"和"第一难处之境"，一个在俄直接面临强俄咄咄逼人之势，一个在国内面临俄国挟兵来华之威胁，同被当时的清议所劾，也都遭到过上谕的责骂。事过境迁，斯人已逝，读之能不动心乎？

---

① 如在九月中下旬的谈判中，俄方谈判代表热梅尼向曾纪泽说出"未了的话"，派海军尚书去北京商办条约，曾纪泽则答以如果中俄不幸要打仗，"中国百姓未必不愿与俄一战"，"中国人坚忍耐劳，纵使一战未必取胜，然中国地方最大，虽十数年亦能支持，想贵国不能无损"。曾纪泽对俄方的恫吓而施以刚策回答，让俄国有所忌惮，相关谈话可见本书十月初三日会谈节略。

② 《复办理江南机器制造局江苏候补记名道刘康侯》，载顾廷龙、戴逸主编：《李鸿章全集》之《信函七》，第 35 册，安徽教育出版社，2008 年，第 89 页。

同时，这封信函还道出了一个非常重要的信息：即曾纪泽等人在俄谈判的记录最初名为《使俄问答》，李鸿章读到的就是内部流传的问答节略，而外间又将其刊印为《金轺筹笔》，内容除了《使俄问答》外，还附有中俄所订约章，不过缺少了曾纪泽与总理衙门往来的信函和相关奏疏。或许李鸿章觉得他所看到的这本《金轺筹笔》缺了这些内容，有些遗憾。随着时间的流逝，不清楚当年中俄时势和内情的人读到该书时，虽可以对曾纪泽"台前"某日某时的谈判问答有直观了解，但已不太清楚他们改约交涉的"幕后"曲折与个人因应。

曾纪泽自幼受曾国藩庭训，对立言早有其自觉，也有作为"修身"和"记事"而坚持写作日记的习惯。加之在他出使欧洲前，总理衙门便已规定，"出使一事，凡有关交涉事件，及各国风土人情，该使臣当详细记载，随时咨报"，"务将大小事件，逐日详细登记"，咨送总理衙门"备案查核"①。像中俄改约交涉此等举国关注的大事，曾纪泽及使俄人员自然会做相关记录，并将谈判的问答节略咨报清廷。光绪七年正月二十八日，曾纪泽在俄定约后便向清廷上奏说：

> 除抄录臣与吉尔斯、热梅尼、布策叠次问答节略，咨呈总理衙门存查，并将条约章程各一件、专条一件，派驻俄头等参赞官二品顶戴道员邵友濂赍回京师，进呈御览，请旨饬下总理衙门核议，恭候圣裁外，谨将条约章程底稿先行抄录，咨呈总理衙门察核。②

曾纪泽在条约刚刚画押后便能向国内抄寄问答节略，可见事前

① 席裕福、沈师徐辑：《皇朝政典类纂》，沈云龙主编：《近代中国史料丛刊续编》第91—92辑第917册，台北文海出版社，1966年，第11214页。
② 《遵旨改订俄约盖印画押疏》，载喻岳衡点校：《曾纪泽集》，岳麓书社，2005年，第43—44页。

有充分准备。从曾纪泽的日记可以看出，他从一开始便对与俄会谈的问答节略颇为重视。如光绪六年六月二十九日，曾纪泽携刘麒祥、庆常等人第一次去俄国外部会晤后，便于当日"阅译官所记本日在外部问答之词"。在随后与俄会谈期间，他的日记多记有"核阅译官所录昨日外部问答节略"、"核阅霭堂(即法语翻译官庆常)所录昨日在外部问答节略"、"阅译官所记外部问答节略一本"等内容①。他除了核阅问答节略外，有时还自己动手增补会谈内容。如他九月初四日的日记便记："阅译官所录昨日与布策问答语，此次辩难，往复话句益多，译官记忆不全，余所自记者略增数处，仍未全也。"②

　　曾纪泽、邵友濂等人与俄正式会谈和双方照会往来通常用的是法语，因而法语翻译官庆常从中发挥了重要的翻译和沟通作用，也被认为是《金轺筹笔》原稿"问答节略"的最初著录者③。考虑到《金轺筹笔》除了记述曾纪泽与俄会谈的内容外，还有参赞邵友濂的谈话内容，因而该书应是曾纪泽、邵友濂和庆常等驻俄使馆人员的共同作品。另外从曾纪泽此间日记还可看到，在所有正式谈判和与俄方的照会往来中，曾纪泽均借助于翻译官，所以在评价曾纪泽外交时，不易过高估计他的外语能力及其在谈判上的贡献④。

---

① 据笔者粗略统计，光绪六年六月到光绪七年正月曾纪泽日记中，共有18处核阅译官所录问答节略的记载。
② 刘志惠整理：《曾纪泽日记》第三册，中华书局，2013年，第1077页。
③ 日本学者冈本隆司在《驻欧公使曾纪泽与俄国——读〈金轺筹笔〉》一文中也认为庆常是《金轺筹笔》原稿的著录者。见冈本隆司、箱田惠子、青山治世：《出使日记の时代：清末の中国と外交》，名古屋大学出版会，2014年，第137页。
④ 另外在光绪四年八月曾纪泽出使之际蒙两宫皇太后召见，太后问："你既能通语言文字，自然便当多了，可不倚仗通事、翻译了？"曾纪泽对："臣虽能通识，究竟总不熟练，仍须倚仗翻译……臣将来于外国人谈议公事之际，即使语言已懂，亦候翻译传述。一则朝廷体制应该如此，一则翻译传述之间，亦可借以停顿时候，想算应答之语言。"见刘志惠整理：《曾纪泽日记》第二册，中华书局，2013年，第816—817页。

坊间刊刻行世的《金轺筹笔》一共记载了曾纪泽与俄方格尔斯、布策热梅尼等人的五十二次谈判记录。但从曾纪泽的日记来看,他们此间的正式和非正式会晤次数不止此数。如八月二十九日,曾纪泽"偕霭堂拜布策,久谈";九月初十日"偕霭堂至外部,与热梅尼一谈,至布策处谈甚久";十一月初一日"饭后偕霭堂至布策处,谈极久"。这几次"久谈",《金轺筹笔》中并没有相关的问答节略。另外除了"久谈",还有双方非正式的接触和简短问答。如七月十四日曾纪泽派刘麒祥、庆常去俄国外部,问格尔斯俄皇定于何时接见中国公使;九月初五日,邵友濂答拜布策;九月十七日,俄国外部随员布罗塞来大清驻俄使馆,"以所录日间问答语见示,问有误否,为改正二处"等。由此可见,《金轺筹笔》所载《使俄问答》是曾纪泽等人根据中俄会谈情况而有意加工创作的会谈记录。

在曾纪泽将《使俄问答》寄送给总理衙门后不久,他又在光绪七年(1881)六月二十六日重温该书,并在日记中载"阅《使俄问答》良久"[1]。随着中俄改约之事尘埃落定,曾纪泽便将《使俄问答》交由他人阅看。如光绪八年九月,他在致浙江巡抚陈士杰的信函中便说:"使俄之役,有问答节略,已陈之刍狗,不足复观,倘我公亦欲阅之,下次当承命奉上。"[2]

光绪九年(1883)四月,曾责骂曾纪泽"玩弄一世手段"的朱克敬在湖南长沙刊刻了四卷本的《金轺筹笔》,并将其收入到了他所汇辑的"挹秀山房丛书"之中。事后朱克敬将曾纪泽此次出使称为"金轺",把问答节略称为"筹笔",足见他对曾纪泽此次改约谈判的推重。光绪十二年(1886)十一月,曾纪泽由欧洲返京途中阅

① 刘志惠整理:《曾纪泽日记》第三册,中华书局,2013 年,第 1149 页。
② 《巴黎复陈俊臣中丞》,载喻岳衡点校:《曾纪泽集》,岳麓书社,2005 年,第 183 页。

看了《金轺筹笔》，并在日记中说"余昔年在俄订约之回答，不解广钧侄何以刊之，致令传播"①。虽说该书的刊刻没有经过曾纪泽的同意，但正如上文所述，朱克敬和他的好友郭嵩焘一直关注中俄伊犁交涉的进展，且与曾纪泽、曾广钧等湘乡曾氏族人往来密切，加之李鸿章亦说《金轺筹笔》"于《问答》、条款并已详载无遗"，或可认为朱克敬所据的底本最终是来源于曾纪泽处的《使俄问答》与相关的中俄条约、章程。

光绪十年（1884）九月，上海的《申报》便刊登了"法大马路万选楼"关于售卖朱克敬所刻"挹秀山房丛书"的广告，"内计《柔远新书》、《俄罗斯通商章程》、曾袭侯《金轺筹笔》等十余种，洋四元，此二书为当今洋务兵家必要之书，祈赐顾为盼"②。随后《申报》又在光绪十一年（1885）下半年连续刊登过题为"新刻怀远堂丛书发售"的广告，称"曾袭侯出使所著《金轺筹笔》，记载所历之境，上则国政，下则民风，一一录入，附《俄国和约》、《陆路通商章程》以及诗词杂作新语，为他书中未见者甚多，今刻廿五种，条分缕晰，有端于风化之义、留心时事者无不先睹为快"③。

此书确实为留心时势和讲求洋务的人士所需。在以洋务著称的浙江宁绍台道薛福成幕下便有钱恂、杨楷二人阅读和谈论此书。

① 见光绪十二年十一月初八日日记，刘志惠整理：《曾纪泽日记》第三册，中华书局，2013 年，第 1625 页。此条日记，日本学者冈本隆司与青山治世均已注意到，见冈本隆司、箱田惠子、青山治世：《出使日记の时代：清末の中国と外交》，名古屋大学出版会，2014 年，第 295 页。
② 《新出洋务兵书》，《申报》1884 年 10 月 7 日第 05 版；1884 年 10 月 13 日 07 版。
③ 《新刻怀远堂丛书发售》，《申报》1885 年 8 月 20 日第 04 版。该广告还刊登在《申报》1885 年 08 月 25 日、8 月 28 日、9 月 1 日、9 月 4 日、9 月 8 日、9 月 11 日、9 月 15 日、9 月 25 日、9 月 29 日、10 月 2 日、10 月 6 日、10 月 16 日、10 月 20 日、10 月 27 日、10 月 30 日、11 月 3 日、11 月 6 日、11 月 10 日、11 月 17 日、11 月 20 日、11 月 24 日、12 月 7 日、12 月 21 日。

他们常在一起"抵掌谈时事,意相惬也"。光绪十二年,杨楷编纂《光绪通商列表》,主张"联俄慑英"说,请钱恂帮助考校①。光绪十三年(1887)五月,钱恂从书肆觅得朱克敬刻本的《金轺筹笔》,杨楷读后进而为《光绪通商列表》作跋语道:

> 余既刊是编,一日归安钱子念劬(即钱恂)语余:近见《金轺筹笔》一书,详述曾侯使俄索还伊犁特克斯川之地,更定和约,与俄诸臣辩论问答始末,方同谋校梓,以广世人闻见,善乎? 俄臣格尔斯之言曰:英以鸦片毒害中国,以兵力强定和约,中国忌之理所宜然。俄与中国凤称敦睦,毫无芥蒂,且俄所用中国货物甚多,而所售于中国者,不过哈喇、大呢而已,是中国与俄通商实有利益,较英以鸦片易中国子母大相悬殊。又曰:英国新闻纸论中俄定约之事,或谓俄无所忌虑于东土,必生心于西土;或谓中国边疆既定,必争英之权利,二者皆足为英害。观此益知联俄慑英之说,不为无见,而世顾以结英图俄为得计者,何哉?②

此处杨楷所引的格尔斯所言,载于《金轺筹笔》光绪六年十二月十八日的问答节略,此时中俄定约在即,曾纪泽与格尔斯的会谈均表达出"两国更加和好"之意,杨楷便将此书作为他"联俄慑英"之说的注脚。随后,杨楷和钱恂又将《金轺筹笔》"相与重为校雠",增加了光绪七年正月曾纪泽向国内汇报定约情形的《改定俄

① 钱恂:《中外交涉类要表 光绪通商综覆表》之自序,见沈云龙主编:《近代中国史料丛刊续编》第48辑,文海出版社,1966年,第4页。另可参王云五主编,杨曾勖编:《清杨仁山先生道霖年谱》,台湾商务印书馆,1981年,第18—20页。
② 杨楷:《光绪通商列表》,见沈云龙主编:《近代中国史料丛刊续编》第48辑,文海出版社,1966年,第125页。

国约章疏》和《续陈改订俄约艰难情形疏》，于光绪十三年底将其刊刻行世，"以备国家异日干城之用，庶几为洋务之津梁云尔"①。

光绪十四年（1888）三月，《申报》便陆续登有以"曾侯新书出售"为题的售书广告："《金轺筹笔》四卷，详录曾袭侯使俄索回伊犁与俄臣辨论之语，并奏疏、和约、通商章程、专条、卡伦单，诚洋务之津梁，经济之士所宜先睹为快也。"②该广告还说该书为上海醉六堂刻本，且附有奏疏，故而推断该售本应为杨楷和钱恂的重校本③。且此刻本较此前刻本价廉，书店也不断上新售卖此书④。正所谓读其书想见其人，这位关心洋务且为之校书的杨楷也于光绪十四年八月拜访了曾纪泽⑤。

光绪十七年（1891），关心"舆地洋务时政"的江苏清河县小儒王锡祺将《金轺筹笔》编入到了《小方壶斋舆地丛钞》中，由上海著易堂印行。从该丛钞收录的《金轺筹笔》内容来看，与朱克敬刻本的内容相同，没有杨楷重校本的序言和奏疏，著录的是"阙名"。另外，王锡祺在该书正文前加了一段介绍背景的按语："光绪己卯崇地山星使厚自俄订约章回，朝廷怒其专擅，革职治罪，改派出使

---

① 可参考杨楷为《金轺筹笔》所作序言，见《金轺筹笔》光绪十三年刻本，亦可见本书。
② 《曾侯新书出售》，载《申报》1888 年 04 月 14 日，第 05 版。另《申报》1888 年 4 月 15、16 日均有此广告。
③ 孔夫子旧书网曾拍卖过杨楷所赠予他人的《金轺筹笔》刻本，其中附有他的序言和曾纪泽使俄定约奏疏。该书实物图片，可见孔夫子旧书网，网址：http://m.kongfz. cn/29558883/。
④ 《申报》在 1889 年 5 月 12 日至 18 日均有"格致书室新到各书"的售书广告，其中便有《金轺筹笔》，售价八角。因此前上海醉六堂刻本售价为八角，故格致书室所售应为杨楷重校的上海醉六堂刻本。
⑤ 见曾纪泽光绪十四年八月初二日日记，刘志惠整理：《曾纪泽日记》第三册，中华书局，2013 年，第 1149 页。

英法国大臣曾劼刚袭侯纪泽往俄重议伊犁界务"①。

甲午战后,新学书籍需求更甚,坊间便将杨楷本的《金轺筹笔》易名为书名更加直白的《中俄交涉记》,由上海积山书局在光绪二十二年(1896)出版了更为价廉的石印本,分为"元亨利贞"四小册。② 光绪二十三年(1897),湖南新学书局也将《金轺筹笔》和曾纪泽的《出使英法日记》等有关新学的中外游记收录到了《游记汇刊》丛书之中③。同年,上海文成堂亦出版了《金轺筹笔》的石印本④。

前事不忘,后事之师。随着历史的向前推进,中俄伊犁改约之事虽已逐渐成为往事尘埃,不复往日的现实意义,但却作为一种历史记忆,作为晚清中国"弱国外交"的一次重大胜利以及影响近代中国疆域、中俄关系的重大历史事件而不断被书写和呈现⑤。《金轺筹笔》则作为记录此次谈判过程的经典著述而得以穿越时空,不断被刊印和阅读,给予后人无限的神游与冥思。如曾任总理衙门章京、外务部主事的唐文治在1915年为李定夷所著《清代外交大事记》作序时便说,"熟悉外交之情事,以支持期间,仅仅得一曾惠

---

① 见王锡祺辑:《小方壶斋舆地丛钞》第三帙卷五,国家图书馆所藏光绪十七年上海著易堂刊本。
② 笔者曾于2019年1月在国家图书馆古籍馆借阅此石印本。
③ 《游记汇刊》收录书目十六种,分别为:1. 金轺筹笔:四卷/(清)佚名撰。2. 出使英法日记/(清)曾纪泽撰。3. 使德日记/(清)李凤苞撰。4. 西征纪程:四卷/(清)邹代钧撰。5. 西輶日记/(清)黄楙材撰。6. 游历刍言/(清)黄楙材撰。7. 印度札记/(清)黄楙材撰。8. 伯利探路记/(清)曹廷杰撰。9. 筹边记:二卷/姚文栋撰。10. 西徼水道/(清)黄楙材撰。11. 使西纪程:二卷/(清)郭嵩焘撰。12. 帕米尔图说/(清)许景澄撰。13. 英人杨哈思班游记/(英国)杨哈思班(Younghusband,S)撰。14. 甫斯基游记/(俄罗斯)康穆才甫斯基撰。15. 英人戈登游记/(英国)戈登(Govdon,C.)撰。16. 中俄交界续记/王锡祺撰。
④ 该石印本见北京师范大学图书馆和天津图书馆著录。
⑤ 中俄伊犁交涉的历史意义,可参考厉声先生所著《中俄伊犁交涉》一书的引言,见厉声:《中俄伊犁交涉》,新疆人民出版社,1995年。

敏,而天不假年,外交亦无起色","有清一代外交之大事,作为《国耻记》读可也"①。

1946 年中国抗战胜利后不久,一直关注国政外交的教育家、历史考古学家程演生也将《金轺筹笔》纳入"中国内乱外祸历史丛书"之中,命名为《伊犁定约中俄谈话录》,以名纪实也②。从收录的内容来看,应是以杨楷的重校本为底本,只是没有收录曾纪泽的相关奏疏。

程演生认为谈话录的作者应属曾纪泽,"皆《中俄伊犁条约》会议之纪载"。他在序言中揭示了曾纪泽赴俄改约谈判所处的困境,认为"彼竟以明敏干练之手腕,应付有方,先拟改约,后乃另订新约,虽然补救崇厚所订之约无几,而确已煞费苦心已","其会议谈话,具有严密一贯之精神,不但绝无空隙使对方袭击,而且时时推折对方之词锋,真外交家之模范,所以俄人亦赞叹为不易见之才云"③。

程演生辑录和重刊此书,是具有明确宗旨和"以史为鉴"的经世情怀的。他在序言中引述了林则徐所言"终为中国所患者,其俄罗斯乎",认为中国虽有外患,但未尝不可"化险为夷"、"因祸为福",此在"主持国家者,临机决断,应付之得宜与否,不尽受国势之强弱而拘束之"。虽此间中、苏因抗日而恢复邦交,"但究其实际,则尚在貌合神离之境",他希望中苏关系能"根据时代之演进,

---

① 《〈清代外交大事记〉序》,载邓国光辑释:《唐文治集》第三册,上海古籍出版社,2018 年,第 1258—1260 页。
② 程演生在序言中介绍该书时称:"《中俄伊犁定约谈话录》,原名《问答节略》,一名《金轺随笔》。"显然,程先生将《金轺筹笔》误作为《金轺随笔》了。
③ 程演生:《序言》,《伊犁定约中俄谈话录》,见中国历史研究社编:《中国内乱外祸历史丛书》,神州国光社,1946 年,第 5—6 页。

国际之争衡,而辟得一新途径","深望主持国家者有以处之,负外交之责者有以致之"①。很显然,程演生是希望此间的中国亦有类似曾纪泽这样不畏艰难而折冲樽俎的英雄外交家出现。

1964 年,著名图书馆学家、目录学家袁同礼将《金轺筹笔》纳入到了《新疆研究丛刊》之中,并在书末的版权页载明为"据光绪十三年杨楷刊本影印","撰述者曾纪泽"。该书有民国著名外交家金问泗的序言,介绍了曾纪泽与中俄伊犁改约谈判的大致情况,并说:"今读其问答节略,思想锐敏,辞令雍容,公法条约,无不熟谙;对方措辞强硬,亦作峻语答之,以折其锋;时亦语饶风趣,刚柔迎拒之间,不失分寸;言忠信而行笃敬,曾氏庶几兼之。"②此段出自后辈外交家的阅读感受,可谓是对《金轺筹笔》所展现出的"曾氏外交"谈判术最为精炼的表述,也绝非过誉之辞。

袁同礼在影印杨楷刻本的基础之上,增加了四个附录和一个介绍曾纪泽的后记。附录内容依次为:《清廷致俄国国书及总署奏折》《崇厚之自白》《曾纪泽奏疏及书牍》《有关人士履历简表》。袁同礼在序言中表达了增加附录的用意:"今诵其奏书函牍,于交涉诸端,剀切直陈,与问答节略,互有阐发,诚近代外交史中之珍贵文献也。爰选有关文件与崇厚原约,及总署拟议办法,列入附录,俾探究中俄交涉史者,有所取资焉"③。在此校订本之外,袁同礼先生还翻译了耶拉维基(Jelavich)夫妇合编的《俄国在东

---

① 程演生:《序言》,《伊犁定约中俄谈话录》,见中国历史研究社编:《中国内乱外祸历史丛书》,神州国光社,1946 年,第 7 页。

② 金问泗:《金轺筹笔·金序》,载袁同礼校订《金轺筹笔》,台湾商务印书馆,1966 年,第 2 页。该书第一版为 1964 年,随后于 1966 年又发行了第二版,笔者所参看的即是第二版。

③ 袁同礼:《重印金轺筹笔序》,载袁同礼校订《金轺筹笔》,台湾商务印书馆,1966 年,第 6 页。

方》(*Russia In The East 1876—1880*) 书中第二部专述中俄伊犁交涉的史料，主要为俄方谈判代表热梅尼与格尔斯之间的往来通信，原信为法文①。正如金问泗和郭廷以先生所言，将此二种资料对照阅读，基本可以了解中俄伊犁谈判背后双方的相关情况。

1967 年，著名历史学家、新闻出版家沈云龙又将石印本的《中俄交涉记》收入到了他所主编的《近代中国史料丛刊》之中，标明为"杨楷校"，由台北文海出版社影印出版。

随着 20 世纪 80 年代以来中国边疆学研究的再次勃兴，基于边疆学科构建和边疆现实问题的需要，"从先人那里汲取经验"，2014 年由于逢春、厉声主编的《中国边疆研究文库·初编——近代稀见边疆名著点校及解题》再次将《中俄交涉记》收录其中。点校者高月在点校说明中说："《中俄交涉记》最初于光绪十三年（1887）刊印行世，光绪二十二年（1896）由积山书局再版，1967 年台北文海出版社出版影印本，将其收入《近代中国史料丛刊》。""本次点校以文海出版社 1967 年版为底本。"②由于积山书局石印本的《中俄交涉记》是小开本，加上台北文海出版社影印不佳，常有脱墨不清和"字迹漫漶"的情况，造成辨识困难，故而高月的点校本偶或有缺字，便以"□"代替，且该点校本偶有错校、识字错误和标点错误的情况，造成阅读不畅之感。同时，石印本《中俄交涉记》是以杨楷重校本为底本，但点校者并没有以光绪十三年的杨楷刻本为底本，也没有参校在字句上略有区别的朱克敬"挹秀山房"

---

① 袁同礼译：《伊犁交涉的俄方文件》，中研院近代史研究所，1966 年。另外耶拉维基（Jelavich）夫妇合编的《俄国在东方》还有北京编译社翻译的版本，由北京商务印书馆 1974 年出版。

② 高月：《〈中俄交涉记〉点校说明》，《中俄交涉记》（《中国边疆研究文库·初编·综合五》），黑龙江教育出版社，2014 年，第 7 页。

刻本,不得不说是一种遗憾。

　　总的来看,时至晚近,曾纪泽与中俄伊犁改约谈判记录,更多是作为一种史料的意义而存在。此外,该书还引起了国外汉学界的关注。如俄罗斯汉学家 А.Д.华可胜(Воскресенский А.Д.)曾于1995 年写作出版了《1881 年俄中〈圣彼得堡条约〉交涉史》一书。作者称此书是该国第一部研究中俄《圣彼得堡条约》的专著,其特色是运用了该国学术界鲜为人知的大量中国资料。作者在书中介绍中文史料时特别强调:"曾纪泽的一位佚名幕僚有关曾纪泽于1880 年至 1881 年在圣彼得堡与 Н.К.吉尔斯、А.Г.热梅尼和 Е.К.布策等人交涉的记载,是重要中文史料之一。到目前为止,这一记载几乎没有得到俄罗斯东方学家的利用,西方学者亦未进行足够的研究。我们认为,多亏了他的直接参加,才使得我们有可能按新的方式,更加仔细地、不带成见地研究问题,并按我们所关心的事件所发生的日期逐日进行研究。"①

　　日本学者冈本隆司也专门撰写过研究《金轺筹笔》的文章,他在《驻欧公使曾纪泽和俄国——读〈金轺筹笔〉》一文中说道:"《金轺筹笔》的意义在于,不仅如总论所述的那样,是《出使日记》的转折,而且也代表了中国对外关系的一个时代;同时还可以说它表现了中国方面关于伊犁问题的历史意义。"②

　　从文献的整理刊行和使用意义上讲,《金轺筹笔》(《中俄交涉

---

① 此处引文来自李连相关于《1881 年俄中〈圣彼得堡条约〉交涉史》一书相关内容的翻译。转引自(俄)华可胜著,李连相译:《"中俄伊犁交涉"研究综述》,《中国边疆史地研究》1997 年第 2 期。华可胜此书尚有英文版,Voskressenski, Alexei D. *The Sino-Russian St. Petersburg Treaty of* 1881: *Diplomatic History.* Commack, N.Y: Nova Science, 1996。

② 冈本隆司、箱田惠子、青山治世:《出使日记の時代: 清末の中国と外交》,名古屋大学出版会,2014 年,第 152 页。

记》）大致经过了由关系晚清洋务的"经济"之书到清末民国"外交学"之书，再到作为近现代学术研究中"史料"之书的转换。当然，这种转换不是前后替代的关系，有时会有重叠的意义。关于此书价值与时代主题变换之间的关系，唐文治先生（1865—1954）在不同时空、不同语境的认识和使用便是一个明显的例子。

一是尚在清末任官的他曾将"曾纪泽外交"作为改革当时外交时政的立论资源。光绪三十三年（1907）清廷官制改革期间，因"丁忧"而卸署农工商部尚书的唐文治，将他的《蓄艾编》交由首席军机大臣、总理外务部大臣庆亲王奕劻，其中便有《论整理外务部》。他在开篇第一句便说："曾惠敏有言：'外交之法，可许者开口即许；不可许者，始终不移。'是说也，外交家当永奉为圭臬者也。盖势有强弱，而理无强弱。外人虽强，不能不诎与公理。"①此处他引用了曾纪泽在中俄伊犁改约交涉结束后致浙江巡抚陈士杰谈洋务交涉之法的话，并将原文中的"洋务"二字更换为了符合当时语境的"外交"二字。

二是作为构建民国时期中国"外交学"的知识资源。如"民国"七年（1918），远离官场而关心外交的唐文治在为《许文肃公外集》作序时说："吾国无所谓'外交学'也，有之，自曾惠敏始。惠敏以文正明德之后，熟公法历史，争回伊犁一事，声誉藉甚，每读其文集、函牍、日记与《金轺筹笔》，辄心向往之。"②他在整理和阅读晚清外交家许景澄相关遗著时，不由得想起了曾纪泽和《金轺筹笔》，而心向往之的背后，却是对当时中国外交的期望。

---

① 唐文治：《论整理外务部》，载邓国光辑释：《唐文治集》第三册，上海古籍出版社，2018年，第463—466页。
② 载邓国光辑释：《唐文治集》第三册，上海古籍出版社，2018年，第1279—1280页。

三是作为叙述中俄伊犁交涉历史事件的史料参考。1931 年，教育家兼学者的唐文治仿《春秋》经传体作《近六十年来国政记》，在光绪八年(此应唐文治先生记述有误)条详述中俄伊犁交涉事，并说："纪泽为国藩子，熟悉外情，与吉尔斯等交涉，据理力争，因得废约，将伊犁全境收回，改立界牌，通商条约，亦即修正；事载纪泽所著《金轺筹笔》及文集中，是为中国外交史之光宠，左宗棠等亦心折焉。"①

虽说中俄伊犁改约早已时过境迁，唐文治先生所处的时代也已不在，但《金轺筹笔》、《中俄交涉记》作为重要的历史文献，仍具有多重的价值和意义。不管是从当今中国边疆研究、中国特色大国"外交学"的建构，还是从"以史为鉴"的史学情怀或弘扬曾纪泽爱国主义情操的意义上来讲，这份承载近代中国历史记忆的文献都显得格外显眼。同时，文献中所承载的"曾纪泽外交"也在国人有关晚清中国"弱国外交"、"丧权辱国"、"卖国贼"等相关记忆中增加了一抹别样的亮色，理应受到今人的重视。当然，这也是大浪淘沙后，一代代士人、学者愿意不断重刊和阅读此书的原因所在。

鉴于以往刊印形式不易阅读和新近点校本略有缺憾的情形，笔者以光绪九年朱克敬的《金轺筹笔》刻本为底本，参校袁同礼影印光绪十三年杨楷刻本，重予整理点校，两种版本不同之处皆出注予以说明。同时，为尽可能减少类似李鸿章阅读《金轺筹笔》时所留的遗珠之憾，本点校本承接杨楷、袁同礼重校本之遗绪，从《曾惠敏公遗集》和《清季外交史料》等相关资料中摘录部分曾纪泽与中俄伊犁改约谈判的相关史料，作为本书的附录，以期对《金轺筹

---

① 唐文治：《近六十年来国政记》，载邓国光辑释：《唐文治集》第四册，上海古籍出版社，2018 年，第 2236 页。

笔》的内容、曾纪泽个人和中俄伊犁交涉有进一步的了解。

六、"花落春仍在"

在多个夜深人静的夜晚，笔者常会因点校《金轺筹笔》和阅读相关资料而神游遐思，也借此在古与今之间不断穿梭与对话。有时会突然读到某处某句，不由得掩卷自喜，感觉自己似乎体会到了左宗棠早年所云的"读破万卷，神交古人"的意境。顺着《金轺筹笔》中曾纪泽与俄方代表的谈话，阅读和思考也更多从事转向了人，也跳出了"外交家曾纪泽"的帽子，以普通人的视角去观察他如何做、如何说，也不由自主的会"移情"和"以己度人"，以自己的经历、学养、识见和性情去揣摩和体会一百多年前曾纪泽在面临"第一难事"和"第一难处之境"时的心境和想法。虽说"以心度心，以情度情，以类度类，古今一也"，但我也深知自己的局限和时代的局限，不可能做到陈寅恪先生在史学研究意义上所教导的"了解之同情"。

不过，在我点校《金轺筹笔》时，也始终有一种史学的问题意识，即"问答节略"里所展现的折冲樽俎、刚柔并济、谈吐风趣、进退有度、情理兼收的曾纪泽是当时真实而全部的曾纪泽吗？即便文本没有过度虚构和"制作"的成分，要想实现"台前"这么完美的外交谈判，幕后的曾纪泽将会是何等的模样、经过怎样努力？这其中有没有"被遮蔽掉"的曾纪泽及与之相关的隐情？曾纪泽在谈判时为何会这样说，谈判的底线和原则在哪里？在外交谈判"术"的背后有无"理"和"道"的存在？要想解答这些疑问，或许只能"山外看山"，跳出《金轺筹笔》才能更多元地去看曾纪泽及其这一历史文本。随后笔者通过阅读曾纪泽此间的日记、诗文、信函和时人相关史料去追寻他，学着"艺术家欣赏古代绘画雕刻之眼光及精神"（陈寅恪先生语）一点点去弥缝和勾连"残余断片"，在看到光鲜亮丽的"外交家曾纪泽"之外，还看到了一位作为普通士人的曾纪泽，一位有血有肉具有公子气而又"行己有耻"的曾纪泽。他有他的恐惧、纠结和自我砥砺，他有他的儒家修养、性情和气节，他有他"玩弄一世"的手段、为人做事的逻辑和底线，他有他对国家利益和身家名利的看法。当然，基于对种种史料阅读后的综合判断，以及对曾纪泽的多元了解，我也消解了从史学意义或文本"叙事虚构性"（海登·怀特语）上对《金轺筹笔》所载曾纪泽自我言行塑造的疑虑。

随之，探究曾纪泽何以能为外交家的问题便开始凸显，尽管晚清时人和后世史家都做了不少颇有见地的解读。如前文所述，同被称为晚清外交家的薛福成便认为，曾纪泽在晚清外交官中当推第一，或可以从他所提出的使才应兼具"贤相之识与度"与"贤将之胆与智"去理解①。著名外交史学家李恩涵在《曾纪泽的外交》（后又名《外交家曾纪泽》）一书中亦提出了他的评判："如果我们将忠实、谨慎、善辩、谋略、精确、坚忍、博学、勇敢、谦恭等品性，作为理想外交家所应具备的条件，并用以衡量曾纪泽，可以说，他很够格。"李恩涵先生还进一步分析说"他忠诚谨慎，是得自家教；他谋略优长，能言善辩，临危不惧，勇于任事"，"他坚忍不挠，不向暴力低头的'挺经'精神，谦恭待人恂恂儒者的处世态度，更出自他

---

① 光绪十八年（1892）薛福成在《使才与将相并重说》一文中提出了自己对使才的看法："无贤相之识与度，不可为使臣；无贤将之胆与智，亦不可为使臣。"载丁凤麟、王欣之编：《薛福成选集》，上海人民出版社，1987年，第418—419页。

父亲的心传"。在不足方面,李先生认为"他最大的缺陷,实在于'博学'一项,缺乏近代外交的训练与深刻的国际政治知识",交涉时偶尔会"举止过于直率","可能是由于他的情绪激动,又对近代国际外交的惯例不甚熟习所致"①。李恩涵先生看到了家教心传、儒家教养和自身品格对"曾纪泽外交"的积极意义,但对不足的分析似乎又有些后见之明和过于技术理性的眼光,有些求全责备。况且,"举止过于直率"、"情绪激动"等个人性情在外交谈判中也未必是坏事,有时或可达到"守拙以求进"的效果,这一点在《金轺筹笔》所载曾纪泽谈话中可以得到明证。当然,真正有自己风格的外交家,也未必拘泥于近代专业技术性的外交训练和外交知识,在"术"的层面上,还应具有独特的性情、气度、才智和胆略。

在接续追索和反思过程中,驻德使馆随员陶森甲关于曾纪泽的挽诗时常浮现于脑海。这位曾与曾纪泽交往过从的"弟子",将曾纪泽使俄改约之事和《金轺筹笔》叙入诗中,"更有《金轺筹笔》记使人,一读一徘徊",并做小注说"长白桂竹君《西航笔记》云:曾侯不可及者在于发一言而西人崇信,故交涉事件不劳而理,他人虽有大才而声望不孚,将如何之?"②此处桂竹君所言曾纪泽办理交涉虽过于神化,但却描绘出了曾纪泽所独具的气势和魅力。见过曾纪泽如何进行外交谈判的陶森甲,在采信后还进行解释,或可说明并非无稽之谈。只是陶森甲的解释在"大才"论之外,便归因于"声望",或也言之过简。或许陶森甲所提到的《金轺筹笔》,可

---

① 李恩涵:《外交家曾纪泽》,东方出版社,2014年,第323—325页。当然,李恩涵先生总体上还是对曾纪泽抱以"了解之同情"。本书初版为1966年,2013年李恩涵先生在为此书大陆简体版写序时,仍引用了四十多年这段评价曾纪泽的话,可见其重视。

② 挽诗见《曾惠敏公荣哀录》,国家图书馆藏光绪年间抄本。

以给出另外一种解释和观感。特别是该书所载的谈话,颇能传达出曾纪泽在与俄方谈判交锋中所展现出的才智和气势。这一点除了前述刘坤一、金问泗所谈的读后感外,李恩涵先生也据此书所载谈话而总结说:"他在整个谈判过程中,处处都表现出立言谨慎、风趣得体的特点,并常在俄人的峻言威胁下,反唇相讥,措辞十分强硬。"①在谈判中要让强大的对手"敛其锋焰,就我范围",自身不得不具有一股憾人的气势。

从会谈对手方来看,俄方谈判代表热梅尼曾向俄国外部尚书格尔斯抱怨说,会谈中对曾纪泽"大施压力",但"曾(纪泽)不理不睬"②。随后格尔斯在致热梅尼的信中也说:"中国侯爵(即曾纪泽)竟然对我们采取那种态度,使我非常气愤,而且我认为我们对他愈是表现愿意和解和有礼,他就愈是傲慢。"③在中俄即将定约之际,直接与曾纪泽对垒交锋的格尔斯又多次对曾纪泽说:"此次商改约章,实系最难之事,而贵爵商办此事,竟成厥功,具见贵爵才智兼优,能办大事,曷胜钦佩。""我办外国事件四十二年,所见人才甚多,今与贵爵共事,始知中国非无人材。""贵爵办事最为谨慎,往往中国已欲退让而贵爵言语之中,仍不肯遽然放松也。""以贵爵之才智,不惟出众于中国,亦罕见于欧洲,诚不可多得之使才,外部诸公同为钦佩,即如热大人久办外国事件,彼亦为钦羡。"④因格尔斯说这

---

① 李恩涵:《外交家曾纪泽》,东方出版社,2014 年,第 156 页。
② 俄历 9 月 27、10 月 1 日热梅尼致格尔斯的信件,可见查尔斯·耶拉维奇、巴巴拉·耶拉维奇合编《俄国在东方(1876—1880)》,商务印书馆,1974 年,第 140 页;另可见袁同礼译:《伊犁交涉的俄方文件》,中研院史语所,2015 年,第 43—44 页。
③ 见俄历 10 月 18 日格尔斯致热梅尼信件,载查尔斯·耶拉维奇、巴巴拉·耶拉维奇合编《俄国在东方(1876—1880)》,商务印书馆,1974 年,第 183 页;另可见袁同礼译:《伊犁交涉的俄方文件》,中研院史语所,2015 年,第 100—101 页。
④ 分别见《金轺筹笔》所载"十二月十八日"、"十二月二十七日"谈话内容,见本书正文相关部分。

些话时已没必要向对方示软讨好，故不可将这些话全当作外交辞令来看。而此间曾纪泽亦在致总理衙门信函中说，"布策阴柔狡狠，本有入水不濡、近火不爇神通"①，但他却能与之相互争辩，与格尔斯、布策、热梅尼等人"诘难数十万言"，亦可反向说明曾纪泽的才智、气性和儒士修养。

郭嵩焘和余佐卿（曾纪泽的僚婿）等人私下曾议论说，曾纪泽"生平公子气已是十成，又益以名士气十成，兼二气之良能，是以凌驾一切，无有在其眼底者"。他们也看到，曾纪泽"专喜自用"、"自怙其智，不肯随人"，如果"意气用事太甚，所至必不能合宜"②。本来"公子气"和"名士气"就是一个复杂的矛盾体，有恃才傲物、不拘小节的一面，也有注重气节和名节、不随波逐流、认真而追求极致的一面，看似相克而又相生，良与差的转换，端赖其度的把握和后天涵养。从此次中俄伊犁交涉来看，曾纪泽较好把握了"二气之良能"，刚柔相济，折冲樽俎，其谈判结果也超乎了时人的预期。在谈判结束后，郭嵩焘致信刘坤一便说："尝疑劼刚气太甚，心太亢，不宜仕官，至是始知其能"，"劼刚处置洋务可云能者"③。

阅读过《金轺筹笔》且对"曾纪泽外交"知之甚深的唐文治也看到了曾纪泽身上的"名士气"。他在光绪三十三年（1907）《论整理外务部》一文中先引述曾纪泽外交之法后，便在文末说："孔子曰'行己有耻，使于四方，不辱君命。'可见必行己有耻者，始可以使于四方。盖士能由气节而出，则所办之事皆真；不能由气节而

---

① 《森比德堡致总办函》，载喻岳衡点校：《曾纪泽集》，岳麓书社，2005年，第174页。
② 载郭嵩焘光绪五年五月初十日日记，载梁小进主编：《郭嵩焘全集》第11册，岳麓书社，2012年，第125—126页。
③ 《复刘坤一（光绪七年五月初六日）》，载梁小进主编：《郭嵩焘全集》第13册，岳麓书社，2012年，第388页。

出,则所办之事皆伪。"①

进入民国后,随着崇尚外交术的职业外交官群体占据主流,唐文治在 1931 年又撰写《论外交学当宗孔门》一文,再次借"曾纪泽外交"来提倡"人格外交"之说。他在文中写道:"曾纪泽奉使俄京,俄格尔斯、布策两人猛鸷枭险,曾使与之谈笑周旋,临之以诚,慴之以威,卒订《圣彼得堡条约》,收复伊犁,一时颇著声誉,允称我国外交界才选","凡兹君子皆读孔孟之书也"。随后,他又引据孔子"行己有耻,使于四方,不辱君命",说"盖耻与辱恒相因,惟有耻而后能不辱","惟有人格而后有国家","而后有外交执政者之心术",曾纪泽、郭嵩焘、薛福成等人"皆学有根柢,通达时变,其学问人格,为外人所尊重","此孔门'有耻'之训,所以千古不磨"。他在文中借古讽今,批评"迩来遴选外交人员,专重西学,不问人品",强调儒家人格修养在外交中的作用,可谓不同流俗,振聋发聩②。当时的人如要追寻论证唐文治所言,去了解和感知曾纪泽的人格外交,阅读《金轺筹笔》或是最为便捷之门径。

此刻,我也似乎对已是八十五岁高龄的俞樾为何会为吕海寰《奉使金鉴》作序以及吕海寰为何编纂该书有一些内在的理解,对他们为何会提到曾纪泽有所感悟。光绪三十一年(1905),已历任驻德公使、外务部侍郎和办理商约大臣的吕海寰在向清廷进呈《奉使金鉴》的折文中说,他自充任驻德公使以来,便以孔子"行己有耻,使于四方,不辱君命"、"忠信笃敬,蛮貊可行"数言来"朝夕自

---

① 唐文治:《论整理外务部》,载邓国光辑释:《唐文治集》第二册,上海古籍出版社,2018 年,第 463—466 页。
② 唐文治:《论外交学当宗孔门》,载邓国光辑释:《唐文治集》第二册,上海古籍出版社,2018 年,第 810—814 页。

励"，"且于公牍余暇本此意以求诸载籍，远自春秋，近讫元明以来，历代奉使者疏其姓名，综其事迹，随时甄录，辑成一书，一准乎孔氏之训，以为法戒，将以自验其得失"，"以古为鉴，以人为鉴，以作士气，养廉耻，励言行"①。他在该书自序中又说，他出使"虽不及效法古人，犹得以亲炙曾纪泽为幸"。特别是在"庚子国难"期间，德国驻华公使克林德被杀，德人群情汹汹，他作为大清驻德公使"遇艰危之际，未尝不以苏武、洪皓、郝经等事时时与僚属解说，共相振励志气，百折不挠，不敢忘撰述此书之意"。随后，他在自序中进一步阐发了编纂《奉使金鉴》这部外交史书之于现实的意义：

> 或者谓今古时势不同，以古例今，譬犹圆枘而方凿，鉏铻而难入也。愚以为其势不同，其心未尝或异。使于四方，不辱君命，圣言诏万世，岂专为春秋之世而言哉。天不变，道亦不变。自其不变者而言，乃谓之经也，斯为圣人之言与后世学者异耳？②

为世所瞩的外交官吕海寰，穿梭于古今之间，将同时代的曾纪泽写入《奉使金鉴》的自序中，潜意识里已将他看作是践行"行己有耻"而临危不惧的儒士外交家，看到了他身上的"士气"和"志气"。

此间自言"近又衰朽，罕接人事"的俞樾因读了该书的自序而发感慨道："惟读公自序，深以战国策士为非，而引孔子之言'使于四方，不辱君命'归本于'行己有耻'，则与《博议》(即吕祖谦《左氏博议》)所言有密合者，信乎？公以东莱(即吕祖谦)之裔而学东

---

① 吕海寰：《奉使金鉴》上册，台北文海出版社，1971年，第1—2页。
② 吕海寰：《奉使金鉴》上册，台北文海出版社，1971年，第7—8页。

莱之学者也。"随后他话锋一转,在序言中介绍起了"通家昆弟"曾纪泽的中俄改约之事,认为"载入《金鉴》,亦伟人伟事矣",接着便说"及观公自序则知公在译署,曾为惠敏(即曾纪泽)所知,然后知公之学本于东莱,公之才则与惠敏伯仲者也"!俞樾在精思而博考后,赞同吕祖谦在《左氏博议》中驳斥战国策士"驾其诡辩,反晦明于呼吸"的看法,"知诡辩初不足恃"①。他在此处借东莱之学和曾纪泽之才来称赞吕海寰,行文间无不隐含有称赞曾纪泽之外交归本于"行己有耻"者乎?

如前文所述,当年中俄伊犁改约交涉困难之际,俞樾曾写诗寄赠曾纪泽称"喜看继起有英雄",不知他为吕海寰此书写序时,有无想起曾纪泽当年酬答他的七律来:

> 抛舍莼鲈逐扰匆,思归宁独感秋风。
> 开边易著甘都护,仗节谁称富郑公。
> 议颇主和非怯战,事求免罪敢论功。
> 箴言勖我苏明允,拨却烦襟且自雄。②

此诗作于光绪六年十一月底,曾纪泽已在俄京待了五个多月,还在为界约、商约等具体条款而与俄方辩难,也不知未来情形如何了局③。在"莼鲈之思"、"秋风独感"的情境之下,曾纪泽用"事求

---

① 俞樾:《奉使金鉴·序》,载《奉使金鉴》,台北文海出版社影印本,1971 年,第2—3页。
② 曾纪泽:《次韵酬俞荫甫》,见喻岳衡点校:《曾纪泽集》,岳麓书社,2005 年,第264页。
③ 曾纪泽光绪六年十一月二十六日日记载:"作七律二章,次韵答俞荫甫。"本文此处所引为第二章。此间曾纪泽的议约情况可见其日记和《金轺筹笔》。

免罪敢论功"、"拨却烦襟且自雄"看似矛盾的两句来答复俞樾，无不展现出一位真儒士应对困境的复杂心态与勇气。

当曾纪泽酬答这位父亲的门生俞樾时，当他在面临困境"遂思诿卸"而遭清议与故人责难时，当他在日记中写下"上贻宵旰之忧，惭悚何既"时，当他在俄京看"先太傅《日记类钞》"和"先太傅诗文集"时①，不知是否会想起两年前出使欧洲前夕与两宫皇太后的那番对话来？

光绪四年八月二十八日，"太后召见纪泽于养心殿东间，掀帘入，跪谢天恩，免冠碰头，着冠起立，进至垫前，跪聆圣训"。太后旨："办洋务甚不容易……"曾纪泽对："办洋务，难处在外国人不讲理，中国人不明事势……"太后旨："你替国家办这等事，将来这些人必有骂你的时候，你却要任劳任怨。"曾纪泽又对：

臣从前读书，到"事君能致其身"一语，以为人臣忠则尽命，是到了极处了。近观近来时势，见得中外交涉事件，有时须看得性命尚在第二层，竟须拼得将声名看得不要紧，方能替国家保全大局。即如前天津一案，臣的父亲先臣曾国藩，在保定动身，正是卧病之时，即写了遗嘱分付家里人，安排将性命不要了。及至到了天津，

---

① 正如前文所述光绪六年七月二十三日，曾纪泽收到俄国外部照会，知俄方不肯与他在俄京议约，而另派使臣挟兵船前赴北京谈判，随后他决定派参赞邵友濂回京以备顾问。七月二十六日，他送邵友濂《曾文正全集》。八月初七日，"看先太傅《日记类钞》"。八月八日，他送邵友濂到火车站回北京。八月初九日，他又"读先太傅诗文集"。八月十二日，他收到八月初五日清廷责骂他"遂思诿卸"的谕旨后，在日记中写下："自念才智短绌，致俄人不能相信，而决计赴京，上贻宵旰之忧，惭悚何既！"以上见载刘志惠整理：《曾纪泽日记》第三册，中华书局，2013年，第1069—1071页。

又见事务重大，非一死所能了事，于是委曲求全，以保和局。其时京城士大夫骂者颇多，臣父亲引咎自责，寄朋友的信，常写"外惭清议，内疚神明"八字，正是拼却声名，以顾大局。其实当时事势，舍曾国藩之所办，更无办法。[①]

曾纪泽的这段答辞，获得了太后的肯定，答以"曾国藩真是公忠体国之人"。而曾国藩是在同治九年（1870）处理天津教案后去世的，八年后儿子还能将父亲为人处事的原则和用心说得如此清楚透彻，想来是以先父的遗教来勉励自己的。

虽然时代和个人际遇不同，但每个人都会面临自己的难事和难处之境。即使当年李鸿章曾砥砺曾纪泽说："置身家于度外，斯无入不自得。"但终归是说起来容易，做起来难。大多时候，人们面临坎坷、崎岖之路时会惶惧迟疑，有时会选择敷衍、逃避或放弃。但最让我庆幸的是，当我试图探究《金轺筹笔》中折冲樽俎的曾纪泽是如何"炼成"时，让我走进了一个在困境中历练成长的曾纪泽，看到了他如何应付外在困境和面对内心"圣域"，如何"而困而知，而勉而行"（梁启超说曾国藩之语）的心路履迹。特别是在十足的"公子气"和"名士气"之外，他最终选择抱持乃父"以身殉事之心"和"外惭清议，内疚神明"的自省，谨慎克己去做事，不仅给了我面临现实困境的些许勇气和效法古人的历史依托，还扩充了我的心量和见识，在一定程度上缓释了我内心对现实的惶惑。这也难怪俞樾会在《曾惠敏公墓志铭》的最后写道："如公者，真我国家之荩臣，而

---

① 召对全文，见刘志惠整理：《曾纪泽日记》第二册，中华书局，2013年，第814—820页。

我师文正公之肖子矣！"①

历史与现实，总是交融在一起。不管是对塔说相轮，亦或入塔寻相轮，随着各自的"意念"和不同视角去阅读《金轺筹笔》，总会发现不同的意义。当下的读者如我，虽然最初是将该书当作史料来阅读，但读到后来又似乎感受到了曾纪泽继承乃父"即身示法，因事立教"（章学诚语）的儒者志趣，进而也更愿将此书看成是一本"六经载道"般的史事之书，一本关于外交之道和儒者应对困境之书，一本讲述曾纪泽"虎口夺食"外交故事而又浸润着性情的义理之书。

时势常变而情理尚存，或如俞樾早年所言，"花落春仍在"！此间笔者点校《金轺筹笔》，亦有追仿百年前吕海寰编辑《奉使金鉴》之意："岂专为春秋之世而言哉？"

李峻杰

2020 年元月于成都东山之郊

---

① 俞樾：《曾惠敏公墓志铭》，载《春在堂杂文五编·五》，见沈云龙主编：《近代中国史料丛刊》第一编，第 412 册，文海出版社，1967 年，第 1579 页。

杨楷刻本序①

自余游宁波始识归安钱子念劬，语相得也。尝抵掌纵谈天下事，因论光绪七年俄人归我伊犁，改订和约，是为中兴以来肃清粤、捻、回匪之终局，而洋务转机之始。是时曾侯在俄先后疏陈办理情形，派参赞邵公友濂赍送和约、章程及专条、卡伦单至京师进呈御览，并录与俄诸臣问答节略咨呈总理通商衙门备存核。皋兰朱克敬汇刻入"挹秀山房丛书"，名曰《金轺筹笔》。

念劬觅之书肆，得其本以示余，余读之既竟作而曰："昔林文忠公尝云：'终为中国患者，其俄罗斯乎？'由今观之，是殆不然。俄之壤地凡二千余万方里，北负冰海，俯视欧洲、亚洲诸国，皆有高屋建瓴之势。然俄志在西封，恒思拓境至地中海，以通黑海之路。且日艳印度之富，耽耽焉，伺英之衅以求一逞。设令不得于西而务于东，乃俄之变计，非本志也。当侍郎崇厚返自泰西，奉使不称旨，下狱，群议汹汹。两国饬兵备边，事益棘，文忠之言几若有验，而侯驰一介之使，力持大体，反复诘难，意不少屈。俄之君臣鉴其忠信，倾心输诚款，卒改前约，息兵修好。观俄臣格尔斯之言，亦可知俄之本计，尝有联我图英之志矣。英之商务岁赢中国银三四千万，中国

---

① 此序按光绪十三年杨楷本补入。

致贫之故,端由于此。中俄诚合,俄必悉甲以萃于英,两虎相持,而我以其间振兴商务,杜绝漏卮,力谋富强,事半而功可倍,所谓形格势禁之道也。是故伊犁之役,侯意主和,知和之可久也。至法越南之役,侯则主战,知非战不能和也。是非晓然于彼我,虚实之分与成败得失,操纵之数安能若是,而岂特皇华之选已哉?"念劬甚韪其说,相与重为校雠,订定凡例,谋之同志,鸠赀刊以行世,有志之士诚即是而求之,以备国家异日干城之用,庶几为洋务之津梁云尔。

　　　　　　　光绪十有三年岁在丁亥十有一月无锡杨楷序

重印金轺筹笔金序^①

　　同治五年回人侵据伊犁，清廷以内战甫定，鲜暇西顾。俄人乃于十年五月以护商为名，派兵占领，复扬言俟清廷恢复统治权时，归还占地。光绪四年清军始略复叛疆，而俄人之霸占伊犁仍如故，爰派崇厚向俄索还失地。崇厚误解全权二字意义，擅自签约，昏庸误国，清议大哗。清廷不得已，拒绝批准，改派驻英法使臣曾纪泽兼充驻俄钦差，前往俄京协商改约。

　　曾氏奉派之始，即剀切陈言："俄约经崇厚议定，中国诚为显受亏损，然必欲一时全数更张，则虽施之于西洋至小极弱之国，犹恐难于就我范围，俄人桀骜狙诈，无端尚且生风，今于已定之约，忽云翻异，而不别予一途以为转圜之路，中国人设身处地，似亦难降心以相从也。"《曾惠敏公遗集》卷二《敬陈管见疏》。于是主张领土必须力争，商务次之，偿款又次之。其时国中意见纷纭，主战多于主和，曾氏则倾向于妥协，以为："俄人之坚甲利兵，非西陲之回部乱民，所可同日而语……俄人之所以扰我者，固在东而不在西，在海而不在陆……东三省……迤北一带，处处与俄毗连……一旦有急，尤属防不胜防。"清廷遂谕令，"据理相持，刚柔互用，多争一分，即少受一分之害"云云。

　　俄初不允改约，欲移北京谈判，而于崇厚下狱论死，认为侮俄，

① 此序按袁同礼整理校订本补入。

尤愤愤,迨清廷允释崇厚,怒始少霁,然仍动以崇约为言,视为已得权益。按崇厚所许伊犁南境,乃帖克斯河地带,形势冲要,误国最甚。盖此地及莫萨山口,如入俄人之手,可切断交通,威胁全境,是则我之得伊犁有名无实,在我国势所必争,在俄以俄土战后,财殚力竭,雅不欲再启衅端。曾氏洞见此点,竭力折冲,俄始就范。然仍索崇约以外之补偿,探问中国沿海地方何处可让。曾氏严辞拒绝,遂不得逞。于是审慎应付,争重让轻,酌让索伦右翼四旗,又给予通商权利,增偿代守费用,俄政府乃允废弃旧约,另订新约,于光绪七年即一八八一年二月二十四日在彼得堡签订。驻俄英大使德佛林爵士(Lord Dufferin)称曰:"中国令俄国吐出已吞之领土,此俄国之所未尝为者!"今读其问答节略,思想锐敏,辞令雍容,公法条约,无不熟谙。对方措辞强硬,亦作峻语答之,以折其锋。时亦语饶风趣,刚柔迎拒之间,不失分寸。言忠信而行笃敬,曾氏庶几兼之。是以俄外相吉尔斯(Giers)云:"我办外国事件四十二年,所见人才甚多,今与贵爵共事,始知中国非无人材。"良非虚誉。

曾氏问答节略,又题《金轺筹笔》。吾友袁君守和取而校勘之,列为新疆研究丛刊之一,又遍阅赤档(Krasnyi Arkhiv)迄无记载。乃以耶拉维基(Jelavich)夫妇所著《俄在远东》一书,述及伊犁交涉者,另编刊行。内中所载吉尔斯与外次热梅尼(Jomini)筹商对策,往返函札八十余通,原系秘件,国人尚未之见,如帖克斯河地带,俄人本有归还之意,而欲以乌苏里西岸地点相交换,今乃从此项文件中发现,而曾氏当日固未之知也。守和博览群书,又精研讨,其用心细而致力勤,一时无两,至此书行世,能供给史家以新资料,而裨我邦人之寻研,更无俟赘言矣。

一九六三年五月嘉兴金问泗

重印金韬筹笔袁序①

　　《金韬筹笔》四卷，旧刻均题"阙名"。《曾惠敏公遗集》卷五《与陈俊臣书》云："使俄之役，有问答节略。已陈之刍狗，不足复观，"盖氏所著也。光绪十二年皋兰朱氏克敬。收入"挹秀山房丛书"，始题《金韬筹笔》。翌年无锡杨氏楷，十七年南清河王氏锡麒②，二十三年湖南新学书局，均有重印本。书中称"俄"为"鄂"，本旧译也。所载中俄伊犁会谈经过，自光绪六年六月二十九日至次年一月二十五日，先后共五十一次，其记录乃中俄外交原始史料，为俄国史籍中所未载。友人程演生君收入"中国内乱外祸历史丛书"，改题《伊犁定约中俄谈话录》，盖纪实也。

　　溯自咸同以降，中原多故，俄人蚕食回部，诱我藩篱，得寸进尺。同治九年新疆回乱，俄人乃借口商务，窃据伊犁，原议西域绥靖，即行归还。迨左宗棠率师西征，戡定全境，爰索践前诺，俄仍盘踞如故。且攫夺浩罕，改建费尔干省，设巡抚，筑炮台，而西陲割地通商，从兹更多事矣。光绪五年清廷派崇厚使俄，商议交还。俄人乘机索让特克斯河域，截天山南北孔道。崇氏不察山川扼要之形势，昧于中外交接之事宜，昏庸误国，一听俄人拨弄，订立约章，丧

---

①　此序按袁同礼整理校订本补入。
②　此处人名应为"王锡祺"。

失权利,擅自画押,朝野哗然。清廷以其越权辱国,革职治罪,改派驻英法使臣曾纪泽兼驻俄廷,毁约更议。是时两国陈兵备战,边事岌岌不可终日。俄舰东驶,意图封锁,沿海震撼。曾氏秉命周旋,力任艰巨,自谓:"欲障川流而挽既逝之波,探虎口而索已投之食,事之难成,已可逆睹。"光绪庚辰一月致总署总办函。抵俄以后,折冲樽俎,反复诘难,往复十数万言,历十阅月而新约始定。卒毁崇厚旧约,略折俄人无餍之求。其问答节略,时有摧折对方之词锋,缜密严肃始终无间,具见当日帝俄诡谋之毒烈,与夫维护国权之匪易。新约议定,争回伊犁南路七百余里,界务商务,保全实多,蜚声坛坫,举世钦颂,俞荫甫先生谓:"前使者以头等全权大臣,仅得伊犁之半,而诸要隘尽弃以界俄。公以二等使臣又无全权之名,乃得取已成之约而更之,乌宗岛山、帖克斯川诸要隘,仍为我有,伊犁拱辰诸城足以自守,而又得与喀什噶尔、阿克苏诸城,形势联络,其有功于新疆甚大。"《春在堂杂文》五编五。洵非过誉。今诵其奏书函牍,于交涉诸端,剀切直陈,与问答节略,互有阐发,诚近代外交史中之珍贵文献也。爰选有关文件与崇厚原约,及总署拟议办法,列入附录,俾探究中俄交涉史者,有所取资焉。

一九六三年五月袁同礼

卷 一

光绪六年庚辰六月二十九日未刻①

曾侯带同参赞②刘麒祥，翻译官庆常、桂荣、塔克什讷前往外部，与该③部尚书格尔斯、驻华公使布策、外部总办梅尼阔甫、翻译官孟第会晤。寒暄毕。

格云：昨已接到贵钦差照会，不知是常川驻扎，抑系特派办事？曾侯曰：我系驻扎钦差，两国交涉未完事件，我亦有商办之权。格云：前次崇钦差来俄已将应办各事会同本大臣商议妥协，只候批准施行。至今贵国并无一言，且将崇治以重罪，边界各处增械设防，中外人心惶惑，几欲启衅，似此情形，岂能议事？曾侯曰：本国大皇帝因崇不听吩咐④，故治其罪，后闻此事有伤贵国体面，遂赦其罪，以示中国愿与俄国和好之意。布策⑤云：请问崇之罪如何赦却？崇现在何处？曾侯曰：我只接得电信，知崇之斩罪已蒙赦免，尚未奉到详细谕旨。格云：此事我亦尚未接到凯署使⑥之

---

① 杨楷本将会晤日期的小标题与正文并列，且此处无"未刻"二字。另外整理者在标题处增添"光绪六年"四字，方便了解时间，特此说明。

② 参赞：杨楷本为"参赞衔随员"。

③ 与该：杨楷本为"晤外"。

④ 杨楷本将朱克敬本的"吩咐"均改为"分付"，下同，不再出注。

⑤ 布策：杨楷本为"布"一字。

⑥ "凯署使"即署理俄国驻华公使凯阳德。

信。曾侯曰：侯奉到谕旨，即当详细照会贵大臣。格云：治崇之罪不惟本国难堪，即欧洲各国亦难为情，且崇与本大臣尽心竭力商议一年有余，凡事无不力争，并非诸事率行应允。本大臣当时觉各为其主，亦其本分，当商议时必两下心平气和，然后定议。现在只候照行，无可商议。曾侯曰：贵大臣竟不欲与我商议乎？格云：不是如此说，盖因本国注意所请各事俱载在约章及与崇往来照会之内，现在只要照办，无可商议。

曾侯曰：凡各国定约必侯两国批准方能施行，如所定之约有难行之处，例可再议。格云：侯爷所言甚是，惟未见有如中国之治崇罪，致伤他国体面者也。曾侯曰：各国办事何事不有，中国治崇罪，因其不听皇上吩咐，其中细微我亦不必多说，贵国之人如有似此办事者，谅贵国亦必咎之。格云：崇有不听吩咐之罪，我亦不知其详，但总因与俄国办事致罹刑狱，我与他同办事，显得我亦不好。曾侯云①：我与崇系同僚朋友，同奉使命，闻他犯了罪，我心中也极难过。现闻皇上天恩赦了他，我就欢喜了，深愿贵国但记现今赦罪之美意，休记从前办罪之事。格摇首微笑曰：中国治崇罪，本国原不能干预，总因与本国办事之故治以重罪，于本国不能无涉。曾侯曰：先因崇办事不好，遂治其罪，后大皇帝闻此事有关贵国体面，已赦其罪，以示和好之意。布与格说一句，听不明白②。格云：俄国闻知此信，上下无不欣悦，惟现在情形实在难堪，皆因中国各处设边防、修海防，以致本国亦动巨款以防中国，各国皆以为旦夕即欲启衅。曾侯曰：格大人说贵国备兵防中国，中国将来亦可说中

---

① 云：杨楷本此处作"曰"字。朱克敬本"云"、"曰"偶有和杨楷本不同，因不影响原文的阅读和理解，后面不再出注。
② "布与格说一句，听不明白"此句，朱克敬刻本原为小字，现统一调整为正文字体。

国曾花多少钱、备多少兵防俄国,然两国皆不可说此等话,以免有伤两国和好,且致各国闻知生心。格云:各国新闻纸议论纷纷,皆谓中国要与俄国交兵,中国又有如此举动,不能使人无疑。曾侯曰:两国办事,总要自己拿定主意,不可①徒听人言。至新闻纸谣言,皆不可凭,请勿信也。格云:固然,不但各国新闻纸说中国举动不好,且中国境内折奏等件传播于外,均无好言,而向来条约均系批准后方能发钞,现在中国地方却已将条约刊刻,四处传播。曾侯曰:中国并未发钞,上海所刻者想系外间风闻,遂尔传播。布策因出书一本递与曾侯阅看,并云:此即英文所刻约章,并未全录,撮其要领而已。曾侯曰:上海所刻华文约章即与原约华文不对,此书我亦曾见过,错②处甚多,不足③为凭。

格云:贵国派钦差前来通好,本国亦欣幸之至,但两国所定约章务要照办,方为慎固邦交。曾侯曰:本国大皇帝派我前来贵国,不过欲将约内难行之处详细商订。凡有损于中国者,中国固不能应允。而有损于俄国者,亦尽许贵国商量。格云:贵大臣前来修好,甚善。惟中国之举动究与侯爷之言不符。盖中国添兵设防,似欲启衅,本国自崇回国至于今日,并未出一不善之言,而贵国并无一句近情之语。曾侯微笑曰:自崇回华之后,我系接任钦差,前来修好,请问其间何人能向贵国说出不近情理之话? 外间谣言切勿信也。格云:非信谣者,接到凯使来函,谓中国举动不善。曾侯曰:我系中国钦差,朝廷好意我最知之。公事机密,中国人尚不能尽知,外国公馆岂能尽知? 凯大人来函恐亦系传闻之误,且中国举动不善实无凭据。中俄接壤之黑龙江、新

---

① 可:杨楷本为"在"字。
② 错:杨楷本为"差"字。
③ 足:杨楷本为"作"字。

疆以及沿海地方并未添一兵、增一船,现因伊犁未交,中国西塞原有之兵,并未进伊犁一步,亦未致片纸只字,何以见有不善之意?如云失和,不惟于中国无益,于俄国亦未必有益。再者,中俄两国和好二百余年,边界如此绵长,岂可率云失和?

格云:本国之意原欲先将察汗格根①诟辱俄官等案议结,方能商议伊犁之事。本国历任驻京公使曾将此意屡向贵国声明,迨崇来俄议交伊犁之事,本国又谓必须将各案完结,方可议交伊犁。嗣因崇同本大臣商议一年有余,将各案议结,故与之商议交还伊犁。是各案为商办伊犁之要领,而中国并未照办。曾侯曰:所议各案中国并未说出不办之话,因约章内有难行之处,故遣我来与贵国妥议。适格大人所云商议一年有余始能定约,至今亦未照办,岂知中国并非欲将一年余工夫全行废弃,我若商量得好,不过略加数月耳。总之要详细商量,务期易于施行为主。贵大臣如肯同我议事,我甚感激。若不肯同我商议,非我所能强求。惟我既奉朝命为驻扎②贵国钦差,第一当呈递国书,代达朝廷和好之意,即请格大人代奏贵国大皇帝谕定呈递日期。格云:现在情形与寻常不同,惟有将贵国钦差呈递国书之事与今日面谈之话奏明本国皇帝,听候谕旨,再行知照贵钦差。又闲谈数语而散。

七月初一日未刻③

外部大臣④格尔斯携翻译官⑤孟第来馆答拜,曾侯带同翻译官

---

① 杨楷本案:察汗格根系俄语,即回酋呼图克图之棍格札勒参也。原案为双行小字。
② 驻扎:朱克敬刻本为"驻札",现将其改为通行字词。
③ 杨楷本无"未刻"二字。
④ 杨楷本无"外部大臣"四字。
⑤ 杨楷本无"翻译官"三字。

庆常、桂荣、塔克什讷接见,寒暄闲谈极久。

格云:前日接阅贵爵大臣①转交本国驻英公使勒班诺甫信,内称赞贵爵大臣②品学纯粹,办事精详,不胜钦慕之至。曾侯曰:我在伦敦时同勒大臣时常相见,交情甚好。格云:中俄两国相隔辽远,信函往来极为迟慢。曾侯曰:真是迟缓,即用电信往返尚需十数日。格云:现今正值本国皇帝阅兵之时,约十余日始能阅毕。我明日朝见皇帝时,即将贵爵大臣③呈递国书之事面奏。曾侯曰:贵国皇帝一时尚不往黑海行宫否? 格云:现在尚未定期,大约一月之内方能前往。又闲谈数语而散。

按④:七月初七日,清廷明发上谕应曾纪泽之请,开释崇厚。七月十四日,曾纪泽接到总署来电,知已开释崇厚之罪,"闻之且喜且惧"。⑤

七月十七日,曾纪泽向俄皇呈递国书、致诵词。⑥

七月十八日

曾侯带同参赞衔随员⑦刘麒祥⑧、翻译官庆常、塔克什讷往见

---

① 大臣:杨楷本无"大臣"二字,多"送到"二字。
② 大臣:杨楷本无"大臣"二字,多"为人"二字。
③ 大臣:杨楷本无"大臣"二字,多"所云"二字。
④ 此处按语为整理者所加,下同。
⑤ 宽释崇厚谕旨见朱寿朋编:《光绪朝东华录》第一册,中华书局,1984 年,总第 953 页;曾纪泽的感慨,见刘志惠整理:《曾纪泽日记》第三册,中华书局,2013 年,第 1062 页。
⑥ 曾纪泽觐见俄皇呈递国书相关情形见附录中《谒见俄君呈递国书日期疏》,亦可参看刘志惠整理:《曾纪泽日记》第三册,中华书局,第 1063 页。
⑦ 杨楷本无"衔随员"三字。
⑧ 杨楷本无"麒祥"二字。

外部尚书格尔斯,有外部侍郎热梅尼、总办梅尼阔甫及前①驻北京公使②布策、翻译官孟第同座,寒暄毕。

格云:昨接贵爵大臣③来文,知崇使已经免罪及各案议结,不胜欣悦,凯署使亦有电报。曾侯曰:凯大人电报其意亦与我同否?格云:同。现在中国,仍是明白人这边论胜矣。曾侯曰:中俄和好二百余年,总要两国之人都有保全和好之心才好。

格云:本国之君一礼拜后即赴黑海行宫,我将随去,贵爵大臣④有应议之件,总请以速为妙。曾侯曰:崇宫保前定之约,中国有许多可以应允之处,惟其中有于中国窒碍难行者,请与贵大臣商量酌改。我可以作一简明节略言其大意,若说详细固须长篇累幅乃能明白,刻下我亦可以先将大意说说。格云:节略何日可得?曾侯曰:一二日内送来。格云:工夫甚少,以早为妙。曾侯曰:若然,则明日可以送来一阅,然刻下亦可将大意为阁下一言之。格云:请闻其说。

曾侯曰:中国之意有三:所有前定约内有于中国不甚相宜,碍难应允者一也。约内有声叙不详之处,恐日后不易照办,故有须加详者二也。旧约所准之利益,不必复叙于新约之内三也。中国有此三意,本大臣分为六条:第一条,中国不愿将自己疆土让与别人,贵国既有交还伊犁之美意,请将伊犁全境交还。第二条,塔尔巴哈台、喀什噶尔交界只能仍照旧址,如实有小处必须酌改,应由两国特派大员前往查勘面订,我等作钦差者未履其地,不得其详,

---

① 杨楷本无"及前"二字。
② 驻北京公使:杨楷本均为"驻华公使"。
③ 大臣:杨楷本无"大臣"二字,多"送到"二字。
④ 大臣:杨楷本无"大臣"二字,多"此时"二字。

不敢妄指地名。第三条，俄国所要好处，如嘉峪关通商，尼布楚、科布多开两条道路行走等事，如果第一条议定之后，中国亦愿应许。第四条，俄国议设领事之处太多，夫领事之设原于中国无损，而不晓事者以为钦差所允太多，且议定许多地方将来俄国亦未必逐处全设，除嘉峪关可设一员外，其余应俟通商开办之后再行酌议。第五条，设领事之处既未订定，西疆哈密、古城、巴里坤等城，俄国可以择一处留货，照张家口情形办理，比方嘉峪关为天津一般。第六条，新疆贸易不比沿边地境，若处处免税，中国甚是吃亏，尚须与贵国商量办理。

格云：如此是将从前之约全行驳了。曾侯曰：嘉峪关通商，尼布楚、科布多开路行走等事，俄人受益实已多矣。格云：从前与崇宫保议约甚费苦心，所留之地系为安插该处之民或为边情，而中国竟不达此意。曾侯曰：此系辩论，我所说系中国意见，并未辩论道理，我如辩论道理，亦有很多应说之言。盖我知俄国本是大国，所以欲割地者并非贪得土地，实欲安插回民，但中国亦系大国，所以不肯割地者亦非惜此土地，诚以割地安插回民其弊甚多，故不允耳。格云：我说句实话，今日贵爵大臣①所言，甚不满我意也。曾侯曰：原是两国意见不同，始有商议，意见若同，又何用商议为耶？格云：崇宫保在此与我商议尚用年余，此番商议不知更用若干年也。曾侯曰：我看此番用不着多费时日，明日我之节略是将中国之意尽叙其中，贵大臣复我时亦请一气叙明，如此岂不甚速？格云：俟接到贵大臣节略再定，盖其中尚有应与别人商议之处。复闲谈数语而散。

_____

① 大臣：杨楷本无"大臣"二字，多"与我"二字。

按：七月十九日，曾纪泽照会俄国外部，将致俄节略送去。

七月二十三日，曾纪泽接到俄国外部复文，"知不肯在此处议事，而别遣使至北京商订"。

七月二十四日，曾纪泽发电报致总署汇报七月二十三日俄国外部照会，并奏派参赞邵友濂"回京备问"。

八月初三日，总理衙门接到曾纪泽关于七月二十三日俄国照会将派使赴京议约的电报。

八月初五日，俄国驻华公使布策来大清驻俄使署辞行。

八月初八日，邵友濂由俄京圣彼得堡出发返国。

八月十三日，曾纪泽接到总理衙门复电，"旨命争几条为转圜地步"，"在俄定议"，随后便发电召回已到法国马赛的邵友濂。①

八月十四日

曾侯带翻译官庆常赴外部与署外部大臣②热梅尼会晤，寒暄毕。

曾侯云：布大人现在行抵何处？热云：布大人在瑞士小有耽搁，安顿家眷在彼，即赶紧前赴北京。曾侯曰：我接格大人七月二十三日照会，言前议约章中国既未批准，要另派使臣到北京商办，不肯同我在此商议。我已电报本国，现接本国电示，给我商议之权，令我在此商议。格大人照会内最要紧的有四件事，未奉中国明允，所以不肯与我议事。一为赦免伊犁居民，一为给还代收伊犁兵

---

① 以上可参曾纪泽日记，见刘志惠整理：《曾纪泽日记》第三册，中华书局，2013年，第1065—1071页。

② 大臣：杨楷本为"尚书"。

费,一为安插愿入俄籍之人,一为改定两国边界。此四事我复文内未着实细说,因为格大人不肯同我议事,贵国如欲同我商议,我即有商议之权。

热云:本国非不肯同贵爵商议,但中国不照公法办理,不得不到北京商办。我在本部行走四十五年之久,所见各国定约不计次数,未闻有不批准者。按照万国公法,凡派钦差全权大臣定约,必将应办应允事件切实吩咐明白,所以钦差既然画押,无不批准。独中国派钦差全权大臣定约竟不批准,且将钦差大臣治以重罪,实在不合公法。如欲再行商议,诚恐中国再有作难之人,复欲翻悔,又当如何?是以本国不愿在此商议,而要到中国商办。据我看来,大凡两国议事,各以在本国商量为得计。

曾侯曰:热大人所言不错,但正是因中国未入公法之会,所以命本爵在此商议,以便详考西洋公法。而且我与崇大人不同,本国前派崇大人来此,专为要还伊犁地方,其余通商等事只是顺便商议,不料崇大人答应的太多,崇大人系奉派入俄第一次公使,诸事茫然,有许多事本国未曾吩咐他的,他都允许了,所以有此为难。现在贵国所请各件,本国无不周知,所以吩咐我的比吩咐前大臣更加切实,断不致仍蹈故辙。且本国将崇大人加恩开释,又将各案饬令妥为办结,足征友睦之意。愿贵国放心推诚,相信同我商议,虽不能全照前议,但有可让之处,我必酌量相让。

热云:本国皇帝闻贵国将崇大人开释,各案妥为办结,知贵国实有和好之意。惟商议公事或在北京或在俄国,二者孰利,尚当计较。曾侯曰:在北京商议不如在此商议较为妥便。如有要紧事,中国本未允许而贵国仍求通融者,我可发电请示本国,十余日可得回音。若在此不能允者,即在北京商议亦不能允。热云:贵爵所言甚是有理,但此事我不能自专,必须奏请本国皇帝候旨施行。曾侯曰:布大人现时启程到中国时已将封河,与其在上海等处留连,莫若折回俄国,先同我商量,岂不省事?热云:布大人于西历十月底可抵上海,于封河前可以到京。曾侯曰:总是请热大人婉转奏请贵国皇帝,饬布大人暂缓起程,同我商量,先为面谢。热云:本国深愿与贵国和平商办,贵爵今日所述各情,我刻下即电奏本国皇帝。曾侯曰:有回信请即告知。热云:我昨日已将凯大人电报电奏,一二日可得回音。今日贵爵向我所言,我必赶紧电奏,一有回音即刻告知,贵爵请放心。

　　按:八月十七日,国内总署奏请如曾纪泽与俄议约在十八条内可以批准,十八条之外不得擅许。

　　八月十八日,曾纪泽接到俄国外部答函:"云俄皇允召布策回俄相商,为之稍慰。"

八月二十三日两点钟①

　　署外部大臣②热梅尼来署会晤,寒暄良久。

　　热云:布大人现已折回,三两日可到森比德堡③。曾侯曰:贵国大皇帝允饬布大人折回,感谢之至。热云:原定布大人行至瑞士,小住数日即赴马赛上船,现奉命折回,甚是辛苦。如需再往,恐到中国时已交冬矣。曾侯曰:布大人系驻扎北京钦差,如贵国大皇帝另有公事派他回任,原无不可。如专为商改约章,我已受商议之权,在此必可商议妥协,不必到北京商办。惟于定约画押之时,

———————

① 杨楷本无"两点钟"三字。
② 杨楷本无"署外部大臣"五字。
③ "森比德堡"即当时的俄京圣彼得堡。

我须先请示于本国耳。热云：若如所言，固属甚善。但如有不能商议之事，布大人仍当到京商办。曾侯曰：我想无不能商议之事，中国大皇帝有诚心和好之意，我到贵国后深知贵国大皇帝亦愿同中国和好，外部诸位大臣亦均有好意，自无不能商议之事。热云：如此甚好。本国实有诚心和好之意，而且中俄边界绵长，如有事故，两国皆有亏损，本国同别国有兵事，皆出于不得已，常恐伤害百姓，废其事业。曾侯曰：热大人所言甚是，我想两国永久和好，彼此均有裨益，所以中国请商改约章者，亦为两国有益，免致他国藉辞觊觎。热云：贵爵所言有理，但中俄连界与别国情形不同，总望商办妥协就好了。言毕，热即起身拉手而散。

按：八月二十三日，邵友濂返程到柏林，"遇布策于车栈"。

八月二十五日，邵友濂到俄京，曾纪泽来接。

八月二十七日两点钟①

曾侯带翻译官庆常赴外部，与署大臣②热梅尼会晤，寒暄毕。

热云：布大人已到森比德堡，我已见过了。曾侯曰：承贵国皇帝美意，已饬布大人折回，但不知系吩咐布大人同我商量否？如已吩咐同我商量，即请热大人定期在外部同布大人开议。热云：本国大皇帝已命布大人同贵爵会晤，询明中国之意，奏报本国大皇帝定夺。可否在俄国商办，我想布大人必将赴贵爵公署会晤，可免迟延，尊意以为何如？曾侯曰：甚好，但我既将中国之意告知布大人奏明贵国皇帝，我愿布大人将贵国皇帝之意亦以告我，以便电奏本国。热云：俟贵爵与布大人说出中国之意，再由本部请旨。我想

① 杨楷本无"两点钟"三字。
② 大臣：杨楷本为"尚书"。

原定约章系中国派头等钦差全权大臣所定的,如小有商改之处,尚可商量。但原约不能废弃,以示相信之意,于将来大有关系,谅贵爵已洞见之。曾侯曰:八月二十三日我接格大人来文中有贵国大皇帝不强中国将前约概行允准一语,实系好意,中国不过将碍难施行之条商议酌改,并非全弃原约。我现在接到中国电报云,总理衙门已照会凯署大臣请展限三月,以便商议,此是中国诚心和好之据,想热大人已接到凯大人电信矣。热云:本部已接到凯大人电报,言贵国请将换约日期展限三月,我已电奏本国大皇帝矣。此是中国愿意和好之据,我亦知之。

曾侯曰:我此刻欲去拜布大人,不多坐了。热云:我想布大人今日亦要拜贵爵去。言讫即起身送至外厅,适遇布策。热向布云:阁下来至恰好,即请同曾侯定期会晤,我尚有公事,不能奉陪。遂入内厅而去。曾侯复同布策在外厅座谈。[①]

布云:我奉本国大皇帝命,折回同贵爵会晤,询明中国之意,奏明皇帝定夺,可否在此商办?曾侯曰:我将中国之意告知布大人奏明贵国皇帝,我亦愿布大人将贵国皇帝之意告知于我,以便奏明国家。布云:本国大皇帝因贵爵所请调我回来,原为询明中国之意,如奏明以后,本国大皇帝吩咐我说何话,我方能说,但愿贵爵体贴本国大皇帝调回我来的美意,务将可商量的事对我说方好。若按贵爵七月十九日节略之意,相差太远,势难商议。曾侯曰:此节略内不过提说几条,旁人看见觉得太远,布大人心中是明白的,贵国派布大人往中国去,我当时未敢擅留,后接奉国家切实吩咐,给我以商议之权,令我挽留布大人,我才敢留的,足

---

① 座谈:朱克敬刻本为"坐谈",现改为通行用法。

见中国实有好意，而且贵国大皇帝既说不强中国概行允准，中国据此美意必不全弃原约。不过中国既请商改，总要更改数条，彼此方无大损。

布云：本国大皇帝所言不强中国概行允准，实系美言，格外体量中国，不在约章更改多寡，总是本国大皇帝宽厚①之意。但我系原定约章大臣，现在派我再议此约，我有许多难处。因去年所定约章已将两国交涉事件办理清楚，永无争端，实属尽善，不意中国竟不答应，所以本国大皇帝派我到京商办，中国如欲在此商议，须有不再翻悔之据，方可相商，不然如若再蹈故辙，两国事情更难办了。

曾侯曰：可请放心，中国不致再有不答应之事，我们办事的人既加小心，不致再不答应，布大人自己有难处，我亦知之，愿布大人亦体量我，彼此相让，凑合两国的意思，免得彼此吃亏。布云：贵爵所言甚是，但中国办理约章一事诸多失当，即如去年定约以后中国若有难允之条，何不密向本国诚心说出，本国必肯相让，不意中国不同本国商量，反令局外之人妄参乱语，物议沸腾，现在本国势难多让，实中国举动使之然也。曾侯曰：布大人深知中国情形，亦知中国国家难处。凡一国国家不能专就国家之意，不顾通国士民之言，以中国疆圉之大，人民之众，与西洋各国往来未久，所以西洋情形多有未甚熟悉者，议论自然不一。但紧要大事，国家之意既与外间议论不同，国家斟酌一番自有一定主意，不能听人议论。中国现今所请商改各条，已系国家加意斟酌，删繁就简，并非全照外间传闻之词，愿布大人但想中国国家好意，不必追问物议沸腾之事。布云：若如所言尚可商议，彼此俱要相让方好，我明日一点钟赴贵

---

① 宽厚：杨楷本为"宽原"。

署会晤如何？曾侯曰：甚好，我届时奉候。言毕而散。

八月二十八日一点钟①

布策来馆会晤，寒暄毕。

布云：我奉本国大皇帝命来见贵爵，询明有无全权字据，然后再听贵爵有何话说。如中国欲在俄国商办，原无不可，特恐既定之后中国再不批准，所以须有全权字据，商议始能放心。曾侯曰：我奉朝命前来贵国，一为通好，一为商改前约。按各国钦差无论头等、二等均有全权名目，如商办事件另授头等全权名目字据者，亦是常例。但此次商改约章，中国早已授我商议之权。近日因贵国不甚相信，我又电奏请旨，所奉的训谕皆用电旨传知，将来或另有字据可以请看，但现在只有电报而已，字据万来不及。贵大臣如不相信，可电问贵国驻京署使，即可知其底细。至布大人所言，恐中国再不批准一节，此层可以勿疑。从前崇大人所许之事，中国有许多未料到者，所以有碍难照准之处。现在中国看了约章，应允与否自有定见。是以吩咐我的话条条切实，自无再不批准之事，可请贵国放心。布云：贵爵既无全权字据，若请凯大人向中国询问②固属善法，我当告知格大人可否商议，请旨定夺。

曾侯曰：我给格大人节略内已将中国之意大概说出，愿布大人将贵国吩咐之话告知于我。布云：本国大皇帝原因贵爵给格大臣节略，两国意见相差太远，所以命我前赴北京商议。贵爵既请外部奏留我，自然于本国大皇帝断难照准之事，贵国已有通融办理之意，应请贵爵明以告我，俟我将贵爵所说之话奏明后，如本国大皇

---

① 杨楷本无"一点钟"三字。
② 询问：杨楷本为"询明"。

帝吩咐我有话,我再告知。曾侯曰:然则我应说的话,应俟布大人奏明同我商量,我才可细说了。布云:不然,我奉本国大皇帝命,一面问贵爵有无全权字据,一面打听贵爵有何话说,令我一并奏明。

曾侯曰:方才布大人问我有无全权,是有不相信之意,现又问我有何话说,不过欲试探我的意向,我原可以暂不说出,但贵国大皇帝既派布大人问我,我将中国大意说出,亦无不可。去年所议之约分为三端:一、自第一条至第七条,系俄国将伊犁交还中国之事。二、自第七条末节至第九条,系俄国同中国修界之事。三、自第十条至第十七条以及章程十七条,系俄国所要中国通商利益以及兴利除弊之事。此外另有专条,系议许俄国松花江行船至伯都讷一事。又有中国吩咐崇大人而崇大人未议定者,系中国向俄国请照旧约交出逃人白彦虎一事。我奉国家之命,因前约有中国碍难允行之条,请贵国会同商改,并非废弃前约。交还伊犁之事,格大人七月二十三日复文,言贵国所请中国允许者三:一赦伊犁居民;二偿还代守兵费并给补恤银两;三迁出之民由中国给以安置之地。现说中国①之意:一赦居民必定允许;二偿还代守兵费并给补恤银两,中国允照原议办理;三迁出之民由中国给以安置之地,事无成例可援。而且中国大皇帝上年吩咐崇,本年吩咐本大臣,均系请贵国将伊犁全境交还中国,然则伊犁全交系中国最紧要之条。前据格大人照会,言中国不肯割地安置迁民,所以遣使赴京商议,顷贵大臣又言俄国皇帝断难照准之事,本国必须通融办理等语。查通商等事并无极大条款为中国所驳,而俄皇立意断难照准者,布

---

① 　中国:朱克敬本原为"国中"二字,现按杨楷本改"中国"。

大人所谓俄皇难允之条,自系指割地而言。查割地虽非中国所愿,
然欲保全两国友谊,亦可通融,量为允许。但中国既赦伊犁居民之
罪,纵有迁出者亦必不多,且贵国所要地方专为安置居民起见,亦
无须险要地方,使中国多受不便,所以中国允将伊犁西边之地于修
界之时酌让若干归与俄国,以便安置迁民。此层已系中国大皇帝
与国家王大臣等不徇通国臣民之众论而格外通融办理矣。至于伊
犁南边帖克斯川一带地方,是中国紧要之区,凡中国臣民皆以为割
此地方,虽得伊犁,有名无实,势难割归俄国。修界之事,现说中国
之意,原约第七条喀什噶尔与塔尔巴哈台两处应如何修定边界,中
国俱允派员前往勘定。通商之事,现说中国①之意:一、嘉峪关通
商,准俄国设领事官,其他处地方俄国一时不能设立领事,俟通商
开办兴旺之后再议添设。按原议嘉峪关比照张家口,西安、汉中作
为通州,汉口比照天津。现拟将嘉峪关改照天津一律办理,俄商照
章交完应纳之税,准运货赴内地销售。一、天山南北各城贸易均
不纳税一层,在明白事情之人知地方凋敝应体贴商情,自不以为
过,而不知情者则以为答应太多,是以请将"概不纳税"一句改为
"暂不纳税";并请将第十六条移于此条之后。一、茶税分别酌减
一事,必定允许。一、科布多、尼布楚添开两条行走之路,当于约
内详细声明,以免误会。专条之事,现说中国之意:松花江行船贸
易一事,中国臣民皆以为不应允许。因东三省系中国皇家发祥之
地,中国臣民看视该地方如皇宫一般,允准此条使我极其为难。但
贵国以旧约为言,似谓限制伯都讷,尚系俄国以好意待中国之据。
我今商办此事有三样办法:第一是照旧约办理,将专条作为废纸;

---

① 中国:朱克敬本原为"国中"二字,现按杨楷本改"中国"。

第二如允行船贸易至伯都讷入中国界百里,即按各国在内江通商章程一律纳税,用本地船载货;第三,如不愿纳税,当退让若干远地方,仍不准到伯都讷。中国命议未定之事按照旧约,如有越界逃人,彼此均当交出。中国逃人白彦虎逃入俄国,俄国拘于西洋保护公罪通俗,不肯交出,然此事若不说明,实于条约有碍。格大人既向崇大人说过此人俄国必加管束,不至再滋事端。我亦不令俄国为难,拟请外部给我一信,声说明白。如条约中所说逃人应分谋反、叛逆之公罪及杀人、盗窃之私罪两种,亦须彼此说明,方好一律办理。

曾侯说完,向布策曰:我所说的布大人均已明悉,可知中国之意与原约所差无多,其余细节俟商议时再说。如布大人愿意,我可以送一节略请看。布云:贵爵所言我已明悉,即当将一切情形告知格大人代奏,听候本国大皇帝吩咐。我今日不能妄赞一辞,可请贵爵送一节略与我,我再细看。但节略不过请将贵爵今日所说开一手折与我,记事而已,不必作为公文。又云:我在中国多年,深知两国接界必当永保和好,彼此均有裨益。为今之计,如能在俄国开议已属甚佳,开议之后若能定局岂不更好? 本国之意,此次商办务求结实,不可暂顾目前,将就了结,而不思久远之计,并望定约以后,以前之事不留芥蒂方好。曾侯曰:布大人所言甚是,中国亦愿妥当了结,以固和好。且通商之事,尤须两国诚心愿办,乃能有益。若勉强答应者,虽允如未允也。布云:中国如有难允之事,欲请商改,原在情理之中,但中国举动失当,致令本国碍难直让,是以商改约章本国有答应中国之事,俄国将来亦更有数语须向中国说明,请中国补还者。我深愿与贵爵往来,凡事亦愿相让,但我有为难之处,想贵爵必已洞见。曾侯曰:现在两国均有好意,贵国大皇帝已允许不强中国概行照准,总可商改几条,我想布大人所说为难之处自然甚少。总之商改约章,中国有让给俄国好处是中国所愿意者,但要布大人替我想想,莫坏各国通例,致他国借口援照耳。布云:我想约章内他国无可借口之事。曾侯曰:如松花江准许俄国行船至伯都讷,而不声明禁止轮船行走,将来他国轮船亦必要入中国内江、内河,岂不多出事来? 布云:中俄连界与他国不同,他国无所借口。曾侯曰:两国公管之处可称连界,至于独管之处,自应照内江、内河办理。布云:我回去即将贵爵向我所说一切情形告知格大人代奏,如本国大皇帝吩咐我话,我再来见贵爵。言毕起身而去。

九月初三日一点钟①

布策偕孟第来馆会晤,寒暄毕。

布云:我接到贵爵节略,其中有数条我不甚明白,所以今日来见贵爵,问明再行奏闻。曾侯曰:布大人如有不明白的事,可以问我。布云:中国只想向俄国有所取索,而不顾俄国有许多为难之处。即如去年所立约章,是两国全权大臣画过押的,而且边界事情从去年二月商议起,直至去年八月乃行画押,其间有六个月之久,中国何以不能斟酌妥当? 即使约章内有难允之事,当在画押以前声明,俄国不难相让,甚至画押以后,如有碍难允许之处,仍可密告俄国,必有通融办法。不意中国将约章交议,以致约章传播于外,无人不知。而中国又在边界地方添兵设防,颇有恫喝之势,一面派钦差大臣到俄改约。似此情形,俄国如遽然答应,不索补偿,人人

---

① 杨楷本无"一点钟"三字。

将谓俄国惧怕中国，所以将昔年所攻取于回人之地白白的送与中国了，所以现在本国势难答应。如欲俄国答应，必须以相抵之事补偿俄国。

曾侯曰：大凡商议条约，均候批准乃行。如以全权大臣画了押的就要照办，则何必更有批准之说。若说中国有半年斟酌的工夫，必已斟酌妥当，我从实告诉布大人，得知去年崇大人将去黑海画押之时，始将全约报知本国，而分界等事亦系临赴黑海之际，总理衙门有电报问出，崇大人乃答电曰"无可商议"云云。现在两国均有好意，以前之事可不必提。贵国大皇帝既说不强中国概允，足见慎固邦交之意。如俄国答应中国商改，此系俄国以礼义接待邻邦，人人必说是俄国美意，断不能说中国强令俄国允许。倘①允许中国一事，即要中国补偿，岂不是又添出事情来了？

布云：本国大皇帝若无此美意，我便不能同贵爵会晤。按本国大皇帝之意，原欲两面相让，即如本国割留伊犁西边及帖克斯川一带地方，非欲贪得中国土地，实缘该处时有变乱，不得不留此地以保疆圉，且以安置伊犁迁出之民。曾侯曰：中国既允赦免该处居民，该民何至更求迁出？纵偶有之，亦必不多。布云：本国收守伊犁十年之久，殊非容易。伊犁居民虽系暂归俄国管属，而俄国必当设法保护。闻中国克复乌鲁木齐、玛纳斯等处，杀人过多，并闻有业已投诚之人中国官许以不杀，而开城之后中国官仍失信而屠戮之者，似此残忍想非出于国家本心，其咎在乎带兵官不能约束兵勇，所以妄杀。现在中国虽允许赦免伊犁居民，而本国仍不放心者，职是故也。曾侯曰：中国官兵打仗时剿除凶类最为严切，及承

---

① 倘：杨楷本均作"傥"。

平之后则待民最为宽厚。西路地方百姓未遭回乱以前,无不安居乐业。百余年以来中国常从十八省地方提取银钱以供西路之用,是以该处百姓甚乐。刑轻赋简之政,为天下之所无也。玛纳斯之地只是彼此争战,杀伤多人,何可以"残忍"二字加之中国该处官员? 布云:据俄国有人目击,却不是争战杀伤。

曾侯云:此事无须辩论,就如俄国之意要割地安置迁民,则伊犁西边之地已尽够了。中国可以照原议界址将伊犁西边①割归俄国,仍议将帖克斯川一带地方归于中国。布云:伊犁西边地方亦是中国去年已经让给俄国之地,如中国以帖克斯川要紧,欲请俄国退还中国,俄国亦看视该处地方最重,势难遽让,必须为俄国想一地步,始可让还。

曾侯曰:我节略内布大人尚有何事不明,不妨问我,布大人有何意思,亦可写出送与我看。布云:贵爵节略内称塔尔巴哈台与喀什噶尔两处界址欲请两国派员勘定,若如所云,是将约内分界之条一概删去,本国势难允许。大凡两国定界,必在约内指明大致,然后派员设立界牌,如若派员勘定永无了期。曾侯曰:我未到过塔、喀等处,于该处界务不甚熟习,如仅据图遥定界址,恐有舛错。不如派员勘定,两国方不吃亏。布云:向来定界未有不据图说而定者,今贵爵必要派员勘定,不知何意? 曾侯曰:塔尔巴哈台旧界据我看来甚是妥当,喀什噶尔边界尚有阿古柏原界可据,今要我据图定界,又要中国割让许多地方,二三年后又说新界有几处不妥,须要另行定界,更要中国退让,我怕中国吃亏,所以不肯担此责成。布云:斋桑地界就不妥当,所以本国欲请改定。至于喀什噶尔地

---

① 杨楷本此处多"地方"二字。

方,贵爵称欲照阿古柏原界,查本国并未与阿古柏定界,惟本国有一提督所作之书我曾看过,按书内所指,阿古柏原界较去年所定界址有增无减,俄国更占便益矣。贵爵不欲在此定界,是怕担责成否?曾侯曰:定界之事,两国不必贪图些须地方,然总须有险要可守,或凭山脊,或凭河水,譬如两家居住总须有门户隔别。我未曾到过之地,恐怕有好好门户倒反拆卸①了。我怕将原已定妥之界倒改坏了,所以不敢在此写定地名。

布云:贵爵不能任此事,惟有到北京商办。曾侯曰:我实告诉布大人得知,中国看界务最重,商务于两国有益可以相让。至于界务,我在俄国不能答应的,布大人到北京,中国国家②亦不能答应,总要边界大员查明后方可商定。布云:如到北京亦不能办,俄国必须另想办法。现要问明贵爵究竟有定界之权否?曾侯曰:我原有定界之权,但是不肯自用此权,因为怕中国吃亏。凡言界务不妥,必系无山无河难于③保守之故。如俄国肯退在俄国之地寻一好山好河专为界务起见,我可以立时答应。如要中国让地于俄,我不能答应也。布笑云:曾侯只是能取而不能与,如何好办?

曾侯曰:塔尔巴哈台边界,贵国说哈萨克人时常过界,恐滋事端,格大人向崇大人说过,如中国肯收留哈萨克人,俄国情愿将其地让与中国,是让地之说俄国也曾说过也。总之若塔尔巴哈台能照旧界,或小有出入,使中国可以自守;喀什噶尔地界照阿古柏原界,或小有出入,亦使中国可以自守,我就能答应。但不可将原定山河之界改移平陆,有门之处改为无门,以致数年以后又要修改。

---

① 拆卸:朱克敬刻本原为"折卸"。
② 国家:杨楷本为"仍然"。
③ 杨楷本此处少"于"字。

布云：另派大臣商定界址，中国听信边界官之言，吩咐定界官丝毫不肯放让，俄国亦吩咐定界大臣不肯放让，此事何时可了？曾侯曰：中国既允派员勘定，即是相让之意，但不能格外吃亏。布云：若如所言，则约内就不提出定界了，本国势难答应。曾侯曰：如布大人答应中国不照去年所定的界，少吃些亏，我可以商量。

布云：贵爵节略内所说嘉峪关照天津办理，是准俄商交税后可到内地否？曾侯曰：原议嘉峪关照张家口，西安、汉中照通州，不过为俄商得三分减一之利，现议将嘉峪关改照天津，纳税后可以运货到内地，照各国总例一律办理，不必提出西安、汉中，致使中国添派官员，诸多费事，且恐有碍于各国通例。

布云：贵爵节略内说松花江行船，中国臣民不愿允许，我不明白。请问牛庄地方亦有通商轮船经过，是其常事，然则牛庄非东三省地方乎？曾侯曰：牛庄系海口，现归北洋大臣所管。松花江系东三省内地，松花江上游是中国皇家发祥之地，较他处内地更为紧要。布云：此层并非我要细问，系有俄国人问我，我自不能答复。请问贵爵何以说出皇家发祥之地一层？皇家发祥之地何以不愿通商？曾侯曰：中国十八省内地定有内江、内河不许轮船前往章程，我恐俄国言及东三省不在十八省之内，我所以说明皇家发祥一层，使俄人知该处较十八省更为紧要。布云：贵爵说可以不立专条，我不以为然。因为松花江行船时有阻难，所以立此专条以杜争端。贵爵又说伯都讷不准轮船前往，请问扬子江既准轮船往来，然则扬子江非内地乎？如松花江不准轮船前往，仅用篷船不能行使，实不方便，而且中国百姓在扬子江往来均用轮船，无不称便。曾侯曰：松花江上游是中国专管内地，恐百姓不欲轮船前往致滋事端。布云：凡事初起略难，久后便见惯了。曾侯曰：见惯亦须由渐而入，据布大人如此说，则系我所议之第三样办法可用了。布笑云：我说一句实在话，三样办法都不可用，且本国专管之黑龙江面及石尔嘎内河现有中国商人轮船一只，本国并不阻其往来，因为两国邻邦和好比他国更当亲近，本国既准中国轮船到本国专管内江、内河贸易，中国亦当准俄国轮船入中国松花江，方是礼尚往来、敦重睦谊之道。曾侯曰：混同江海口①虽系俄国独管之地，然中国船不经行该处何以能到上游，该处若有中国轮船来往，俄国不应禁止。至于黑龙江上游，我想必无中国轮船来往。布云：的确有之，我岂肯谎言？曾侯曰：贵国兵船在松花江下游者甚多，条约上只说行船而不指明说贸易船，中国人岂能不诧异乎？能不用轮船专用本地船更好，否则亦须载明贸易船。布云：我可以实告贵爵，承平无事之时，本国兵船绝不入中国松花江，如有兵端，何江不入？曾侯曰：请布大人想一办法，我所说的三样办法，布大人可以采择，若布大人另有办法，不妨说出。布云：据我看②来，专条仍要存留。曾侯曰：如专条不改，当加上"纳税"与"专用贸易船"字样。布云：此事不难商量，我想约章亦不要动，只加增数语周备而已。曾侯曰：我的意思也不过稍加更改，以求周备。

布云：贵爵所要更改的虽属无多，然俱是约中紧要之条，照此更改则全约几同乌有，本国断难应允。曾侯笑曰：自然总是要择要紧之条开出，若不要紧的都照外间议论全数开出，则所驳更多了。布云：中国看重的事，亦是本国所看重的，中国难让，本国更难让，所以我想出一通融办法，就是以相抵之事补偿俄国，方能商

---

① 混同江在历史上多有所指，此处所指应为黑龙江依次汇合松花江、乌苏里江后的下游一段河流而言，即俄国之阿穆尔河下游，故才有"海口"之说。
② 看：杨楷本作"说"。

量。曾侯曰：布大人所说相抵之事，系指何事而言？布云：我想补偿之事在于改定边界。曾侯曰：改定何处之界？布云：我不过想出此办法来，并未想出在何处改立界址，或者另有别项补偿之事亦可作抵，总之要给本国转圜地步方能相让。曾侯曰：等布大人想出来再说罢，总之不要在崇约之外另想出事来。我现在请布大人按贵国大皇帝吩咐的意思回答我的节略，不拘贵国有何意见，可开出来与我看。布云：先要告知格大人，然后奏明，再将本国之意告知贵爵。言毕而散。

九月初六日一点钟①

布策偕翻译官孟第来署会晤，寒暄毕。

布云：我头一次与贵爵会晤，贵爵同我所说的话我已电告格大人，现接格大人信，言甚为诧异，以贵爵所说的话，与上次所开六条无甚分别。原因六条无可商议，格大人当回复贵爵另派钦差赴京商办，嗣因贵爵见热大人面言中国给贵爵商议之权，深愿在此商办，并言中国有可相让之处，是以本国大皇帝令我折回同贵爵相商，不意贵爵向我所说之话并无相让之处，格大人所以诧异。曾侯曰：何以无甚分别？布云：所不同者不过伊犁西边之地而已。曾侯曰：此即中国最要紧者。现在并未闻贵国一语，格大人有何诧异？布云：如贵爵愿闻本国之意，我可言之，如中国欲改前约，须两国相让以为补偿，此意已向贵爵言之。按本国之意，原约照旧批准，如其中有中国请商改者，不妨另立续增之条，并载明中国以何项补偿本国。曾侯曰：中国原欲减少，如此说反添多了。布云：原

① 杨楷本无"一点钟"三字。

约难以更动。曾侯曰：何以不能更动？布云：第一系两大国所定之约；再者本国虽有美意，无如中国从前举动许多不合，使本国颇觉难堪，势难更改。曾侯曰：此约原未批准，即如塔尔巴哈台等处界约早经两国皇帝批准，而贵国尚要更改。上年之约，不过两国钦差画押未经批准，何以反不能改。再者中国改约虽有不合西洋公法，然非故意为之，盖与西洋交涉日浅之故。即如治崇罪一事，原系中国国家治中国臣子之罪，并无沾碍他国之意。后闻俄国不以为然，恐人误会中国之意，遂将崇释放，足见中国格外和好。布云：两国钦差如有办错之事，欲治其罪，本有自主之权。中国治崇钦差[①]罪，本国甚为可惜，然亦无甚关系，后闻释放，固属欣悦[②]，然于本国亦无甚相干。曾侯曰：除治崇之罪，此外无甚不合之处，约不批准西洋向有之事。布云：批准与否各国自有自主之权，惟中国既不批准而又不作罢论，定要更改前约，此实难事，是中国另出新样办法矣。邵参赞耳语曾侯云：此语颇合总理衙门本意，似可就布语请其径废前约。曾侯笑云：如此虽好，然布口说难凭，若我遽露缓索伊犁之意，彼窥我意向又将改计。

曾侯笑谓布曰：伊犁本中国地方，中国碍难舍弃，故不能不请商改前约。布云：固然。曾侯曰：中国难处即在此。布云：中国举动令本国有许多难处。曾侯曰：中国有何举动令贵国有难处？布云：我前已提过。曾侯曰：除治崇罪外，无他举动。布云：看中国之意，此三个月以来固与从前不同，当崇钦差[③]定约后到京即交部治罪，京中又复议论纷纷，一面调兵设防意似恫吓，如此殊非和

---

① 钦差：杨楷本作"大人"。
② 悦：杨楷本作"然"。
③ 钦差：杨楷本作"大人"。

好之意,是以俄国不能相让。中国释崇钦差①之罪于本国本无相关,惟中国办结各案略见中国好意。曾侯曰:中国有此好意,即望贵国按此意商办以前之事。布云:因中国有此好意,故本国大皇帝允许商办,召我回俄。若中国无此好意,本国岂肯允许商办?所以本国肯商改者,实不愿遽然直让,还要补偿。且贵爵初次所说之话,已有相让之意。曾侯曰:布大人要我相让者何事?布云:我上次已经说过,如本国准改前约地土之事,中国须另让地土补偿本国。曾侯曰:如要中国另让地方实难应允。布云:譬如本国将帖克斯川让与中国,中国须以相抵地方补偿本国。曾侯曰:伊犁地势贵国最为熟习,即如中国所让伊犁西边地方比帖克斯川为大,足可以相抵了。

布云:伊犁西边地方系去年已让本国者,现无可说。惟此次商议,中国之意以前约为未定,本国以前约为已定,彼此意见不合,故此刻有前约反不如无前约较易商办。曾侯曰:前次议约专为收还伊犁起见,贵国既允交还,固属美意,但不该更要补偿。贵国即要补偿,中国便将伊犁西边地方补偿贵国。要知道伊犁地方系贵国交还者,非贵国让给者。布云:此系两样看法,中国以约为未定,本国以约为本根。前因中国不能自守伊犁,故本国代收代守,平定地方费了许多心力,贵国并未见情。曾侯曰:此意前已说过,贵国代收代守兵费中国然允②。布云:原是,然尚有难处,如当时代收年余,中国如能按收,较易商办,但现在业已十年之久,年限愈久愈难商办。要紧者须意见相合方好商量,现在本国以前约为本

---

① 钦差:杨楷本作"大人"。
② 然允:杨楷本为"必然应允"。

根,中国以前约为未定,正是意见不合,势难商办。曾侯曰:中国原以前约未定,始派我来商改,其中有可应允者仍照旧应允。布云:如不以前约为准,难以商量。曾侯曰:将来商办妥协,莫非不定约乎?布云:按本国之意,前约照旧批准,所有商改之处另续几条。曾侯曰:如此太多曲折,甚不易查。然则我节略内所请商改之处须皆载入。布云:可以载入,但须将补偿本国之事一并开载。

曾侯曰:前此俄皇以释崇罪为喜,格大人亦甚喜,闻释崇之事,布大人说中国释崇罪与贵国无关,但也说各案办结深为中国好意,既是因好意,不强中国概允前约,何以要于前约之外添出事来。布云:然则本国所让者竟不算乎?曾侯曰:此即是相抵之意,两国均有好意,故中国将伊犁西边地方让出作抵。布云:中国视前约如乌有,本国以前约为本根,两国意见既然不合,何能商议?曾侯曰:前约未经批准,不能算数。布云:如此看法难以商量,殊为可惜。贵爵说中国让出伊犁西边地方,须知本国割留伊犁地方并非愿得中国土地,实因中国官办法不好,该处民人皆愿归附本国,本国势难拒而不纳,并非贪图土地。现在贵爵所言帖克斯川是中国阿克苏等处往来要路,中国既以为重,何以前钦差未经提及?然本国仍有好意商议让还,但不肯遽然让之。

曾侯曰:我奉国家吩咐,将前约难行之处请贵国商改。我与布大人节略内所开应改各条,是中国断难答应者。其可以勉强答应者,我已格外酌减相让。倘贵国在约外再增新条,我实不能答应。且我原请贵国退让,岂有再增之理。布云:如此是真无法商量。

曾侯曰:请布大人细想,中国岂有因前约吃亏不多而请改约要添吃些亏之理?自然是因吃亏过多不得不请改耳。布云:中国既以前约吃亏过多,当初何以不暗向本国说明,不伤本国体面,较易商改,如今彰明较著,人人晓得,是以难办。曾侯曰:有何彰明较著之处?布云:我已说过,不必再言。

曾侯曰:中国官员条陈事件与西洋新闻纸议论公事相同,在乎国家听不听,不在乎说不说。总之国家自有一定主意,不能听外人议论。布云:中国发兵购械,一切举动至今尚有痕迹。曾侯曰:发兵并无实据。若云购械,崇未出使以前即有此事。至于小件器械无日不购,若大件船械因欲改约之事而始购买,岂不迟乎?总之两国当自拿主意,不必听外人言语。布云:本国从来不听外人言语。曾侯曰:中国亦未曾听。

布云:我看现在情形仍①须令凯大人请总理衙门另改办法,俾知中国之意如何?我如今有句私话告知贵爵,上次格大人所给贵爵节略内有现在情形难堪,本国势难容其拖延之语。盖事情迟久更难商办,即如伊犁百姓屡欲归附本国而本国未允者,实因欲将伊犁交还中国。现在如不办妥,以后更难办了。曾侯曰:并非中国迟延,中国甚不愿意迟延。布云:我所说的系论事,并非论人。我必将贵爵今日所说之话电告格大人一一说明,惟甚可惜。曾侯曰:何谓可惜?布云:我愿同贵爵商办,而无法商办,是以可惜。曾侯曰:布大人并未将贵国之意与我说出一句,何云可惜。布云:中国之意欲将前约作为乌有,而本国之意欲将前约作为本根,彼此意见相差太远,何以商议?曾侯曰:中国非欲将前约作为乌有,但其中有不便者请贵国酌量商改,无如贵国欲将约内好处都算已得者,今中国所请商改之条本属无多,而贵国不肯相让,又要添出许多好

---

① 杨楷本此处少"仍"字。

处,我想无论何国当此皆答难应。布云：按本国之意,约内利益应算已得的,如中国请商改某条,须另说。

曾侯曰：两国既然和好,当彼此体谅,譬如贵国是中国,请问能批准此约否？布云：本国并非约外多所要求,但中国须为本国想出相让地步,本国方肯相让。曾侯曰：如不在约外,要相让地步可任布大人寻想,同我商量。布云：如在约内寻相让地步,则本国惟有退让而已,何以能行？曾侯曰：中国既不批准前约,只有求贵国退让,断无更许进取之理。布大人有何意思,不妨明说。

布云：本国退让原无不可,总须有相抵之事,比如本国将帖克斯川让与中国,中国须另将相当之地补偿本国。曾侯曰：如此是退还帖克斯川,而塔尔巴哈台与喀什噶尔边界可仍旧界否？布云：帖克斯川是要单说,不必牵连他事。曾侯曰：如此说法是布大人不愿与我商办,故出此难题目使我为难。布笑云：非也,非也,我深愿同贵爵商办,但须有商办地步方好。曾侯曰：我奉朝命前来,因原约有中国断难允许者,会同贵国商改,今并未商改而贵国反欲添出事来,如何好办？布云：中国只请本国退让此川,不知其中甚有为难之处。曾侯曰：我给布大人节略内,已将中国难允之条诚心说出,今贵国何事可以退让,何事断难应允,请布大人复我一信,以便报知本国。

布云：我现在并非同贵爵商议,不过询明中国是何意思,奏明本国大皇帝,如吩咐我复贵爵,我必复信。曾侯曰：约内可允之事我已说出,其难允者但使稍可通融,我已尽数相让,而贵国究竟何意请告知于我,以便报明本国。如于约外别有所求,我实不能商办,但我必报明本国。布云：本国退让则可,惟不能白让,须与本国转圜地步,方不伤本国体面。我想约外尚有不难应允之事,请贵国①寻思酌核。

曾侯曰:伊犁西边之地即是补偿。布云:本国之意不是如此。曾侯曰:贵国之意,我岂能猜之? 布云:贵爵想中国沿边②地方何处可让? 曾侯曰:我想自今以后,中国地土断无再让之事。布云:若如此说,则帖克斯川地方本国亦难退还,然按我自己之意,总要想法商办。曾侯曰:原议之约中国尚欲商改,今贵国又要添出,不但我不能办,虽本国亦不能办。布云:中国一味只要本国退让,而中国不让一事。曾侯曰:中国已经让了许多好处了。

布云:此系已定之约。曾侯曰:两国钦差画押之约,岂能与批准之约毫无分别? 布云:如欲商办,须将原约作为本根。曾侯曰:我所请商改之事并未离开前约。布云:中国总以前约内已得好处作为补偿,本国以此为已得之利益不能作抵,须另有补偿方可,不然难以商议。曾侯曰:此题太高,无从着手。布大人在中国多年,熟悉情形,须为③中国想一想方好。布云:此题亦本国所为难,然起初并不难,是中国自己作成难办之势,故以前之事至今痕迹未去。曾侯曰:去此痕迹全在布大人,如布大人与我商办妥协,痕迹自然去了。布云:若如此,则要本国一概全让矣。言毕而散。

九月十七日两点钟④

曾侯带翻译官庆常赴外部晤署外部大臣⑤热梅尼,寒暄毕。

① 国:杨楷本作"爵"。
② 沿边:杨楷本作"沿海"。
③ 为:朱克敬本此处无"为"字,按杨楷本增补。
④ 杨楷本无"两点钟"三个字。
⑤ 大臣:杨楷本作"尚书"。

热云：贵爵接有中国好信息否？曾侯曰：无甚紧要信息。热云：一月期限将满，必须中国有好办法吩咐贵爵，此事方有出路。曾侯曰：事情有无出路，权在贵国。我已将中国之意开出节略送与贵部大臣查阅，而贵国意思贵大臣并未向我说出一句来。热云：本国毫无定见，中国既不批准崇约，又请商改新约，应由中国设法补偿，本国方肯商量，本国实无定见。曾侯曰：贵国大皇帝既有不强中国概允之语，必可商改数条，如要另索补偿，岂不更添出事来。

热云：中国既难将去年之约批准，何不暗将其中原委陈明，则本国大皇帝不难相让。不意中国欲与本国作难，或传宣示谕，或添派防兵，举动诸多不善，逼得本国亦设防添兵，并派水师前往中国，所费卢布已一千二百万元。如事情延迟一日，则本国多一日之费。本国兵费愈多，将来中国吃亏愈重，不得不向贵爵直言。曾侯曰：中国起初办法或有不合西例，但以后办法一一俱显中国美意。中国派兵不过传闻，毫无实据。至于传宣示谕更无其事，必系外人愿意中俄失和所捏造的。中国与俄国相连者三处：一是西路地方，一是黑龙江地面，一是沿海地方。中国西路原有平定回乱之兵，并未阑入俄界一步，亦未增添新兵。黑龙江地面未曾添兵，亦未曾有调动兵勇之事。至于沿海地方，中国早已办理海防，不过自守，毫无他意。热大人所言贵国派水师一事，我曾闻之，但不知是为中国。今日热大人说明是为中国，我实在诧异。我想中国之举动不过谣传，毫无实据，贵国何以遽派水师，我实在不解。热云：中国购买枪炮火药无人不知，即不批准约章，亦显有不睦之意。曾侯曰：枪炮火药中国时常采办，非与贵国议约后始行购买。至于不批准一层，原系各国向有之事，未闻有因条约不批准遽派水师者。热云：寻常所定条约批准与否尚无妨碍，但去年所定之约关系两国疆土,事关重大,非寻常条约可比。而且中国又有不善之举动,本国不得不防。曾侯曰:两国既然相好,中国边界地方有兵弹压以免游民滋事,自是为平安边界起见,贵国亦有好处,岂有反怪中国之理?热笑云:中国边界有兵弹压固好,但不可因两国有兵致起衅端。曾侯曰:热大人所言甚是。我不能知俄国人意见如何,若论中国人意见,则因西北边界人民种类不一,甚愿俄国有强兵猛将镇守边疆,则两国均有好处。热云:此论极是。俄国人亦愿中国有劲兵镇守边界,但不愿中国猜疑俄国而设兵也。本国大皇帝实有好意,伊犁地方最为险要,情愿退还友国,但不愿让还仇敌之国。曾侯曰:中国实有和好之意,不过因去年所定约章有难行之处,中国臣民多不愿意,所以请贵国商改。

热云:去年条约,中国臣民有不愿意者,本国武官亦不愿还伊犁。即如去年商议交还之时,本国武官皆以此地险要,战守得力,不愿退还。本部以邦交为重,勉强允许交还,一面割留帖克斯川地方以固疆圉。今中国请还帖克斯川,当以相抵之地让与俄国作为补偿,不然无以对本国武官。曾侯曰:请问热大人,贵国究愿如何办理方为满意?热笑云:就是将原约照旧批准。曾侯曰:中国既请商改,而贵国大皇帝又有不强概允之语,必可商改几条。如中国争之一年,今忽仍旧批准,实无以对中国臣民,且西洋各国皆将讪笑中国,此是中国大难处,我今日不得不实告贵大臣也。热云:若如此就无法商议了。曾侯曰:两国大皇帝均有好意,总可商量。

热云:若按贵爵所开节略,是将前约要紧之条全行删去,其余小处俱算中国让俄国的,如此办法何以商量。我只候大皇帝吩咐而已。曾侯曰:热大人嫌我所开均系要紧之条,我自然选紧要之条开出。贵国大皇帝既有不强中国概允一语,可请热大人将贵国

意思亦开一节略送与我看,以便电奏本国。纵使热大人所开都系
不关紧要之条,亦无碍也。两国意思彼此相告,乃有商量。热云:
开节略不难,但恐拖延时日。如我开一节略,贵爵自己不能做主,
必须请示中国,如有回信来或不合本国之意,贵爵又须请示,往返
之间迟延数月,本国已用过一千二百万卢布预备水师,若再延数
月,必加至二千四百万了。曾侯曰:我并未延迟,我已将中国之意
说出,而布大人并未将贵国之意告知于我,直如未同我商量一样,
岂能算我迟延乎? 热云:我所说的是事情迟延,并未说贵爵有迟
延之处。曾侯曰:贵部因恐怕拖延,此时情愿缄默不言,连一次节
略亦不愿开,我心实不佩服。何妨先开一节略,再看我的办法何
如? 若我实有故意延缓之咎,贵国乃可怪我也。热笑云:本国同
中国办事向来肯耐功夫,但现在情形不同,因本国已动巨款派拨水
师,每日所费不赀,虽数日亦难拖延。若未动此巨款,尽可占据伊
犁地方以待合式的办法,如此虽十年之久,本国亦能耐之。

　　曾侯曰:中国深愿妥速办结,但贵国须知中国实有为难,当为
体谅。现在一月期限只差十一日就满限了,如贵国大皇帝有吩咐
来,必须宽予商议之期,不然岂能商议? 热云:限满以前中国须有
好办法吩咐贵爵。按本国大皇帝之意,俟限满时即饬海部尚书洛
索物斯基会同凯大人将大皇帝未了的话告知中国。曾侯曰:我想
两国相好二百余年,虽因公事偶有为难之处,贵国大皇帝断不至将
未了的话向中国说出。热云:本国不得不如此,别无办法。因为
本国所费甚巨,若再迟延,不如打仗合算。曾侯曰:中国最重邦
交,两国既因事势所逼,难以相让,我有一办法可使两国俱便,各无
伤损,但我不能遽然说出,须俟贵国大皇帝吩咐同我商量,我始能
说明。热云:如贵爵所想办法可将事情妥速办结,即请说出。曾

侯曰：我的办法就是热大人及布大人向我说过的。热云：我记不清楚是如何说过的。曾侯曰：布大人向我说过，中国既不批准前约，何不径将前约废弃，何必另派钦差商议新约。我比时答以伊犁系中国地方，若径废前约，不另立新约，不能收回伊犁。后见热大人时，热大人亦说要派凯署使询明中国，或按所请商改要紧之条另给补偿，或请将全约废弃。热云：不错，是我说过的。曾侯曰：我想两国现在如此为难，可照贵国之意将前约全行废弃，伊犁地方暂时仍不索取，以期两便而固邦交。至于通商利益如所请者，中国可以答应，仍可从容商议，此却是我的末了一句话了。

热云：若如贵爵所言将前约全行废弃，仍可和平商议通商之事，自然是一办法，但恐不说明伊犁地方归俄国管属，将来中国复索此地，岂不又有为难本国之意，务求结实办法，免得含糊。曾侯曰：若说伊犁径归俄国管属，无论中国国家断不肯出此言。即使国家吩咐我如此立言，我亦必上疏力诤，断不肯办一文书将该处地方送与俄国，使西洋各国笑我，中国后世人骂我。热云：如不说明永交俄国管属，则俄国猜疑仍不能释，且边界各事甚不好办。曾侯曰：我说一句直话，可以释贵国之疑，中国将来再索伊犁，如仍系两国友睦和平商议之时，中国以礼来索，贵国亦以礼相答。贵国自须想一公平办法，使俄国不至吃亏，乃肯交还。倘两国不幸有失和之事，中国以兵威来索地境①，则何地不可索，岂独伊犁乎？伊犁纵说明归贵国管属，中国兵强，即不能再索乎？我所以说此两层，请贵国不必因中国未说将伊犁永交俄国管属而有疑惑也。热云：我当将贵爵所说的话奏明大皇帝。曾侯曰：我有两件要紧事请热

---

① 地境：杨楷本作"土地"。

大人奏明,第一是不能给与照会声明中国不要伊犁,第二是通商之事务请贵国给中国容易答应的商量,免得有人说话,免得日后又有龃龉。热云:我必将贵爵所说一切奏明。言毕而散。

九月二十日两点钟①

布策偕孟第来署会晤,寒暄毕。

布云:我今日来见贵爵,问明贵爵的全权有无限制,自去年有崇大人之事,本国深不放心,诚恐再有舛错,所以欲知贵爵究竟有何权柄?曾侯曰:我的权柄与崇大人一样,但崇大人所答应者有不在吩咐之内的,并未请示遽然答应。我则不然,若国家未吩咐的,我却不能答应。布云:我第一次会晤时曾言,本国欲请补偿之意思,彼时贵爵答以此事不在吩咐之内,不能答应。曾侯曰:贵国凡事均要补偿,我自然不能答应。布云:本国不知贵爵有无全权,所以饬凯署使向总理衙门询明,昨已接到凯署使电信了。曾侯曰:如何说法?布云:总理衙门已照会凯署使,言贵爵受有国家吩咐,并有商议之权,谅在期内可以办结。并言如遇为难之事,可以由电请示。

曾侯曰:贵国大皇帝给限一月,原说询明中国意见,一月限期本已甚促,而刻下又已空过二十余日,所余只七八天,何能商议事务?所谓一月期限,不过贵国欲看中国意思如何②,并非在限内办结之意。且我之不能商议,并非中国未授我以权,实系贵国未同我商议也。布云:本国大皇帝之意总在一月限内定妥,我想贵爵如早为请示,期内当可办妥。曾侯曰:即或按照贵国皇帝之意,亦当以商议之日起算，无如布大人并未与我商议。

布云：贵爵今日之言与前大不相同，我实在不解。曾侯曰：现在事情已换样子，布大人尚不知乎？请问近日到外部否？布云：无日不往。曾侯曰：然则热大人未曾相告乎？布云：莫非就是贵爵与热大人所说之话否？曾侯曰：正是。布云：我有许多不明白之处，贵爵说我并未与贵爵商议，然则上次所言补偿之法非即本国之意乎？且前定之约既系中国要改，自然中国须先开口，况贵爵先开的节略不过手折，并非公文。曾侯曰：贵国既称欲在约外索补偿，我自然不能答应。布云：总理衙门既准请示，想补偿一节，贵爵必已请示过了。

曾侯曰：刻下情形与前不同，中国吩咐我的有两样办法：一是伊犁全境交还，一是不全交还。按第一办法，贵国于中国所请商改之处辄索补偿，实在无法办理。前在外部会晤时，热大人亦云必须补偿，方能商办，且云限满时事情若无办法，即令海部尚书将贵国大皇帝末了的话告知中国。我想两国邦交最为要紧，今因伊犁一事彼此生出许多为难，深为可惜。查去年之约，原系以商务抵换伊犁，固属贵国美意，现在中国势难受此美意，且恐有伤邦交，是以按照热大人与布大人所言废约之语，请将前约作为罢论。中国一时不索伊犁，而旧约通商之事有俄觉不便而中国可允商改之处，仍可商议，此系顾全和好使两国皆不为难也。

布云：贵爵今日所言与上次见热大人时所说的不同，彼时热大人提及补偿一事，贵爵答以须俟一月期限满了方可去问中国。曾侯曰：我何曾如此立言，只是直言约外补偿一事，中国必不能答应而已。而且请示与否，我何必向外部言之。布云：若如此说，是与总署照会凯大人所称请示之语不相符了。曾侯曰：贵国意见究竟如何并未向我说出,直与未经商议无异,我有何事须要请示乎?布云:我从前所说补偿一事,即是本国之意。曾侯曰:国家吩咐我的两样办法,既闻热大人与布大人所言补偿之意,即知第一办法不行,所以用第二办法。中国设两办法之意,原因一国立定主意,恐邻邦难以相商,故有两层办法,为贵国容易答应也。今中国仅说要帖克斯川一条,贵国已要补偿,如此我何能办事?

布云:我上次业经起程,适贵爵到外部言中国已给商议之权,请本国饬我折回在俄国商办,是以本国大皇帝令我回来,原期一切事件均可办妥,不意本国甫提补偿一事,而贵爵即不答应,不知全权何在?曾侯曰:我本有权商议,缘中国吩咐我的办法有二:第一是索还伊犁全境;第二是缓索伊犁,径废崇大人所订之约。今贵国谓凡事商改一条皆要补偿,即是不肯商改,所以不能照第一办法了。况中国虽暂时不索伊犁,仍愿商议通商之事,我的全权即可商议商务。

布云:贵爵既言补偿一事不在吩咐之内,何不请示?曾侯曰:有疑惑之事则须请示,并无疑惑何必请示?即如索伊犁即要补偿,则缓索而已,何用请示?布云:上次贵爵给我的节略是决定不改之意乎?若是则何须商议。曾侯曰:我节略内所开的是中国一定的意见,请问外部已奏明贵国皇帝否?布云:然。曾侯曰:起初与布大人会晤时,只询明中国之意,与我商议与否,竟不得知。今贵国已接到凯署使电信,布大人与我商议与否仍是不可得知。布云:贵爵既说本国尚未商议,何以遽然改了主意?曾侯曰:改主意非我一人私见,前因布大人与热大人俱言何不废约,而热大人愈说愈紧,并言如不答应补偿则说末了之话,处于无法,不得不如此。布云：废约之话我并未直问①。曾侯曰：布大人说此话时，我曾答以中国爱惜伊犁，布大人尚笑而谓然，何以不记？布云：我并未直说，我只说如此改动直与废约无异。曾侯曰：次日热大人亦云将令凯大人问明中国或于约外议给补偿，否则径废前约。我昨日在外部提及此话，热大人认说是他曾说过的。布云：热大人之意不过俟在俄不能商议，再派凯大人向总署问明。

曾侯曰：贵国既要补偿，已算不能商议了。布云：贵爵并未问明本国如何补偿，遽然以为不能商议，我实不解。曾侯曰：我已将中国答应贵国之事详细说明，而贵国答应中国之事并未说出。在中国之意已无可加，总之第一办法不行，则用第二办法。今既将第二办法说出，不能复用第一办法。倘贵国必愿交还伊犁，须另商议。布云：中国第一办法竟不能改动乎？曾侯曰：是不能改。布云：贵爵今日所言与前言不相连接，本国只要补偿，并未说不答应的话，何以遽改办法？曾侯曰：贵国要补偿就算是不答应的话，中国于第一办法既不能行，则不能不用第二办法。布云：若如此，不得谓之商议，说出一句话来始终不改。曾侯曰：我之生性如此，比如买物件太贵，宁可不买，不欲还价。

布云：如此是将前约全行废弃，只提出数条可允者来同我说，与从前贵爵所言不过略改数条之语，前后不符。曾侯曰：要补偿只有废约，闻热大人云当议交伊犁时，贵国武官以为地势险要不愿交还，今索补偿欲使武官满意。我想欲满武官之意，则补偿必大，中国办不到，不如不办。布云：当时本国兵部诚有此意，然贵爵并未闻所谓补偿者究系何物，辄云不行，何也？曾侯曰：凡在约外要

---

① 问：杨楷本作"说"。

补偿,我不能向中国说之。即所索之事,不似占据帖克斯川之关系紧要,亦不能行,何况未必有便益让中国乎?布云:若如此,则凯大人接总署照会所称可以请示之语归于无用矣。

　　曾侯曰:补偿一节,我既知不行,可以不必请示。虽然无论伊犁交还与否,中国既重邦交,尚可商议通商可允之事。俟商议有为难之处,再行请示。总署所称请示,专指废约以后而言。布云:本国亦甚为难,因有前约之故。曾侯曰:前约议还伊犁固是俄国好意,今此好意中国不能受之,恐碍两国和好,不得不如此。布云:然则中国所请三月期限是何意思?曾侯曰:此是中国好意,如有余事可以商议,非定为商议前约而言。布云:我要问明贵爵补偿一事已请示否?曾侯曰:我不必请示。言毕而散。

卷　二

庚辰九月二十四日两点钟①

　　曾侯带翻译官庆常赴外部晤署外部大臣②热梅尼，布策、孟第亦在座，寒暄毕。

　　热云：我尚未接到本国皇帝旨意，想必有公文寄来以便详细说明，所以未用电报，大约四五日内必可接到。曾侯曰：再过四五日，一个月的期限就满了。热云：不错，我只候皇帝吩咐，但不知贵爵尚另有话说否？曾侯曰：本国所吩咐的，我全说完了，无可再加。热云：总望有好办法方好。曾侯曰：所有好办法我皆言过了。布云：大凡两国商议事件，原当彼此退让，方能有成。曾侯曰：中国能答应的事，我已尽数相让了。

　　热云：中国现在仍然备兵，本国与中国连界，不知中国意思如何，本国不得不防备，似此情形，于两国均有伤损。曾侯曰：我从实告热大人，中国备兵设防断无中止之理，原系自守，并非猜疑贵国，所以不能停止。且中国所设者多系海防，中国海防修妥与贵国不无裨益。中国深愿与贵国和好，贵国不必猜疑中国。热云：中国备兵设防原系自主之权，至中国办理海防拒敌别国，本国无话可

---

① 杨楷本此处无"庚辰"、"两点钟"五字。
② 大臣：杨楷本作"尚书"。

说,但不愿中国拒敌本国。曾侯曰:中国办海防而专言拒敌贵国,此不必辩论,而贵国可知其必不然也。至中俄两国虽曰连界,其间所隔瀚海沙漠较远,隔海洋者尤为险阻,更可勿庸疑惧。热云:自然,但本国不得不防范。曾侯曰:大凡两大国连界,虽此国不愿彼国恃强无礼,而亦不愿彼国势弱无能。热云:贵爵所言有理。

曾侯曰:中俄两国与别国不同,一则边界如此绵长,二则和好如此久远,三则唇齿之交,俨若兄弟,所以不当以公事意见稍有不合遂不顾邦交也。热云:自然如此,但中国总不肯多答应本国通商之事。中俄两国连界,虽欲不往来亦势所不能,而况通商一事实联络邦交之策也。曾侯曰:中国国家深知通商一事与两国互有裨益,但中国与各国往来年浅,不能深晓通商裨益者亦不乏人。所以别国所请通商之事,中国亦不能轻索①答应,非专不答应贵国而已。中国待贵国向来最厚,事无窒碍,势可答应的必肯渐渐允准,但请贵国不要催逼过紧,致使中国为难。布云:中俄连界,中国待本国自然要格外从优,但各国所得好处俄国尚有未沾者,即如中国通商口岸,各国俱准设领事官,而俄国与中国陆路通商各处,中国从前总不肯答应俄国设立领事,待至去年定约始准设立。

曾侯曰:按旧约伊、塔、喀三处,已准贵国均可设领事官,现在中国又答应与贵国商量通商诸务,中国可允之事,如嘉峪关通商一层,若能议一章程,于俄国有益而中国亦不吃亏,则该处仍可议及。添设领事一层,其嘉峪关领事章程,拟照天津办理。至其地境,则在中国内地,非边界地方可比,然则塔、喀等处领事与沿海各口无异,而嘉峪关在中国内地,则直与汉口等处相同矣。布云:我想设

---

① 索:杨楷本作"易"字。

立领事不难商量。曾侯曰：若于中国实在有益之事，不怕中国不肯答应，但不要过急。

热云：中国既然通晓其理，不妨渐渐推广，我看贵爵节略内分界事宜请两国派员就地勘定，我想此事仍可商量照办。本国所愿者不过有好边界可以自守，所以就地勘定自然妥当。曾侯曰：两国原定旧界，中国不愿改动，至喀什噶尔地方之西有葱岭一段向无中俄议定之界，自然要派员勘定。热云：如伊犁地方归本国管属，本国足以保安边疆，则不索地补偿。倘中国索还帖克斯川，本国必要补偿之地以保边疆。曾侯曰：热大人接到贵国大皇帝吩咐时，请告知于我。热云：我必告知贵爵。言毕而散。

九月二十九日一点钟[1]

曾侯带同参赞邵大人[2]、翻译官庆常、桂荣至外部见署外部尚书热梅尼、驻京钦差[3]布策，寒暄毕。

热云：前数日本国皇上专候中国办法，而中国并无办法。如今本国欲将商改条约办法告知贵爵，现在吩咐总办梅尼阔甫由里发邸亚带信前来，本国皇帝因前定一月限期已满，而一切应办事件尚无头绪，现拟再展限两个月，以便彼此商酌，贵爵一面将一切办法请示贵国。曾侯曰：贵国到底还中国伊犁否？热云：固然要还，但有还的办法。曾侯曰：有何办法，今日可说否？热云：现在梅总办尚未来到，一切办法还不能说，俟礼拜三梅总办到后，礼拜五可请贵爵到本署告知一切。本国总望两国交涉事件商定妥实，方于

---

① 杨楷本无"一点钟"三字。
② 邵大人：杨楷本作"邵友濂"。
③ 驻京钦差：杨楷本作"驻华公使"。

两国均有益处。如今展限一事可请贵爵电报贵国。曾侯曰：从前中国给凯署使照会，原请①展限三个月，以便商办，而贵国只答应展限一个月，为看中国意思。如今又展限两个月，是与本国原请②限期仍是一样，请问两个月限内可以商定否？热云：商定事件原不能由本国一边作主，总须两国和衷商办。曾侯曰：在中国无论期限多少，均是一样，总要商定妥协。倘两月限内不能办结，勿谓中国耽延之故。热云：所以耽延时日者，皆因中俄两国相隔甚远，往来信件迟滞之故，并且如今本国皇上又在里发邸亚居住，所以请示一切亦需③耽延时日。曾侯曰：中国一切办法业已全行吩咐我了，倘贵国所请之事不在本国吩咐之内，我亦无须再行请示。

热云：请问由俄国至中国往来电信可用多少日子？曾侯曰：未封河时往来电信约需两三个礼拜，封河时必需一个月。热云：如此限内可以商定。曾侯曰：虽有两月限期，然电报往返一次即需一月有余。热云：所有一切办法统归一次电知，亦无不可。曾侯曰：如此甚好，只要贵大臣将贵国意思一总告知于我，我可一并电报本国。热云：自然全要告知贵爵，至于答应与否，在中国自己酌量。曾侯曰：请问贵大臣展限两月，自何日算起？热云：今日既系一月限满之日，自可从今日算起。曾侯曰：贵大臣今日尚有应说之话否？热云：今日并无应说之话，可俟梅总办到后礼拜五日告知贵爵。邵大人④曰：既如此，即可于礼拜五日到贵部听信。热云：总看梅总办到日早晚，如早到，礼拜四即可有信。邵大人⑤曰：

---

① 请：杨楷本作"欲"字。
② 请：杨楷本作"说"字。
③ 需：朱克敬本为"须"，现改为通行用法。
④ 杨楷本此处无"大人"二字。
⑤ 杨楷本此处无"大人"二字。

贵国皇上何日可回京都？热云：大约在本国十一月中旬可回京都。言毕而散。

十月初三日午正[①]

布策来署会晤,寒暄毕。

布云：昨日热大人有信致贵爵,请于今日一点钟赴外部会晤,不意昨晚接到里发邸亚电报,内云本国大皇帝另有旨意专差赍来,约于礼拜一日可到。今日热大人尚不能将本国所拟办法告知贵爵也。曾侯曰：请问布大人,今日我仍须到外部否？布云：热大人今日既无话可说,请贵爵不必前往,俟本国大皇帝旨意到后,热大人必有信通知贵爵。曾侯曰：只要其时热大人与布大人能将贵国意思全行说出,我可以安心等候。布云：本国意思必定全要告知贵爵。曾侯曰：从前限一个月系贵国意思,而一月之内布大人无一句确实言语告知于我,现在贵国又欲展限两月,以便商议。在中国固愿妥速商办,不欲过此期限,第恐贵国将来仍有以限期为不足而复欲展限之时。布云：两国商议事件,彼此各有意见,本国岂能自专？所以不怕展限,只要商办妥协而已。

曾侯曰：若论中国意思总是一定的,我已向布大人说过了,中国虽愿相让,而有限制,不能过之。譬如甲乙二人同在室中,甲固愿退让,但既退至墙根,岂能再退乎？布云：本国商办此事亦有一定主意,而退让之间亦有界限,不能逾越,虽如此说,总望有好办法,方能商定。曾侯曰：我实告布大人说中国办法只有两端：一是贵国全还伊犁使中国能以保守,则通商好处凡可勉强答应者,中国

---

① 杨楷本无"午正"二字。

情愿相让,其万难答应者仍然不能允许;一是贵国虽似愿还伊犁而格外要求,使中国为难,以致中国得不偿失,则中国惟有缓索伊犁、废弃前约而已。虽然如此,仍愿略许通商好处以固邦交。但贵国既不交还伊犁,则此等通商好处应由中国自行酌给,断不能似交还伊犁所许好处之多也。布云:贵爵所言办法似有决定不改之意,我不以为然。因贵爵到本国时,本国原可告以前约废弃不能再议,但本国念切邦交,未肯如此立言,是本国既愿和平商办,中国亦须相让,岂有决定不改之理? 曾侯曰:中国原嫌前约吃亏过多,所以欲请①商改以便酌减,倘贵国于约外多所要求,犹如不愿同我商量。布云:我想如有办法,总是约外之事。今贵爵决定不肯答应,即无办法了。

曾侯曰:上次热大人对我说一月期限满了,中国若无办法,贵国即饬海部尚书洛索物斯基会同凯大人将贵国末了的话告知中国,我想两国邦交最为紧要,既因改约索地,贵国外部说出不睦之言,中国情愿退让,将前约废弃,缓索伊犁,此系中国保全和好起见。布云:热大人之意非决定要派海部尚书说末了的话,不过说如终不能在俄商办,然后派人在北京办理。曾侯曰:外部言明一月期满即须说末了之话,此言既出于外部,我不能置若罔闻,所以想出废约办法,以免两国失和。布云:热大人所说的未有如此吃重。

曾侯曰:贵国所派水师,布大人未曾向我提及,而此项兵船本有去年崇大人未动身以前即已发往者,我所以未曾过问,乃热大人上次向我明说贵国所派水师已用过一千二百万卢布,且言此费将来欲向中国索还。我想外部既有不睦之语,而中国不愿失和,惟有

---

① 欲请:杨楷本作“更欲”。

废弃前约,缓索伊犁,则贵国可免为难,虽欲说末了的话,无所借口矣。布云:热大人的话系连前后而言。查贵爵初次所开节略,本国断难答应。而本国以邦交为重未肯推托不议,且去年所定之约,中国既不批准,如欲再行商议,须在北京办理,以免舛错。所以本国大皇帝派我前往,嗣于起程后,贵爵赴外部告知中国国家已授以商议之权,请在俄国商办。是以本国大皇帝再表美意,召我折回,询明中国意思,无如贵爵给我所开节略内只有一处与初次节略不同,其余各条仍然未改,而贵爵屡言约外要求决意不肯答应,故此热大人向贵爵说出既无办法须另派海部尚书在北京办理,其实热大人并无胁制之意。曾侯曰:热大人亦①说贵国所费甚巨,若再迟延不如打仗合算。我想中国系一大国,闻此恫吓之言,不能再相让了。布云:热大人所言原无恫吓之意,至所谓迟延不如打仗一语尚属有因,盖中国既备兵设防,本国不得不作准备,所以需款甚巨。若再迟延所费愈多,诚不如打仗合算,但此言专指费用也。曾侯曰:中国不愿有打仗之事,倘不幸而有此事,中国百姓未必不愿与俄一战。中国人坚忍耐劳,纵使一战未必取胜,然中国地方最大,虽十数年亦能支持,想贵国不能无损。布云:贵爵所言甚是。我想打仗无论胜负,两败俱伤,而且中俄系两大国,和好二百余年,若遽然失和,无以对两国百姓。曾侯曰:中国之难处不在百姓,而在国家。盖百姓并不甚愿与贵国往来,惟赖国家慎固邦交,弹压百姓,所以中外相安无事。若贵国举动使中国百姓群启猜疑之意,则以后诸事更难办了。

布云:我在中国多年,伊犁一事商议最久,我想彼时最易商

① 亦:杨楷本作"所"。

办，无如中国似有猜忌之心，不肯推诚相信，所以本国不得不存意见。即至去年定约后，中国由猜忌而生气愤，以致派兵设防，显有不睦之意，甚至中国连不批准缘由，亦不向凯大人说出一句来。我想中国若将一切原委诚心说出，密请本国商改，本国断无推托之理。曾侯曰：无论中国去年所办并无错处，即使布大人以为中国去年不合西洋成例，要我认错。我如今设一比喻，譬如一张白纸已涂了墨，现在中国已另换一张纸写字，何必定要洗刷前纸？且现在中国允许好处甚多，即系表明和好之意，若无以前情形，中国尽可不动声色，待逾过批准之期，则原约即可照例作为废纸，何须让给许多好处？布云：若如此说，从前本国原可一面废约，一面占据伊犁，不必同中国商议。但此事关系两国颜面，所以允为商办。曾侯曰：我所请废前约、缓索伊犁，正是保全两国颜面。热大人既云贵国为难之处皆因武官不愿交还伊犁，所以中国情愿缓索以免贵国为难，以示中国相让之意。盖贵国既据伊犁地方，则人人必谓贵国无所伤损。如贵国交还伊犁，中国虽有受地之名，而暗中或有吃亏之处，亦无人知晓，而在贵国总不伤损。倘中国吃亏过多，虽收伊犁，得不偿失，则情愿缓索。第贵国不交伊犁，虽于贵国无损，然两国往来不免有猜忌之心，所许通商好处即使照约开办，亦系有名无实耳。布云：本国深愿和平商办，毫无勉强中国之意。

曾侯曰：伊犁一事系贵国大皇帝作主，想热大人奉到旨意必开出节略送与我看。至通商之事，外部必靠布大人办理，无如布大人于通商之事某条可以答应，从未向我说过一句。布云：我前数次同贵爵会晤，不过询明中国意思，其通商之事俟商议之时方能说出。

曾侯曰：伊犁一事须俟热大人明将俄国真意告我，乃能商议妥协。通商之事,我有两句话先要向布大人说明:第一嘉峪关通商一条,如两国和平议事,我将来仍可答应,惟贵国不可使中国为难,又不可败坏各国总例。第二松花江行船,据我看仍以径废专条为是。按现在情形商议该条,实非好机会也。如必须立一专条,我总不能允照崇约,既不能如中国之意,亦难满俄国之心,不如径废该条之为愈也。布云:贵爵所言时欲本国显出好意,然中国亦当相让,方可商议。曾侯曰:中国可让者,我不难冲口说出,断不为先争后让之术,其不能让者,无论贵国有若干兵船,中国定不答应。布云:贵爵屡言兵船,我当说明本国之意系主于和平商办,毫无胁制之心。即如去年所定之约,原系两相情愿,本国并未勉强。现在商议亦是如此,本国亦未曾说出决定不改之话。至本国所派水师皆因中国先行派兵设防之故,若中国无此举动,本国岂肯遽派水师耶?

曾侯曰:我有四句要紧之话当向布大人说明:一、贵国如全还伊犁,则前约所载通商好处至今未答应者仍可酌让一二,其断难答应者中国仍不允许。二、如贵国虽云交还伊犁而于约外多所要求,则中国情愿废弃前约、缓索伊犁,其通商好处当由中国酌量允许,贵国不可要求。三、嘉峪关通商一事,不可坏各国总例。四、松花江行船一事,仍请径废专条。布云:嘉峪关通商一事,请贵爵再说一遍。曾侯曰:我所说的即是将嘉峪关比照天津,不必再议西安、汉中直达汉口之路。俄商自俄国运货到嘉峪关,已属远路奔驰,不堪其累,必愿图三分减一之利在嘉峪关将货销售。如此办理,实于俄商大有好处,较之里发邸亚所定条约,俄商更为合算。中国办事之人亦明知此次所议较之去年所订更为大便俄商,所以要如此议,系不愿坏各国通商总例故也。既不坏总例,而俄商又不吃亏,此系两全之办法也。布云:贵爵所言甚属有理。曾侯曰:我先将中国之意说出,则贵国不至强中国以所难。我想贵国全无难处,因①伊犁交还与否,中国皆愿商议通商之事,不过交还伊犁贵国所得好处稍多,若不交伊犁则所得好处较少而已。布云:本国原无办法,惟贵爵既愿闻本国之意,本国可以说出,俟奉到本国皇帝旨意,热大人必定告知贵爵也。言毕而散。

十月初八日一点钟②

曾侯偕参赞官邵、刘,翻译官庆常赴外部与署大臣③热梅尼会晤,布策、梅尼阔甫、布罗塞、孟第俱在座,寒暄毕。

热云:我所送照会、节略各一件,贵爵已接到否?曾侯曰:前日晚间接到的。热云:请问贵爵有何意见告知于我?以便奏明本国大皇帝。曾侯曰:贵部的节略是前日晚间收到的,且须译出汉文,我尚不能细说,今日只能将要紧意思大略言之。我所未明白者,先一问之。查此节略内开各条,我虽仅阅大概,然已见贵国大皇帝实有真心和好之意,本爵不胜钦佩。热云:本国大皇帝深愿与中国永久和好,所以中国为难之处无不体谅。

曾侯曰:查崇约系言归还伊犁,除去帖克斯川一带及伊犁西边,今贵国大皇帝既有好意允将帖克斯川退还中国,是否交还伊犁全境?热云:本国大皇帝所允者,系仅指帖克斯川一带地方而言,至伊犁西边之地仍归本国,以便安置迁出之民,此地不甚宽大,不过一条窄地而已。曾侯曰:贵国大皇帝既有美意,何不连伊犁西边一条窄地一并交还中国?热云:此事本国断难答应,因前约割

---

① 因:杨楷本作"无论"。
② 杨楷本无"一点钟"三字。
③ 大臣:杨楷本作"外部尚书"。

留此地原系为安置迁民起见，倘若交还中国则该民无置身之地矣。

布云：此事本国断难再让，况且贵爵奉旨挽回本大臣在俄议事，于本大臣八月杪晤谈之时，已有将伊犁西边仍让本国安置迁民之意。

曾侯曰：我并非欲悔前言，实缘贵国如此好意，若肯将伊犁西边之地全行交还，愈显贵国美意。热云：本国断难答应。

曾侯曰：请问贵国既据本爵八月杪与布大臣会晤之言定意，何以贵大臣此次节略内又有伊犁与塔、喀两境一同定界之说？伊犁另须定界，我所以甚感贵国大皇帝美意，或者伊犁西边仍可让与中国也。热云：照原约伊犁西边及帖克斯川应归本国，今本国大皇帝允将帖克斯川退还中国，仍留伊犁西边之地，则所请伊犁分界系指帖克斯川西边而言，至伊犁西边之界仍照原约所定界址办理。

曾侯曰：帖克斯川西边原有明将军所定旧界可循，何必再行勘定？热云：原定旧界不甚妥当，亦未经两国大臣前往履勘，所以中国欲请派员查勘酌议更改，以期彼此有益。曾侯曰：此事关系甚重，必须预为言明，以免中国又有吃亏之处。热云：贵爵节略内有帖克斯川及莫萨尔山口要路请还中国之话，今本国既允还帖克斯川，即将莫萨尔山口包含在内，请贵爵不必疑虑。曾侯曰：伊犁分界一事若不预先说明，将来分界之时，倘贵国将山口迤西之地全行割去，则逼近中国要路，中国虽得此山口亦难保守，而乌宗岛一山左近之地亦甚危险。热云：本国之意系将帖克斯川全还中国，惟川西之界似有不妥之处，所以请两国各派官员前往勘定。曾侯曰：从前所定伊犁边界原为易于保守起见，所以顺山岭险要之地分定界址。其实中国已有让给俄国之地，贵国非不知也。如贵国欲请再勘帖克斯川西边之界，当照明将军旧界办理，于专条内声明，以免误会。布云：应添上倘有不便之处，即由分界大臣商议酌改一

语。曾侯曰：我的意思系云，虽小有商改，却须依据旧界。布大人
系云，虽依据旧界，然如小有不便之处商议酌改，与我之意无大分
别。热云：本国之意非欲多占地方，实缘边界紧要，务期妥定界
址，若声明大致按照旧界，倘有不妥之处，稍加更改原无不可。曾
侯曰：热大人既云肯照旧界，则此事可算说明矣。热云：然。

曾侯曰：按贵国节略第一条请将原约照旧批准，第二条请另
立专条将贵国所允中国商改者载于专条之内，此事虽颇嫌烦琐，查
约之时甚费校对，又不在中国国家吩咐之内，但贵既以顾全俄国
颜面为言，我可以求中国勉强答应。热云：甚好。

曾侯曰：我从前节略内请派大臣勘定喀什噶尔及塔尔巴哈台
交界，系按照中俄旧界而言，今贵国节略内所请勘分塔、喀两处之
界是否照旧界办理？热云：系照里发邸亚条约所定界址办理，我
想崇约所定之界与从前旧界无甚出入。曾侯曰：出入甚大，即如
前约割去塔尔巴哈台之地，虽非十分险要，然其大几与帖克斯川相
等，中国岂能答应？而喀什噶尔地方亦有旧界可据，查明将军所定
旧界系顺天山直到葱岭，乃前约竟将苏约克山口归于俄国，既改从
前旧界又割去中国地方，中国岂肯答应？热云：塔尔巴哈台旧界
本有不妥之处，所以前约酌加更改。至喀什噶尔地方，本无定界，
所以去年始行商定。前约既将塔、喀两界商议妥协，本国仍照前约
办理。曾侯曰：喀什噶尔之界只有西边一段未经定明，其迤南迤
西直到葱岭均有旧界，岂可轻易更张？布云：按俄文系顺天山到
浩罕界，并无葱岭之名，而且旧界亦不甚详细，不过言其大概而已。
热云：请问贵爵，喀什噶尔界定到何处，请将地名说出。曾侯曰：
大地名是葱岭，小地名不知其详，总是在苏约克山口极西之处。热
云：塔、喀两处分界不能不照崇约办理。曾侯曰：塔尔巴哈台所割

之地甚大,喀什噶尔所割之地虽不如塔尔巴哈台割取之多,然而极关紧要,中国两处吃亏,中国国家未吩咐我答应,此二条关系重大,尚须请示。热云:可请贵爵将本国节略全行奏明贵国大皇帝,而本国亦一面令凯大人知照总署。

　　曾侯曰:松花江一事,贵国节略内虽有愿意商办之语,然似属含糊,请问热大人究竟如何办理? 热云:此系本国相让之意,但此事尚须商量。曾侯曰:去年商议松花江行船准到伯都讷,而布大人犹谓俄国让中国了,今热大人又云相让,不知又如何让法? 热云:此事须彼此商议。曾侯曰:我想专条可以径废,俟两国平安无事之时再行商议。布云:如若废此专条,请问旧约中国如何照办? 曾侯曰:此事最为要紧,于商议之成否大有关系,不如废此专条,岂不两便? 布云:废专条之说,本国断不答应,不得已只可彼此退让,俄船暂不至伯都讷,贵国亦不可阻止俄船入境。曾侯曰:此系用我之第二条办法了。布云:贵爵所拟三条办法,我不甚记得,请贵爵再说一遍。曾侯曰:我所拟办法有三:第一系径废专条,不必另行商议。第二系两国相让酌定界限,不必到伯都讷。第三准到伯都讷,不许轮船前往。热云:何以不准轮船前往? 曾侯曰:松花江系中国内地,若准俄国轮船前往,将来别国亦请在中国内江、内河行驶轮船,中国所以不肯答应。布云:松花江口外系中俄两国所属黑龙江地面,如中国准俄国轮船入松花江,原系邻国优待之意,别国无与中国连界者,岂能援本国之例乎? 曾侯笑曰:布大人既如此说,将来别国有请援照者,可请布大人与之辩论。热、布等俱笑[①]。

　　曾侯曰:按前约之外有两专条,一系交还代守之费及补恤俄民

① 热、布等俱笑:朱克敬刻本原为小字。

之事,一系松花江行船之事。现在前约既议批准,而将商改之事另立专条,可将代守之费及补恤等款立一专条,其松花江专条改为商改约章专条,如此办理仍系一分约章两分专条,热大人以为何如?热云:若废松花江专条,应将行船之事写在商改约章专条之内亦无不可。曾侯曰:届时再行商议。布云:我想此事必须商定方好。

曾侯曰:贵部节略末条系请中国赔还兵费之事,我有几句要紧的话向热大人说明。查贵国所派兵船有崇大人在俄国时业已发往者,有以后续派者,中国既不知有此项兵船,更不知此兵船系因中国而设,所以中国未以介意。我上次同热大人会晤之时,始闻热大人说出此项兵船系因中国而设,据称俄国所费甚巨,将来必向中国索偿等语。在中国深愿和平商办,固不欲贵国说出兵费之事,今贵国既已说出,我先请问热大人要中国出钱系何名目?热云:此系中国赔补俄国备兵设防之款,盖中国既不批准前约,又不向本国和平商议,遽然调兵制械,一切举动显示与本国不睦之意,逼得本国亦动用巨款备兵设防,且无论何国皆以节俭为重,军需武备徒耗饷糈,毫无生息,所以本国既因中国所逼,以致费此巨饷,理应向中国索偿,方昭平允。曾侯曰:向来打仗之后始可索要兵费,今中国既不知贵国派有兵船,又愿同贵国和平商议,岂有向中国索要兵费之理?若谓中国设防练兵,所以贵国防备中国,此言似不尽实,我不深信中国设防练兵何年不有,何以从前中国整顿武备,贵国从无一言也。热云:本国亦知中国早已练兵,但中国未与本国不睦,本国未便过问,嗣因中国不欲批准前约,举动诸多不善,本国始知中国有作难之意。曾侯笑曰:即使中国练兵制械,两国相隔甚远,中国岂能侵占俄国,贵国何必介意。热笑曰:两国既然连界,中国备兵本国不能不问。若谓中国兵能到俄都固属妄言,然边界地方不得不防备。曾侯曰：前闻土耳其违约，不将都尔西纽之地交割蒙国①，西洋各大国会派兵船至土国海口，请问各国亦向土国索赔兵费乎？热云：各国办法不同，事势亦异，即如各国派往土国之兵船原为保全欧洲大局起见，系各国情愿之事，且所费无多，故不向土国索要兵费也。今中国则不然，一则中国起首设防派兵欲同本国作难，二则本国设防备兵系中国所逼，非出于本国情愿，所以向中国索要兵费，且本国非不愿还伊犁，惟愿还相好之国，不愿还与仇敌之国。曾侯曰：既有派兵船之事，岂算和好之意？相好之国有借兵船之势以定约者乎？设使中国未曾调兵，则贵国派兵船到中国是无理之事。若果因中国备兵设防，俄国乃亦备兵设防，俄国向中国索赔兵费，请问中国所费兵饷又向何国索偿？热云：本国既因中国所逼以致动用巨款，不能不向中国索偿。曾侯曰：中国亦可以说俄国逼迫中国也。热云：中国起首备兵，本国毫无招惹中国之意。即如布、奥两国从前打仗，缘由系因彼此不肯坐耗饷糈，厥后法国广备战马，德国几与法国失和，幸未打仗，皆系彼此派兵之故也。曾侯曰：热大人不宜以德奥法比较中俄两国，盖中俄和好二百余年，毫无嫌隙，而彼此相隔甚远，与此三国土地相逼者大不相同。总之兵费一事名目不正，中国断难应允。查数年前英国因马嘉里之案曾派兵船前往中国，其费用较之俄国此次费用多至数倍，后既将案办妥，英国未曾开口向中国索取一文兵费。俄国与中国和好二百余年，理应优待中国，如欲向索兵费，是不如二十余年交好之英国也。热云：英国之事英国作主，本国无所取法，诚恐日后复有此等情事，不得不要兵费以戒将来也。曾侯曰：中国非

---

① 蒙国：杨楷本作"蒙得利哥国"。该国即为今黑山共和国，英文为 Montenegro，常译为"门的内哥罗"。

欲图省钱财,实缘兵费名目不正,中国碍难答应,如若答应俄国,别国必致仿效,事无大小即派兵船数只,希图向中国索要兵费,此风万不可长。热云:本国不管别国之事,本国不能赔累,必须向中国索偿,以补兵费亏空。

曾侯曰:如贵国以中国迟延一年零三月之久始批前约,欲请加增代收代守之费,虽不照原约之例核实计算,而有稍有加增之处,中国犹可商议。若直要兵费,虽贵国再加兵船前往,中国亦不答应。现在商议或成或否,关系此事,应请热大人电奏贵国大皇帝,如欲加代守之费,中国可以答应,倘定存兵费名目,中国情愿不要伊犁亦不答应。但两国商议已将就绪,因此小事遂失机会,未免可惜耳。热云:本国大皇帝吩咐索要兵费,本部惟有遵旨而已,可请贵爵奏明国家,本国一面令凯大人问明总署。曾侯曰:我系中国钦差大臣,无论请示与否,国家之意我尽知之,如贵国请加代守之费,即使不照原算,更欲加多,中国亦尚可商量。如直说兵费名目,则中国无论如何不能答应,宁肯①不要伊犁。热云:名目可以不拘定,但款项定要出耳。

曾侯曰:可请热大人说出数目来。热云:本国边防兵船共用过卢布一千二百万元。曾侯曰:此乃兵费数目,我所以请换名目者,自然连数目亦要更改。若仍照贵大臣前次所言兵费数目,则名目虽改如未改矣。热云:此系俄国所用实数,不能减少。曾侯笑曰:请问贵国若与中国打仗,以后索要兵费即照此数否?热笑云:打仗之事如何能定,有要地方者,有索偿款者。即如德国割法国两省之地,另索五十万万弗朗。曾侯曰:倘要一千二百万卢布,中国情愿打一仗

① 肯:杨楷本作"可"。

再出此款。热云：此系格外用过之款，其寻常巡船等费不能向中国索取。若将兵费算在代守费内，恐中国所出之数不能满俄国之愿，只要中国肯全数偿还，即不提兵费名目亦可。曾侯曰：兵费名目与索款数目互相表里，人人皆知贵国兵船用费之数，倘贵国索要过多，人人必谓中国给还兵费也。热云：本国所说之数尚可商议。

曾侯曰：贵国节略内尚有应商之事，今日不能细说。我只有一句要紧话，或热大人或布大人将来同我商议，务望仰体贵国大皇帝好意，体谅中国为难之处。热云：本国必定体谅，但中国亦须体谅本国，方能商定。曾侯曰：既然如此，我将今日所说五层要紧之事再说一遍，请热大人奏请贵国大皇帝旨意。第一层，伊犁是否全还中国；第二层，塔、喀两界系照旧界抑系按照崇约；第三层，原约批准另立专条，将松花江专条改为商改约章专条；第四层，商议各事请外部体谅贵国大皇帝美意，体谅中国为难之处；第五层，中国允增代守之费，不允偿还兵费。此节关系尤重，俟热大人电奏后说出数目，我才能奏明中国。热云：我必将贵爵今日所言全行奏明，惟伊犁西边应归本国，塔、喀两界当照崇约，此系本国一定之意。曾侯曰：一二日内我请邵大人再到外部听信。热云：亦无不可。言毕而散。

十月十五日

曾侯带同参赞邵，翻译官庆常、塔克什讷前赴外部，与该部署尚书[1]热梅尼暨前驻京[2]公使布策会晤。

热云：本部尚未接到国家吩咐，不知贵爵接到北京信息否？曾侯曰：未接到紧要之信，现所办紧要之事须遵电报吩咐，不由信

---

[1] 该部署尚书：杨楷本作"署外部尚书"。
[2] 驻京：杨楷本作"驻华"。

局寄来。热云：上次贵爵所说之话，本部业经发电到里发抵亚，尚未接奉谕旨，大约三五日内可有回信也。曾侯曰：上次热大人给我节略，其中多是空话，无须请问本国国家。所有各节，我皆可以作主商议，俟贵国大皇帝旨意到了，如有应请示者我必请示。

热云：详细节目固要细商，然刻下须议而最紧要者共有两层：一系批准里发抵亚之约，一系补偿兵费。曾侯曰：按照贵部节略第一、二条言崇约仍须批准，而另叙专条分列商改之款，与中国从前派我前来之意原不相同。惟是中国为慎固邦交起见，或有初时难以应允者，但可通融，无不勉强应允。其批准崇约一层，应允与否现不能定，应候国家之信至。末尾兵费一层，我先知道中国断不应允。热云：末层既不应允，可仍令凯署使在京办理。曾侯曰：此层关系各国公例，且关系永远公例。兵费之款断不能出，盖恐中国允出兵费反致各国讪笑。热云：别国见俄用此巨款不得补偿，岂不笑我？曾侯曰：俄得补偿，各国亦不止独笑中国。热云：譬如寻常百姓之家，若邻居令我不得安居，我既出租钱，理应涉讼断令补偿。曾侯云：无论邻居并无相扰之事，即使合此比譬，亦无讼者自断之理，应请各国公断。布笑云：中国谓俄国招惹中国，俄国谓中国招惹俄国，如"里发抵亚之约"，俄国确是诚心固全邦交。

曾侯云：布大人谓俄国纯是好意，中国先怀失和之心，我想凡事当以眼可见者为凭，如现在实系俄国兵船在中国海上，并非中国兵船到俄国海上也。热云：并未到中国海面，虽到南洋，而此水乃系各国公共之水。曾侯云：我甚喜闻此语，惟俄船既未到中国海上[①]，何故竟向中国要钱？热云：派兵船所以防接仗也。曾侯云：

① 海上：朱克敬本为"上海"，现据上文语境和杨楷本改为"海上"。

设防乃各国皆有之事,惟未有自己设防向别人要钱者。热云:如有人招惹,或是打仗,或要兵费。曾侯曰:我从前已经说过,中国与其无故出此巨款,不如打仗。且与其出此巨款,不如不要伊犁。热云:各国利害各国皆自己晓得,应如何办理须候皇上钦定。曾侯云:现在只有听候俄皇回信,惟两国意见若相差太远,则现在将成之局复将归于无成,未免可惜耳。热云:俄国甚愿与中国和好。曾侯曰:中国亦是如此,只是中国让一步,俄国复进一步,甚是难办。热云:在"里发抵亚约"内,俄国已多方退让矣。至于兵费乃是约外之事,盖当初如果中国暗向俄国说明应改之处,不难和平定议,无如中国举动不善使俄作难,现在要钱为防将来,使中国知定约不易改动。曾侯曰:不批准和约是常有之事,设防亦是常有之事,惟未打仗而索取兵费则无此等榜样。热云:向来备兵至于如此,无不打仗者。曾侯云:贵国故作此语耳,若真思与中国打仗,何以崇大臣在此时俄国即派兵船东去乎?布云:今年所派另是一起兵船,去年所派系换班巡海兵船,因与土国打仗久未换班,去年之船不在此数之内。曾侯曰:今年去者亦非尽是兵船。热云:凡一帮之船自系各样皆有。

曾侯曰:从前我不认兵船,原因两国不可遽说此等话,不意热大人前次竟当面说出兵船系为中国而设也。我想约虽改议,总算和平商定者乃佳,惜乎俄国说出要兵费一层,外人必将谓俄国逼迫中国而定此约。热云:办事不论别人如何说话,只要自己公道,今日之事系因中国招惹所致。曾侯云:以为中国招惹,究竟有何凭据?热云:无他凭据,只因中国派兵而见。曾侯曰:何处派兵?布云:未批准时有奏令,满洲地方皆须派兵者。热云:中国沿边皆派新兵,似乎恫喝。曾侯曰:中国折子与西洋新报相似,但皇上皆未准行,如何可以为据？布云：又有不知由何处派来之兵，系由牛庄进发者至蒙古地方，派兵则系库伦领事所报。曾侯云：此言若系讹传，则俄国派兵款项即属枉费，此言若果真实，则中国亦何尝不可向俄国索取兵费？热云：此事以先备兵者出钱。曾侯云：兵船是俄国先派者。布云：闻中国备兵，故有此举。曾侯云：中国备兵只有西边，且是原有之兵，若谓招惹亦须指出何时何事，岂可因现在要向中国索钱，遂指为中国招惹以为索钱地步？布云：侯爷①云俄国借此索钱，俄国岂能故意借词要钱，如此大非和平商议之道。曾侯曰：中国处处有兵，年年有兵，俄国何可遽云为俄而设？布云：西边所有之兵有真系剿平回乱者，有平回乱后续添者，此皆领事所言。曾侯云：皆有凭据否？由何处调来派往何处？布云：库伦原无乱，中国亦派兵前往。

热云：贵爵大臣②初到时，中国不明事体之人犹欲怂恿打仗，后始渐息此议，且中国朝廷会议折奏，本国无不知者。曾侯云：折奏与西洋新报相似，中国无新报，故有议论须奏明皇帝，而准与不准其权操之于上，非臣下所能自专。热云：新报是平常人议论，折奏皆是大臣。布云：按侯爷③所说，是必待大兵入境始算招惹。热云：北京钦差人人知道，早已传至各国。曾侯云：各国如何说法？热云：看各国议论，具见中俄失和之意。曾侯云：不能以有据者置于无据之后，应先看皇帝国书，次听公使言语，俄国何以置此等有凭有据之事于不问，而好信无稽之言？热云：不是平常人，皆是官员所说，不能不信。布云：比如中国购买器械，今年比往年加多之数甚巨。曾侯云：我说一句实话，中国置备军械大约一年要比一年多。热云：可惜今

---

① 侯爷：杨楷本作“贵爵”。
② 杨楷本无“大臣”二字。
③ 侯爷：杨楷本作“贵爵”。

日两下意思不合,只有候旨而已。曾侯云:我亦静候俄皇回信,惟兵费一层断办不到,若稍加伊犁守费,我可应允,若言兵费断不能允。

热云:无论兵费不兵费,总算是俄国要钱。曾侯云:我们要争此名目,仍顾俄国体面,我不能既出钱财又受人讪笑。热云:不能不如此,应使中国出钱以后,不至更有如此举动。曾侯云:热大人此说亦非和平商议之道,中国堂堂大国,俄国岂能说使中国以后不敢如此。似乎要中国出钱类乎罚款,俾知儆戒云者。两国相交如同朋友,一国岂能说罚一国,使其以后不敢如此。热云:不是罚,是补偿俄国。若中国备兵愿意打仗,固是中国自主之权,若不打仗,令人亦备兵设防,则自有此举以后,可以细想。曾侯云:中国无所谓愿意打仗不愿打仗,中国向不寻人打仗,不惟爱惜自己百姓,抑且爱惜他国百姓。热云:现在只有听候皇上回信再议。曾侯云:俟有回信再议。言毕而散。

十月二十二日一点钟①

曾侯带翻译官庆常、桂荣、塔克什讷至外部,与尚书②热梅尼、前驻北京③公使布策会晤,总办梅尼阔甫、翻译官孟第、随员布罗塞均在坐,寒暄毕。

热云:现已接到本国由里发抵亚来信,本国皇上谓里发抵亚原约须照旧批准,塔尔巴哈台界仍照崇约,松花江可以退地步,至于兵费必须补偿,惟数目多寡不难商量耳。曾侯云:塔尔巴哈台原有旧界,去年另定新界,究竟是何意见?布云:盖因两国之哈萨

克互相杂处,往往分认不清。曾侯曰:然则俄国之意并非为侵占地方起见。热云:并非欲侵占地方。曾侯曰:既不为占地起见,两国先派大员查明再定,自无不可,何必拘定"里发抵亚之约"。热云:其故有二,一因"里发抵亚之约"已经议定,再者即派员勘界亦须先将地方说定,俾将来容易勘分。曾侯曰:先说定地方再行勘分,中国亦有此意,惟塔尔巴哈台交界从前业经明将军与贵国所派大臣当面定妥,如今"里发抵亚条约"内改定之界,其地方形势俄国虽已了然,而中国并未详查,难允预先指定,可仍以明将军所定旧界为根,将其中不甚妥协之处派员查勘,量为更改。热云:若照旧界何用改焉?布云:塔尔巴哈台交界当初即系在京议定,并未预先查勘。曾侯曰:此事系本年定约,次年查勘分定者。布云:次年并非临时始行勘分,不过查照约内所定地方耳。曾侯曰:布大人欲仿照从前办法,实非中国所愿,盖因"里发抵亚约"内所定交界过于详细,与《北京条约》情形不同,恐将来派员勘分之时,不惟中国大臣为难,即俄国大臣亦将有为难之处。热云:我想愈详细愈妥当,省得勘分大臣费事。曾侯曰:若如此说,是虽允商改,而究无商改之实际矣。热云:因贵爵大臣坚请始允商改,原非俄国本意。曾侯曰:俄允商改,我甚感谢。热云:按里发抵亚定约本意,因千八百六十年回匪变乱之后,交界有含混之处,是以另定新界。曾侯曰:去年定分界之约,不过定其大概,并未批准,亦并未建立牌博。如今要改旧界,本国以为旧界妥当,贵国以为新界妥当,我想必须彼此退让方可以行。布云:前给贵爵大臣①节略已经说过,可以通融酌改。曾侯曰:允许商改我甚感谢,然既允商改,

---

① 大臣:杨楷本作"所开"。

如仍照"里发抵亚约",是与不允无异。热云:我的意思是以"里发抵亚之约"为根,再派大员照约酌改。曾侯曰:我现在虽未接到国家回信,然据我揣想,若以"里发抵亚之约"为根,中国必难应允。热云:因界上百姓不清,故有此议。俄国之所不能让者即在此。曾侯曰:俄国不能让,若值中国能让之事乃易转圜。若两国皆不能让,则事不成矣。热云:中国不让则难成。

曾侯曰:定喀什噶尔之界,原为定无界之处,按地图上所画之线极为明显,线之所到皆为有界之处,无界之处须定,有界之处不必另定。布云:中俄定约时喀界并未提及,后因浩罕归俄国管属,不能不分清界限。曾侯曰:浩罕曾与中国连界,中国管至某处岂不自知?我今说一句实话,苏约克山口不能让与俄国。布云:若如此说,不如皆不应允。曾侯曰:原因不能应允,始派钦差前来商议,若能应允何必复来?布云:如此说是约内利益皆为中国减去,俄国所余无几。

曾侯曰:条约中各大端彼此总须听候国家吩咐。至于嘉峪关、松花江两条,系属通商中小节,布大人可否与我先行商量究应如何办理?热云:此事详细办法固要商量,然总须先听中国于节略内所开各大端能否允准,再行商议小节。曾侯曰:无所谓中国准不准,其余各事皆易商办,惟兵费不能应允。中国稍出钱财以为补偿代守伊犁之费,原无不可。至言兵费,则无论办到何等地步,中国断不能应允。不能既出巨款,复惹各国讪笑,且恐日后他国亦随便派些兵船前赴中国,任意索偿兵费。热云:不在名目,只要中国补偿俄国所费款项作为代守伊犁之费亦无不可,现因耽搁一年之久,已耗代守伊犁之费四百万卢布。曾侯曰:四百万未免太多,然两国既是真心和好,只要无兵费名目,数目多寡原易商量,我想俄国亦不愿中国过于吃亏。热云:于俄国无甚分别,名目虽改,意思总是一样的。曾侯曰：不论意思，我们只要写在约内是何名目，不问是何意思。热云：只好两国各认自己意思，中国意思俄国不必去问，惟凡事须向大处看，当本国允还伊犁时，是欲将伊犁还之于和好之邦。若不讲和好，不如不还，即"里发抵亚约"所定各条亦为两国和好起见。不意中国有许多不好举动，致本国亦耗兵费若干，此款不得不向中国取偿，现在要钱所以防将来也。曾侯曰：补偿代守伊犁之费则可，若言兵费无论数目能减，中国亦不应允。况订约而议及兵费，则两国痕迹不化，中国将怀恨于心，通国之人念念不忘矣。热云：中国为防各国非礼之求，俄国可允不提兵费名目。曾侯曰：我尚未接到国家回信，据我一人之见，若云因条约耽搁一年之久加增代守伊犁之费，尚为有理，故谓可以商量。然两大国办事名与实亦贵相符，所以偿款数目亦不可相差太远也。热云：本国派兵船亦因伊犁之事而起。曾侯曰：两国派防兵索兵费，皆因打过仗。若未打仗而索兵费，俄国既可向中国索取，中国亦何尝不可向俄国索取？热云：因中国派兵在先，故也。曾侯曰：俄国谓中国派兵在先，中国谓俄国派兵在先，究竟孰先孰后，此理亦说不清。布云：未打仗而索兵费从来固无此榜样，然不准约而设防，亦为从来所未有。曾侯曰：因条约不批准而派兵船，亦只创于俄国。热云：各国史书我皆读过，如伊犁地方自己不能管辖，令别人代管十年之久，然后定约还之，既定约而复毁之，此等榜样亦从来所无。曾侯曰：史书本无某事与某事终始并同毫无改换之局，惟不打仗不能索兵费，则系从大处立论。

热云：前给贵爵大臣①节略能允与否，俟有确信再议细节。曾

①　大臣：杨楷本作"所开"。

侯曰：尚未接到回信，俟有信到，当即作复。热云：本国皇上不久便回都城，皇上回来想更办得快些。曾侯曰：可惜中国现将封河，俄国信虽快，而中国信将更缓矣。布云：封河可由恰克图专差递送，不过多三四天。曾侯曰：已经试过，与南路封河时快慢相等，盖由镇江递送，亦有一定天数。布云：中国若有电线，各国皆觉方便。曾侯曰：于中国尤为方便，只是但不知其利者尚多，此事非二三人所能违众强作。布云：是须以渐而入。曾侯曰：不惟电线一事，其余诸事亦须由渐而入，必诸事皆有效验，乃不难作。言毕而散。

十月二十九日

曾侯带同参赞官邰，翻译官庆常、塔克什讷前赴外部，与该部署尚书①热梅尼、前驻北京公使布策会晤，总办梅尼阔福、翻译官孟第、随员布罗塞皆在座，寒暄毕。

热云：昨接贵爵大臣②节略，敬悉一切，现在皇上三两天即可回来，俟皇上回来再请定夺，惟节略内仍系复我初次节略之语，至与贵爵大臣面谈各节仍未见复。曾侯曰：接第一次节略③，即发电报前往北京，此次我之复文即系本国国家答复贵大臣初次节略之语。查贵大臣初次节略中本无实际，中国不能据此以为准驳，务请贵国将真意说出，前所说者仍是允中国商改，并未详细提及如何商改之办法，总须说出实在话来，必须如何而后能办乃佳。

热云：皇上不日即可回来，格大人亦随同回来，自然说出末一

---

① 该部署尚书：杨楷本作"署外部尚书"。
② 杨楷本无"大臣"二字。
③ 杨楷本于"节略"后多"之后"二字。

句话来。惟现在我有一句话,中国实在未明俄国意思。俄国并不是以地换钱,俄国本意原是愿将伊犁还于相好之国,至去年因约内有于中国不甚相宜之处,不妨暗向俄国说明,亦易商改。不意中国有不好举动,以致俄国备兵设防,耗费巨款,是以不能不向中国取偿。中国既不愿有兵费名目,可以通融商办,但俄国之所以必索者,恐将来复有此等办理,非以地换钱。曾侯曰:以地换钱之说,不惟俄国无此意,中国亦断不肯以此相疑。我不过言伊犁西边地方如还中国,可以商添偿款,其实愿还与否出自俄国皇上意思,中国非欲相强。俄国皇上如有美意,愿将伊犁西边地方仍还中国,中国因地方较宽,则代守之费必较多,所以愿再多出钱,以偿代守之费,并非谓以钱买地也。俄皇如不愿见还,亦听其便。热云:俄国留此地非为侵占中国疆土,实为安插回民。曾侯曰:俄国允还帖克斯川,中国甚是感谢。但无西边地方,究竟不是全伊犁,难以对中国士庶。若为安插回民起见,以俄国之大何难另想善法。我所以说如肯交还全境自属更好,如必不肯亦只得听俄皇之便,但偿款即不能再加耳。热云:此事俟皇上回来乃能定夺。

曾侯曰:上次热大人给我节略不能算数,缘中国不能据此定断是否可以应允。现在要问俄国某条应如何办,必办到何等地步方能应允,如何则不能应允,须要一一说明。若只如此空谈,何日才能办完?热云:再一礼拜格大人即可回来,俟其来后可将末一句话说出。曾侯曰:看来不能不再有一回往返电报,刻下中国已经封河,恐于限内不能办完。热云:两下意思若能商量到一处,稍迟几日亦甚无妨。曾侯曰:现在之事并非我故意迟延,总请俄国将真话说出,乃能速了,不然何日能完。热云:皇上回来时,格大人亦随同回来,大家相见后应如何办理,下礼拜皇上必有吩咐。邵大人云：皇上①几时回来？热云：后天。曾侯曰：俄皇回来，俄国信快而中国信又慢了。热云：往返须几日程？曾侯曰：一月有余。又闲谈数语而散。

十一月初七日

曾侯带同参赞官邵、刘，翻译官庆常、桂荣、塔克什讷前赴外部，俟各国头等公使次第入厅，与尚书格尔斯晤谈毕，然后请曾侯入厅。

格云：现在事情盼望容易商量，我赴黑海三月有余，俄国所让者已是无处可让，请贵爵大臣体贴此意，帮同了结方妙。曾侯曰：中国之意我已尽情说出，只听俄国是何意思，今日格大人事忙不能多谈，请将俄国之意究竟如何作一照会给我，我好报知国家。格云：有信立即作复，现在我尚未看。曾侯曰：节略尽是中国实在意思，并无粉饰，布大人最晓中国情形，凡可通融者中国皆已应允，其不可者无论如何中国亦断不答应，此布大人所深知，可以问之。言毕而散。

十一月初十日四点钟外部尚书②格尔斯来署会晤

曾侯带翻译官庆常接见，寒暄毕。

格云：我今日不能同贵爵细谈公事，不过将本国大皇帝之意告知贵爵，因本国大皇帝最为关切，深愿妥速了结。曾侯曰：中国之意亦是如此。格云：本部接到北京信息，言中国已允批准崇约，而驻俄各公使中亦有谓中国深愿和平商办者，或谓中国恐俄国多

---

① 皇上：杨楷本作"贵国皇上"。
② 杨楷本无"四点钟外部尚书"七字。

所要求者,本部俱答以中国虽云和平商办,而实无相让之事,且将前约删减殆尽,所留与俄好处为数无几。曾侯曰:原因贵国大皇帝与格大人有一番美意,肯和平商量更改前约,中国自然感谢,但商量更改之事必须令中国真不吃亏乃好。格云:本国大皇帝前次派布大人前往北京,贵爵请留布大人在俄商办,我即请本国大皇帝令其折回,原冀在俄商办必可作速办理,无如议论三月之久尚无头绪,不过延迟时日而已。曾侯曰:迟延非由于我,我已将中国意思全行说明。格云:我在里发抵亚时,闻贵爵同布大人初次会晤之时尚有相让之意,我已奏明本国大皇帝。无如贵爵历次会晤以后,不但无相让之事,且将前约逐条删减,虽然本国大皇帝仍令我办一节略,交由热大人转行贵爵以示和平之意。节略中所开各条,本国已尽力相让,不料贵爵不肯答应。曾侯曰:格大人节略内开各条近于空虚,并无切实之话。即如嘉峪关、松花江两事只言愿同本爵商议,并未说出办法。既据格大人所言,愿妥速了结,即请格大人复我一节略,剀切言明究竟如何办理?格云:节略必定复的,但此节略既经开出,总望中国答应方好,按我之意见,如会晤一次即能办结更为省事。

曾侯曰:格大人既说一次办结,我现在将我节略内所开五端向格大人述说一遍。一嘉峪关、二松花江、三领事官、四塔界、五喀界,皆系中国碍难答应者。按层次第一第二两端尤为紧要,务请格大人退让。格云:起初贵爵言伊犁帖克斯川最为紧要,今本国已答应交还帖克斯川,在中国已属十分光彩。今贵爵又说出别样事,亦称中国要紧之条,丝毫不肯相让,全不为俄国留地步,殊非和平商议之道。曾侯曰:帖克斯川要紧,别事亦要紧。格云:请问贵爵嘉峪关、松花江两事中国何以视之最重?曾侯曰:恐坏各国总例

故也。格云：嘉峪关通商有何办法，我不甚明白。曾侯曰：此事布
大人知之最详，格大人若问布大人，即可知我所拟办法较前约所议
者更于俄商有益。格云：松花江行船一事，贵爵所拟第二条办法
尚可商议。曾侯曰：贵国既肯退出地方，务请多退方妙，若所退不
远，中国仍难答应，我想此等事情如格大人嘱咐布大人同我商议，
不强中国所难，亦不难于商量。格云：喀什噶尔界本国曾与阿古
柏分定界址，今中国欲令本国将原有之地一并退出，何以能行。曾
侯曰：中国只愿照明将军旧界办理，只有西边一段未经定界者，可
由两国大臣另定。格云：本国所请补偿兵费一事，如中国嫌其名
目，欲加代守之费，原无不可。曾侯曰：既云代守之费，务请格大
人斟酌数目，不必多说，庶与偿款名目相符，以免别国疑为兵费而
耻笑中国，且防别国日后无理之要求。格云：尚有别项费用本国
不肯向中国索取，盖本国不以钱财为重，若能保两国永久和好，虽
有此费亦不足惜。曾侯曰：格大人此言，我甚佩服。

　　格云：我风闻左中堂现在进京，恐欲唆使构兵，不知确否？曾
侯曰：此系谣传。格云：中俄两国和好二百余年，若为不值之事遽
然失和，殊属无此情理。曾侯曰：自然。格云：我想中国治崇公使
之罪，殊属失当，崇大人所定之约如有不妥之处，不妨另行商议，于
两国均无伤损。惟中国妄发议论者，使中国调兵设防，俄国亦动用
巨款，几乎失和，此等人当罪之。曾侯曰：中国国家实有和好之
意，但臣子有议论不能一概不理。格云：两大国办事，日后自有公
论，不必听人议论。俄国有一俗语云，一狂人投石于井，十人难以
打捞。中国之发议论者犹如狂人，我们办事者犹如捞石之人也。
曾侯笑曰：譬如好纸一张撕有微缝，我与格大人多办好胶，仍可裱
糊整齐也。

格云：本国大皇帝屡次问我中国之事，催令速办。本国户部尚书亦有折奏陈说兵饷耗费过大，今日召见时，本国大皇帝复问我如何商办。曾侯曰：中国亦愿速办，可请格大人办一切实节略送与我看，以便奏明中国。格云：明后日即同布大人商量，过五六日即有节略，但不知贵爵有权答应否？曾侯曰：我当奏明，俟复电到后即有定议，然两月期限不能不过矣。格云：或者先请布大人到贵爵处说明，然后再送节略。曾侯笑曰：甚好，但请格大人嘱咐布大人同我实心商议，不必多说狄不罗马剔克①言说方好。格笑云：我必嘱咐。言毕而散。

十一月十三日布策偕孟第来署

曾侯率参赞官邵大人、刘大人②，翻译官庆常、桂荣、塔克什讷，随员李荆门与之会晤，寒暄毕。

布云：前次格大人曾告贵爵大臣③，言将令我前来先将本国意思说明，然后再说末尾之话，我今先来晤谈一次，然后格大人再与贵爵面商一切，以后即无话矣。按各事皆易商办，贵爵曾说明只有松花江、嘉峪关两事中国以为最关紧要，然否？曾侯曰：各条均关要，然我若不将嘉峪关、松花江两条提请一说，则俄国必谓此两条无足轻重矣。

布云：格大人云已经商办多日，迄无头绪，令我先将各款说出，然后格大人再与贵爵大臣面谈。从前中国不批和约，本国原拟不必再议，因贵爵大臣有为难之处，是以大皇帝允商至今，仍无头

---

① 此应为法文"Diplomatique"之音译，曾纪泽调侃之语，即英文"Diplomatic"。
② 杨楷本此两处无"大人"二字。
③ 杨楷本无"大臣"二字。

绪,难以再向后耽延,必须说清方好。惟向来本国与邻邦交好,无论如何密迩亦不能无所不让,至于中俄之交情,虽云俄国可以相让,然亦不能损己以利人。格大人令我将本国之意尽情说出,以便了结,按贵爵大臣节略逐款说清,且将批准及专条二事暂置不提,归于后论。先说条约应商之款,惟我所说与外部节略微有不合。第一条帖克斯川照明将军所定之约交还中国,缘中国请连西边全还,为其处有山口可以自守,今允还,以明俄国之意。曾侯曰:俄意我甚明白,惟此山口已经允还,而前次贵国说伊犁仍要定界,故不能不说须照明约。布云:中国失伊犁后,穆杂尔持山口①亦失,今皆还中国,惟天山尽头处有俄民所居之村庄三处,其地不过数十里,山口奉还,祈将此数村留下,此事虽不值启齿,然总以说清方妙。第二条塔尔巴哈台地界当分之故,因哈萨克往来越界分管不清,今俄国有一办法,两国各派大臣,不必指明以何约为根,只说明分界之故,秉公清划。至喀什噶尔分界之事,贵爵节略内所说西南尽头处,应作何解,外部不甚明白,按西南尽处即系苏约克山口,不知贵爵大臣之意何指?曾侯曰:以我之图考之,苏约克山口在天山西头,而明将军所定旧界尚须由西头向南转湾。布云:顷阅地图按旧约之界,顺天山葱岭,其尽处即系苏约克山口。曾侯曰:苏约克山口未至葱岭。布云:若以浩罕旧界为根,俄须向前占进中国地百六十里,按现今之约,俄反退回,取其易守也。曾侯曰:请向下说。布云:此界未占中国地土,不能相让,于中国无伤也。

布又云:领事官一层贵爵节略内只准在嘉峪关添设一员,本国甚不满意,欲在乌鲁木齐②再设一员。再嘉峪关照天津,入内地

---

① 穆杂尔持山口:杨楷本作"莫萨尔山口"。
② 乌鲁木齐:朱克敬本作"乌鲁人齐",应误。

照总例，须得细说，请问照天津办法若何？曾侯曰：无论天津有何权利，此处亦尽如之。布云：其税若何？曾侯曰：到嘉峪关照天津之例三分减一。布云：在关不能销售，运入内地何如？曾侯曰：与各国商船相同，各国货欲运内地者，货入口而船不入内江、内河，贵国系陆路通商，货可入而货帮不入内地。布云：俄商在津向来运货往他处，须补足三分减一之税。曾侯曰：此亦如之。布云：运赴汉口当何如？曾侯曰：或入内地或运赴通商口岸，皆有章程可循，总之比照天津办理一语尽都包括在内。布云：通商一切务须详细声明，不惟官有遵循，商人亦知所向往。若只云照天津，恐有为难。曾侯曰：天津通商有章程可循，有何为难？布云：节略曾请另定通商章程。曾侯曰：我所以请定章程，为是整齐易于查考，免致两国办事之时有两本章程搅混不清。布云：此说甚是，惟嘉峪关照天津，亦须立一详细章程乃佳。曾侯曰：只云照天津章程最好，最有益于俄国，并非专为中国，请勿疑也。布云：原议章程按现议商改之处酌加更换而已。曾侯曰：原定章程中有许多条款写列汉口、西安、汉中字样，必须删去。布云：固然。进出口处皆须删改。曾侯曰：然。

　　布云：还有一事亦须说明，俄商由津运货赴恰克图，因通州无坚固房屋存货，局中不管保险，甚是为难，请贵爵大臣或准俄商自盖结实房屋，或由中国官修盖大房租与俄商乃佳。再者由津运通，请于内河准用小轮船拖带货物，仍用中国轮船只准雇觅而已。曾侯曰：中国内河何尝有自己轮船？布云：末次节略谓松花江行船之事，刻下商办不得其时等语，似与从前之话不符。曾侯曰：何尝不符？只是于三层中专用第一层而已，并非于三层之外别立一说，且我前此所拟三层办法，布大人都说不好，并未择议一条。布云：

我记不甚清。曾侯曰：我问何条可用，布大人说三条皆不以为然，俄国皆不满意云云。布云：维时尚未派我商办，不过是我一人私见耳。曾侯曰：现在国家意思比我尤好，目下不商者正为将来可满俄国之意也。布云：若如此，则船至仍有阻拦，终无了结，岂不拖延下去。曾侯曰：虽有拖延，然过数年再议，亦未为不可。布云：若两下皆有好意，一时议不清楚，日后再定亦无不可，惟今日之事毫无凭据，日后何能再议？

布又云：交收章程务须先说明白，则临期办理乃可顺手。本国已经详查伊犁居民原入俄国籍者，或四分之一，或四分之二，至多不过四分之三，然已是数十万矣。今令其迁出，须给工夫，此大端也。至于详细节目，则交收之时请中国只派文官，不必带兵前往，其俄国所屯之兵一年之内暂不遣撤，俟愿迁居者尽皆迁出，然后再撤，若不如此办理，恐怕又生枝节。此等办法，本国非有他意，不过为两国有益而已。至于前次节略内称偿款二百五十万，本国难以应允。其不足之故，因续守之费已逾此数，又有别处花费，以及迁民等费，费用实属不赀，并非故意说一极大数目以难中国也。

曾侯曰：布大人说毕，我请分条答复。帖克斯川还中国，我甚感谢。惟前次外部节略请定伊、塔、喀三界等语，可以由两国派大臣以明约为根，前往勘分，布大人今日所云帖克斯川西边有俄国村庄三处，只数十里云云，地方大小我虽不得而知，然分界之事应由分界大臣作主，我不能先允。至于塔尔巴哈台之界，既称俄国之意不为占地，特为免哈萨克分管不清起见，本爵大臣以为止乱之道，其权在人而不在地。现在若不说明照依何界勘分，临时必致争执，恐中国愿照明约而俄国愿照崇约，我甚不放心也。喀什噶尔界按俄国之意，系自约克山口起，两国派大臣勘分，我不以为然，我想两国国家皆有的准可靠之图,我虽不知该处地势,然务须说明照明将军旧约,旧约有界之处遵之,无者补之。布云:喀什噶尔界照明约,此言不符,缘浩罕地方本未与中国定界,明将军所定之界并未到此。曾侯曰:从到过者说起。布云:从何处说?曾侯曰:明将军之界定至何处,即从何处起。如俄国无葱岭名目,即于专条之内写明,从从前未经定界之处分起,极妥叶也。

曾侯又曰:嘉峪关既有领事官一员,而乌鲁木齐与此相距甚近,又欲添设,我甚不解。布云:于商人有益。曾侯曰:此外皆不设乎?布云:旧约准设者仍之。曾侯曰:乌鲁木齐添领事,虽似不甚要紧,然中国看之极其郑重,允不允尚不可知。至于径废松花江行船专条,系有两样办法:一样系照中国人意见,将此条置之不论;一样系作为缓商,我与布大人说定,几年后再行商议可也。交收伊犁一节,刻下尚不能答复,须问国家。至于通州存货无房不在约内,非我所应办,可由驻京公使于寻常无事时向衙门商问。至于兵费一节,布大人所说三层,一是本地之费不止此数,二是别处花费,三是迁移居民等费①。两大国办事原不宜争论钱财数目,惟前此代守八年五百万卢布,今才一年添至二百五十万,已属极多,可见中国不肯在数目上锱铢较量矣。若别项花费亦向中国索取,是无兵费之名而有兵费之实也。至伊犁居民中国听其迁出,已是格外交情,反向中国要钱,焉有此理。前与格大人说,如将伊犁西边地方全还中国,中国可以商议添钱者,系因迁出之民无地安插,聊作迁民之费。今既给地又要出钱,中国断不能允。布云:贵爵言居民迁出系属中国格外交情,此语我不以为然。所以令该民迁出,

---

① 费:朱克敬本为"语",现按杨楷本改为"费"。

乃系为保护百姓耳。曾侯曰：西洋亦有迁地之事，却无迁出居民之榜样，安得不谓之格外交情乎？布云：似中国之兵勇残杀，亦为他处所无，俄国不过为保此百姓耳。邵大人云：此时之民仍是去年定约时欲迁之民，何以今日始行计及迁移之费？布云：格大人派我前来，应说之话我尽说出，格大人见面再说一次而已。

曾侯曰：松花江之事尚未说毕。布云：国家办法我无主意，中国先有三样办法，如今只剩一样。曾侯曰：从前第二第三办法布大人何曾应允商议。布云：若既商议，即不能如此写，必须准行轮船，且别事无成，此亦不能商议。曾侯曰：以此事牵掣彼事，如此何能有成？布云：前说各条贵爵大臣毫无应允之意，以此观之，全无和平商议之意。曾侯曰：我不听得此事准信，余事断不能允。总之松花江、嘉峪关两事不定，他事不能定。布云：我已将大致说出，贵爵大臣并未说出准意，若谓此事定而他事乃定，此贵爵大臣一面之见也。我有好意相商，而贵爵并无相商之意，我即将此话告知格大人，格大人再与贵爵大臣面谈。言毕而散。

卷　三

庚辰十一月十四日未刻①

　　曾侯带同参赞官邵大人、刘大人②，翻译官庆常、桂荣、塔克什讷到外部，与尚书格尔斯会晤，热梅尼、布策、梅尼阔甫、孟第均在座，寒暄毕。

　　格云：贵爵今日来署，系按礼拜三寻常会晤，抑有要件相商？曾侯曰：格大人如接见各国钦差事忙，可先将要紧节目说说。格云：我前次到贵署会晤时，曾言及本国欲妥速商办，一二日派布大人赴贵署将一切办法详细说明，昨布大人已到贵署将一切办法向贵爵面述。按现在情形是本国退让中国已至尽处，无可再加，愿与贵爵体贴此意，和平商定。惟按贵爵前次向我言及，只有嘉峪关、松花江二事最为紧要。而昨据布大人言，贵爵尚有数层不能答应，恐难商办。曾侯曰：格大人谓我不答应者，系指何事？格云：可按节略逐条细阅，如果贵爵能允，今日即可定议。曾侯曰：我先问明俄意，然后报明国家，我不能径允，但可通融，我可以劝国家答应，何者可以应允，何者不能应允，均请俄国说出真实言语方好。格云：前因贵爵有办事之权，是以本国皇上留住布大人在俄商办，各

---

① 杨楷本此处无"庚辰"、"未刻"四字。
② 杨楷本此处无"大人"二字。

事皆是从前商量过的,如再请示,又须四五十天,何能久待?曾侯曰:所谓请示者原系本爵好意,盖我已受之吩咐,即系前次节略中所说各条,与贵国节略中所求者业已意见不合,无可商矣。我现在仍欲请示是欲办成此事,将贵国意见再报本国国家,有可通融允许者,我将奏明国家,劝国家勉强答应。若中国实在不允,我岂能擅自作主?格云:若再请示,往返约须多少日子?曾侯曰:现在业已封河,请示往返约需月余。格云:本国皇上甚愿一切事件于一礼拜之内定局,如今可照贵国节略逐款说明。梅取节略递与格尔斯。[①] 曾侯曰:既然容易商定,可请格大人先将贵国之意说出,但从前中国所拟办法我已全行开出照会贵部,而贵国先定一个月限期后,又展两个月限期,而贵国终未说出真意。如今一说出办法,即请我当面定议,然则从前限期皆是虚语矣。无论我无此权,即有此权,亦不肯如此用。热云:此中有一分别,前给贵爵节略,贵爵正在请示时,本部又与贵爵面谈,谓接到皇上电报云界务不能相让。此次接到贵爵节略仍是初次请示回信,而面谈之话尚未见复。

格指节略云:一、"里发抵亚条约"分别批定一节,本国可以应允;二、通商章程按照商改各条另定一节,可以应允;三、帖克斯川西界照明约一节,可以应允,惟此界内有俄国村庄数处,请中国让与本国。曾侯曰:前与热大人会晤已允将帖克斯川全还中国,今复请让三村,我不能不问国家[②],若说边界稍有不便者,由分界大臣商定,将来分界大臣细看该处村庄让与俄国尚于中国无损,另是一说。若预先说定有几个村庄须让与俄国,我实不能答应。布云:前言此界稍加酌改者,正为请让俄国数村起见,但既有此意,

---

① 朱克敬本此句为双行小字。
② 问国家:杨楷本作"请示"。

若含混其词,恐将来定界时反致为难。热云:此不过三个村子而已。曾侯曰:若不说出请让村庄,尚可以答应。若说明让与俄国三村,我实不能答应。布云:非欲载于约内,不过言分界之故耳。曾侯曰:言分界固可应允,惜要说出为有三村须让与俄,故难允矣。热云:不过稍加酌改,其地方不大。曾侯曰:无论地方大小及应让与否,分界大臣有权能定。今既问我,我须请示。格云:我只问贵爵允不允。曾侯曰:言分界我可允,指明要村庄我不能允。盖恐在此既允让三村,将来分界时仍可向分界大臣再索三村也。格尔斯遂令热梅尼写出一法文底子递与曾侯,交庆翻译出,其文曰帖克斯川西界应照明将军所定旧界为根,由两国分界大臣稍加酌改①。曾侯曰:只言商酌而不言要地我可允。

格云:塔尔巴哈台交界应行改定,皆因两国所属哈萨克往来越界辨认不清,必须分清界根方好。曾侯曰:贵国是要占中国地否?格云:本国非为占地,然人与地皆须分清。曾侯曰:若专为哈萨克分管不清,何以必须中国让地?贵国肯将哈萨克及哈萨克住俄之地尽让与中国否?热云:勘分边界原当彼此相让,岂能预先说明始何办法。请问贵爵所言照明将军所定之约应作何解?曾侯曰:我所说是照明将军旧界为根,既为分清属民不为占地,即云由分界大臣将哈萨克之事商议办清,未为不可。格云:如此可以应允,定界不过为分清属民起见。曾侯曰:总要预先说定以何界为根,方有依据。假使两国分界大臣亲履其地,奏明本国②云有某处某处必须仍照崇钦差所定界限勘分乃妥,彼时亦无可说。格云:

① 朱克敬本此句原为双行小字。
② 本国:朱克敬本为"国家",现按杨楷本改为"本国"。

贵爵大臣①明鉴,本国退让如此之多,所余无几,足见本国和平之意。曾侯曰:若相差太多,中国亦不能应允,此不过公道办法耳。热遂用法文写一约式递与庆翻译,庆云:塔尔巴哈台分界之故,为分清哈萨克属民②。曾侯曰:如此写可以应允。

格云:喀什噶尔交界据贵爵节略内云,两国交界至西南尽头处以浩罕界为根,本国之意系照现在两国所管界址为界。曾侯曰:如其中有明将军已定旧界,将何以处之?布云:喀什噶尔地方当初两国并未定界,我实不知应依何界勘定。贵爵可有地图可以指出界限否?曾侯曰:此地无中国地图,本爵处所存该处地图乃系该处带兵官所绘,其图按照雅古贝③之地境,颇有侵占俄国地方,与明将军界约不合者。即如察特尔库尔之湖照明将军定界已归俄国,照现在带兵官所画之图,却在所收雅古贝地境之内可以为证。我已奏明国家,但照明将军界约立论,并不想占俄国地方,我现在所据以与贵处商论者,即系俄人所刻之图,并未据中国地图以立言也。布云:按俄国地图上实无定界可考。曾侯曰:中国管到何处,自有界限。总之此界凡有明将军原定旧界之处,即以旧界为根;无旧界处再由分界大臣酌定新界,且中国与俄国虽无界,与浩罕有界。布云:前雅古贝所据浩罕之地,俄国尽都收复。曾侯曰:照明将军所定之约,有界之处遵之,无者补之,极妙。格云:我想此界现在既不易定,可以暂缓商办。曾侯曰:既如此,则"里发抵亚约"内喀什噶尔交界一条须删去矣。格云:此事本非中国请改之件,我们何必深议。曾侯曰:我想有明将军旧界处仍照旧界勘定,无

---

① 大臣:杨楷本作"当能"二字。
② 朱克敬本此句原为双行小字。
③ 雅古贝,杨楷本作"阿古柏",下同。

旧界处由分界大臣酌定亦无不可,若无界限,总不甚妥。格云:此事暂缓商议,日后再说。曾侯曰:现在若不说定,两国何以分管,且两国均有官兵在彼,不指明地段,恐生枝节。热云:此事一时难以说明。曾侯曰:我甚不解有何说不清之处。热云:两下各执己见,说不到一处。曾侯曰:俄意究竟如何?热云:不必论崇约,只据现在所管地界勘分,中国如不愿意,日后再议也可。曾侯曰:既不定明界限,现在何以管辖?布云:两国各照自己管法。格云:此议贵爵以为如何?曾侯曰:我不以为然,请向下说。格云:贵爵之意何如?曾侯曰:我想凡有明将军原定界限不必改动,无定界之处,可由两国分界大臣勘定。即如苏约克山口应归某国,现在亦不必争论,俟将来分界大臣照约勘定后自有分晓。格云:约内只写由两国商酌办理。曾侯曰:可否添"派员"二字?布云:先不必提。格云:我想喀什噶尔西边分界一事可以缓商。曾侯曰:此事贵国既欲缓商,我有一事亦请缓议。格云:请问贵爵所请缓议者何事?曾侯曰:俟提及此事时再行告知。

格云:添设领事一节,本国拟请除嘉峪关领事外,在乌鲁木齐设领事一员,贵爵可答应否?曾侯曰:按中国之意,只准在嘉峪关设领事一员,今贵国请在乌鲁木齐添设领事,我须请示。布云:中国系暂且不愿添设,抑永远不准添设?曾侯曰:将来情形如何,现在难以逆料,先论目前,且我国家并未吩咐不能应允。布云:不知中国因何不愿添设?曾侯曰:中国虽无议政院,总是不愿意添设领事者多,国家不能不听。格云:此事贵爵如不能答应,可否请示?曾侯曰:如贵国在附近别城择定一处,我更容易请示。

格云:嘉峪关通商比照天津之例一节,本国无可议之处。至松花江一事,贵爵以前所开节略拟有办法三层,现在贵爵节略内请从缓商办,我想在三层办法内可择一办法。布云:贵爵所拟第二办法系于百里内推广,地方不到伯都讷,请问准到何处为止?曾侯曰:此系中国从前之意,我想此事亦照喀什噶尔之界,暂缓商办为妙。格云:此二事何以相连?曾侯曰:非因相连,因各有所求。格云:喀界缓商不算俄国恳求之件,松花江行船贸易一事系本国原有之权利,缓商虽可,惟恐因缓商致本国失此权利。曾侯曰:行船权利本系旧约所有,岂能有失?现在可将松花江之行船、喀什噶尔之定界两事从缓商议。格云:本国既有此权利,将来商议行船贸易等事原无不可。曾侯曰:然。

格云:昨日布大人见贵爵,言及交收伊犁办法,贵爵言欲请示。曾侯曰:此等办法不在原约之内,所以必须请示。格云:按原约交收伊犁办法,应由土耳其斯坦①总督与中国陕甘总督商定,现在本国所言系照约内交收办法,吩咐土耳其斯坦总督与中国陕甘总督预为言明,不必载于约内。曾侯曰:此事必须请示。格云:按原约要紧条款,现在本国已尽力退让,或允商改,或允缓办,此系本国大皇帝深愿妥速商办之意,数日内即办一节略,奏明后送与贵爵大臣②,定一准期,或成或否,专候中国回音。曾侯曰:中国亦是此意,但从前所定期限,贵国并未与我相商,今日始与我商议。格云:前经屡商迄无头绪,今本国已全应允,只有请添领事一节尚须请示本国,不欲再为耽延,是以尽数相让,以见格外和好之意,奏明俄皇后,约期一月须当了结。曾侯曰:此意中国明白,但须候中国回音。

格云:酌加代守之费,不提兵费名目一节,本国可以答应,但必须说出数目来。曾侯曰:我所说数目,格大人以为如何?格云:

---

① 土耳其斯坦:杨楷本作"图尔克斯坦",下同。
② 大臣:杨楷本作"阅看"。

两国和好原不宜计较钱财,然本国业已会议,按原约所定之数再加一倍,共合十兆。曾侯曰:诚然不宜计较,惟数目与名目相连,不得不核实计算。按从前代守十年之久只需五兆,现今一年守费,格大人亦要五兆,是名与实不相符,务请核减。格云:原系公事,不便计较钱财。曾侯曰:热大人已向我说过守费数目,如何反又加了? 格云:我不甚记得热梅尼所说若干。梅云:热大人说过四兆守费。格云:我将今日向贵爵所言办一节略送与贵爵请示,不必再行商议,所有应说之话已全行说出,我想一月之久可以定局,本国一面将此意电知凯大人。曾侯曰:侯接到贵大臣节略即可奏报本国,想往返电信约需月余。言毕而散。

十一月十六日

曾侯带翻译官庆常赴外部,与格尔斯、布策会晤,寒暄毕。

曾侯曰:前日格大人接见各国公使,公事甚忙,未能同我细谈,今日来见因有两层未说明白,须再一商。格云:愿闻。曾侯曰:第一层系贵国请在乌鲁木齐添设领事,此处不甚相宜,如贵国于嘉峪关领事外必须添设领事一员,而不必定在乌鲁木齐,中国或可答应,倘定欲在乌鲁木齐添设,我实难以应允,必须请示,然中国能否允准,亦不可知也。第二层系贵国所拟交收伊犁办法,请中国专派文官接收伊犁,不必带兵前往,查原约内无此办法,而中国既派接收大臣,必有随带官兵,岂能一人独往? 如贵国为两国预杜争端起见,欲限定初入伊犁之兵数,亦不难于商议此节,须侯商定后另办公文送与本爵,不必载于专条之内。格云:乌鲁木齐添设领事一节,如果再改地方,恐不相宜,且彼此意见亦难相合,惟贵爵既有此议,我必奏明请旨定夺,但未必答应。至交收伊犁办法,按原约应由两位总督商定,第交收时恐有误会情事,所以本国欲先商定办法以期妥协而免争执,此节可照贵爵之意,俟商定后再行文知照,不必载于专条。曾侯曰:既如此,则暂可不提。

格云:我与热大人将前日同贵爵面谈各条详细查阅,实属含混不清。前者我奉本国大皇帝面谕,令我同贵爵速议切实办法,以保两国永无争端。若按前日所言,含混入奏恐大皇帝不肯俞允,岂不多费周折,所以先将各节同贵爵拟出切实办法,方能入奏。曾侯曰:格大人有何意见,即请说出。格云:前日所言塔尔巴哈台分界一事,甚不明白,恐将来定界时致生为难。按前日所言者,本国大皇帝必不答应,请问贵爵有何妥善办法?曾侯曰:据布大人日前言塔界,不必说明照里发抵亚之界,亦不拘定明将军所定旧界,应由分界大臣查勘地势,在两界之间酌定界限云云。我想俄国既说并非欲占该处地方,不过欲分清地境,以免哈萨克之乱,何不专以哈萨克之事为主,就两界之间斟酌议定,较为公平。盖我欲以明界为根,俄国既不允许,俄欲以崇约为根,中国亦不允许,莫若两全其说,庶有依据。格云:此办法稍为公平,但我尚不能答应,须请旨定夺。曾侯曰:虽于两界之间酌定界限,然不必一定居中分界,缘两界之中未必定有分界之地势也,但说明东不得过"里发抵亚条约"之界,西不得过明将军所定旧界,则俄人所沾利益已不少矣。

格云:前日所言喀什噶尔分界一事,将来再行商定实不妥当,本国大皇帝必不以为然。曾侯曰:我亦想喀什噶尔若全不定界,必不妥当。但从前有旧界者不必改动,无界之处再行勘定,实属近情近理。格云:按里发抵亚所议之界,委系从前未定交界之处,与现在两国所管地界亦属相符,若照原议之界,彼此均不吃亏。曾侯曰:有旧界之处可不必动。格云:喀什噶尔地境从前两国原未定界,如不照原议之界,是令本国将昔年所取浩罕之地方退让于中国矣,本国既管辖至此,岂能让地于中国乎。曾侯曰:并非请贵国退让地方,惟分界必须按地势勘定。

格云:前日所言帖克斯川西边分界一事,亦属含混,原因帖克斯川西边有俄国村庄三处,应留与俄国,所以本国请分此界,先向贵爵言明,以免分界时致起纷争。曾侯曰:我当初问明热大人帖克斯川系全还中国,询之布大人亦无异词,我已叠次报明本国矣。如贵国起初说明欲留此三村,我亦必报明本国,今本国已知全还此川,而贵国忽然提起欲留三村,我实不能答应。格云:本国并未指定村庄,不过请改定交界而已。曾侯曰:若专云勘定交界,我已答应派分界大臣查办,若在专条内指明有三村庄,我难答应。格云:我想不必提出村庄,须将界限说明载于专条,按所留之地甚小,不足挂齿。曾侯曰:在我不能不斟酌,恐贵国割留地方,若云先定界限,我实难应允。格云:贵爵可请示否?曾侯曰:我初到贵国时即言明不能遥定界址,何必请示。格云:此处分界一事本国难以退让,请问贵爵有何善法,本国已将大端让与中国,不过请将帖克斯川西边界址稍加改定,非欲多占地方。布云:本国既将帖克斯川全还中国,虽边界稍有改动,不能不算全还。

曾侯曰:我想帖克斯川西边分界可照明将军旧界为根,俄国有不便处可稍加酌改。喀什噶尔分界既据贵国所言原无定界,可照两国现管之界为根,中国有不便处可稍加酌改。至塔尔巴哈台分界,应于旧界与里发抵亚界之间酌定界限,不必一定居中,惟西边不得过旧界,东边不得过里发抵亚之界。格云:贵爵所言帖克斯川西边之界与喀什噶尔之界稍加酌改之议,似无限制,将来分界时彼此恐有争论。曾侯曰:贵国恐中国将来欲向贵国多索地方,而中国亦恐贵国多要中国地方,我想说明酌定界址不得过若干里较为妥当。

格云:此事我不能作主,必须请旨定夺。此外尚有松花江一事,前日所言将来商议尤为含混,本国大皇帝既愿永杜争端,若含混入奏必不肯俞允。按本国大皇帝之意,所有两国不协之事一次办理清楚,不留芥蒂,所以原约要紧各条已全令退让,以固邦交。曾侯曰:我原谓商议此事非其机会,系因人心摇动,物议沸腾,不如俟将来无事之时再由驻京大臣随时商办。格云:似此空虚之话,难以入奏。布云:我在中国多年,一切情形我皆知晓。若云某事缓商,即无期商议,然我非不信贵爵所言,但将来之事贵爵亦难保定。曾侯曰:若嫌商议无期,可俟修约之期再行商议。布云:若商定期限照原议开办尚可,若俟数年后再行商议,实不可行。格云:按《瑷珲条约》松花江行船贸易原系旧约准行之事,嗣因中国有不便处,未能照办。去年所议者已属本国退让之意,此次重议此事,若不说定办法,本国大皇帝难以俞允。布云:贵爵原拟三层办法,本国未云可否。曾侯曰:布大人另有意见否?布云:我实无定见,惟必须商定切实办法,免得将来再起争论。曾侯曰:可照百里贸易之例推广,百里作为试行贸易,如查明实有益于中国,将来再行商议。布云:自松花江至三姓系六百里,然自入江口往上行四百里毫无村落,何以贸易?格云:必须择一好地方。曾侯曰:布大人所言四百里内可指出地名否?布云:我当回去看图。格云:现在可指定地方行船贸易,将来再照旧约推广,此是本国格外相让之意。曾侯曰:若择定地方不可到三姓,若到三姓,中国断难答应。

格云:贵爵在本国办理一切,于中国十分光彩。贵爵请留布大人,本国大皇帝即允其召回,贵爵请改原约紧要各条,本国即答应更改。按本国大皇帝之意,两国边界之遥,和好之久,彼此相安,两有裨益,所以原约要紧之条无不答应更改。现在事已垂成,中国务当体贴本国美意,不可失此机会。曾侯曰:中国所请商改者不过摘要相商,贵国既肯答应,中国必曲体贵国美意,但两边意思务要合龙,始克有成。倘格大人意见与我相差太远,虽请示未必答应。格云:本国已尽力相让矣,我原想明日入奏,无如所商各节尚须斟酌一番,似应稍缓数日,俟一切商议妥协,开出节略,请旨后再知照贵爵,作为末后之话,商定期限,静候中国回音。曾侯曰:既云末后之话,务请斟酌。倘开出节略,中国不能答应,则事不成矣。格云:本国大皇帝亲自斟酌后即无可再改,亦无可再商矣。言毕而散。

十一月十九日一点钟①

曾侯带翻译官庆常赴外部,将入客厅,适外部尚书格尔斯朝服而出,向曾侯云:我此刻当入内庭会议,不能奉陪,现在布大人在署,可以晤谈,言毕而去。布策即请曾侯在外厅同坐,寒暄毕。

曾侯曰:前日格大人与本爵面谈之言已入奏否?布云:格大人业已奏明。曾侯曰:上礼拜三日我同格大人已将一切办法大致说妥,讵意格大人于礼拜五日言礼拜三所拟办法含混不清,碍难入奏,又有许多要更改之处,我甚歉然。据我看礼拜三所说各样办法,虽似含混,然贵国既不致吃亏,则中国所许贵国好处仍然可得,贵国但不于字面上过于认真,则中国亦不至有碍难答应之苦衷矣。布云:俟外部开出节略送与贵爵阅看,即知两国意见无甚出入也。曾侯曰:此节大有关系,我前日曾向格大人言及贵国所开节略如

---

① 杨楷本无"一点钟"三字。

与中国之意大略相同,即可一面商定同布大人拟出约稿,一面请示画押。倘贵国所开节略与中国之意相差太远,当先请示可否商定,然后再请示画押,岂不多需时日?今贵国既欲妥速定局,务请体会本爵所言。布云:贵爵所言我甚明白,我当再向格大人言之。

曾侯曰:尚有数层未能向格大人细说,可向布大人略言之,缘布大人熟习中国情形,容易领会。布云:愿闻贵爵之言。曾侯曰:喀什噶尔分界一事,前日格大人以为所拟办法近于含混,彼时布大人言里发抵亚所议之界系照两国现在所管地界而定者,然否?布云:不错。曾侯曰:中国原请照明将军所定之界,而贵国以明界不到此处不肯答应,如贵国欲声明照里发抵亚之界,中国亦难答应。布云:我想专条内可载明中国喀什噶尔与俄国费尔干省分界事宜,应由两国各派大臣前往查勘酌定。曾侯曰:若不说明界根,则无所依据,布大人既言里发抵亚之界系照两国现管地界,则将来勘定此界何不按照现管界址查勘酌定。布云:贵爵于专条内欲如何载明?曾侯曰:当言中国喀什噶尔与俄国从前未曾定界处,应由两国各派大臣照两国现管地界前往查勘,如有不便之处,就地酌改。布云:若照两国现管地界,原无不可。但既云查勘,不必言酌改,盖查勘即寓酌改之意。曾侯曰:布大人系何意?布云:并无他意,本国只愿照现管之地以守之。曾侯曰:如分界大臣查明不必改动现管地界,则此界自然不改矣。但酌改之语不可不写,盖喀什噶尔之界若无此语,则他界亦难有酌改字样也。布云:我当将此节告知格大人。

曾侯曰:帖克斯川西边日前据布大人言有三处村庄,请问布大人已看地图否?布云:我已看过。曾侯曰:三村究在何处?可请布大人指出。布遂出地图一纸,指出三村在帖克斯川西边,乃向曾侯曰：不过一隅之地。① 曾侯曰：明界在何处？布指图云：即此绿线也。曾侯曰：我看此地与伊犁西边不相连属，似乎另让地方，我实难答应。布云：似乎不连而实相连，但专条内不必提出此地，只载明伊犁之界自别珍岛山起，顺霍尔果斯河，过伊犁河，至乌宗岛山，往南直到天山。曾侯曰：自乌宗岛以上系里发抵亚所议伊犁西边之界，自乌宗岛以下，当照明界。布云：本国实难答应，且现在紧要之条本国业经应允，似此小事中国何必争论。曾侯曰：我已答应勘改此界，贵国何必定要开出界限。布云：本国恐分界大臣彼此争论，所以欲预先说明。曾侯曰：定界之事系分界大臣专责，此事可由分界大臣作主。布云：若全靠分界大臣作主，实不妥当。曾侯曰：无不妥处，我实告布大人，"里发抵亚之约"未甚妥协，所以不明事理之人借词议论，以致约不能行，此次派我前来，凡事必须办理妥协。如不能办妥，不如缓办，所以此次改定各条，只要贵国无所吃亏，不要写出招人议论之事。布云：我必将此情告知格大人。曾侯曰：务请贵国体会中国之意。

布云：我请②《陆路通商章程》内嘉峪关一条所③照天津办理，似须再加详细。曾侯曰：我想只云天津有何权利，嘉峪关亦一律办理，如此写法于俄商之利无损。布云：我想通商章程尚须另定。曾侯曰：我意亦如此，缘章程行之最久，务须整齐。布云：然。

曾侯曰：俟商定时先请布大人拟一法文专条稿底，送与本爵饬译汉文，再交与布大人。布云：甚好。曾侯曰：今日本爵所言请布大人告知格大人。布云：我必告知。言毕而散。

---

① 朱克敬本此句为双行小字。
② 请：杨楷本作"想"。
③ 所：杨楷本作"云"。

十一月二十一日

曾侯带同参赞邵大人[1]，翻译官庆常、塔克什讷前赴外部，与尚书格尔斯会晤，前北京[2]公使布策、翻译官孟第俱在座，寒暄毕。

格云：本大臣昨日进内面见本国大皇帝，已经奉有吩咐，今拟仍令布大人前赴贵署，先将本国之意说明，俟布大人将话说出，贵爵即知本国大皇帝实心和好之意，贵爵大臣[3]再肯从中撮合，此事即成。本大臣于未送节略之前一日，令布大人与贵爵大臣[4]晤谈一次。本国皇帝已于昨晚起行出郊打围，借以散闷，本大臣于奉谕后，正与布大人商议此事。请问中国皇帝亦常打围否？曾侯曰：中国亦有蒐狝讲武之典礼。惟当今皇帝冲龄践阼，尚未举行。格云：本国最重此事，所畜猎犬最是凶猛。[5]

曾侯曰：本爵昨见布大人所谈之话，不审已告知格大人否？格云：我已晓得，现在尽力筹画，过数日必令两国和好如初。曾侯曰：两国意思相差尚不甚远。格云：有边界禁阻商务之事，俟布大人赴贵署时一并告知，今日亦不必提，布大人须取稿案来，然后查明商办耳。至于约章之事，仍须赴兵部查明后再与贵爵大臣[6]商办。曾侯曰：边界事是新事否？格云：是。曾侯曰：上次格大人说愿将约章之事速为了结，中国亦甚愿速了，使两国边界之人彼此相信，无复猜疑，乃佳耳。格云：甚是，两国边界过长，交接之际易启猜疑，必须设法免去才好。曾侯曰：我系奉派驻札贵国钦差大

---

① 杨楷本无"大人"二字。
② 北京：杨楷本作"驻华"。
③ 杨楷本无"大臣"二字。
④ 杨楷本无"大臣"二字。
⑤ 曾侯曰……凶猛：杨楷本无此段对话内容。
⑥ 杨楷本无"大臣"二字。

臣,若有边界事件,尽可随时商办,不必搀在约内,恐因小事反致耽搁大事也。无论何事皆可随时行文于我和平商办。格云:并不搀在约内,然亦不能耽搁。曾侯曰:一面办理条约,一面商办此事。格云:我久未接到凯大人信。曾侯曰:因系封河,是以信迟。格云:前凯大人信内云,总理衙门颇有和平了结之意,但不似本大臣与贵爵大臣如此细商耳。又闲谈数语而散。

十一月二十二日布策偕孟第来署

曾侯率参赞邵大人、刘大人,翻译官庆常、桂荣、塔克什讷,随员李荆门,与之会晤,寒暄毕。

曾侯曰:昨在外部同布大人所看之图,系自己所画,抑由书肆买来者?布云:系肆中买来者,与贵署壁上所悬之图一样。布又云:昨在外部,格大人曾说令我将本国之意先与贵爵大臣说明,然后再送节略。今我特来商量,若有不如意处,应如何拟改,今日务须说清,贵署如有崇约原文,较易指点。曾侯令庆常取出崇约汉、洋原文。布策由皮夹内亦将崇约法文原稿取出,因指云:第一条应删去"此约第七条所载帖克斯川一带地方应归俄国管属"之语,第七条内"帖克斯川"亦删去,其条内之"廓勒札时村"以下之语,应改写"自此往南顺'明约'所定界限"。曾侯曰:前布大人所云边界有不甚方便之处,现今仍要改否?现在若不说定,恐将来又有变更。布云:如今不要改。布又云:第八条写法"明约"原定斋桑以东交界,查有不妥之处,今拟由两国特派分界大臣前往商酌勘定,其办法系自奎峒山起,奎峒山以北之界照旧自不必说,其自奎峒山至萨乌尔岭应在新旧两界之间,由分界大臣秉公划一直线为界。曾侯曰:此界我们不必先定,应由分界大臣办理。布云:此不过言其办法,其界线仍由分界大臣秉公划分。曾侯曰:第七条后段尚未说。布云:少刻再说,先将第九条将后段之会晤地方时日移写在前,将前段之遣派分界大臣之语移写在后,下即接写喀界,可写费尔干省与喀什噶尔毗连之界,两国派大员勘分。曾侯曰:是按照现管之界勘分否? 布云:可不必说,只云照两国界去定,贵爵大臣①能晓此意否? 此即按照现管之界勘分之意。曾侯曰:我不论是何意思,但云喀界由两国派大员会勘酌定,我就可以答应。

布云:第十条"领事官将哈密、古城等处设二员"之语删去,添写"现在嘉峪关、乌鲁木齐各设一员,其余各处俟通商兴旺时再行添设"。后段"不纳税"之下添注"俟通商兴旺时即议税则,照则纳税"。② 曾侯曰:但是汉文须改一字,将"均不纳税"之"均"字改一"暂"字,为"暂不纳税"。布云:此意云何? 曾侯曰:按汉文文法,不过将下句意思在上句显出,上句虽改一字,仍是布大人下句意思。还有一事,是蒙古不纳税须添"照旧约"三字。布云:可以。曾侯曰:第十二条以货抵账原无可议,但须添写"彼此情愿"之语。布云:可以。又云:第十三条无可议。第十四条须全改其写法,准俄商由俄运货,由陆路过张家口至天津、汉口,或在该处销售,或由该处运往内地。俄商准运货至嘉峪关,或在该关销售,或赴内地,均比照天津办理,其买土货回国,仍照旧路行走。曾侯曰:今只添嘉峪关一处,其余皆旧有权利,此处何必全说? 布云:张家口系办法本根,不能不提。曾侯曰:嘉峪关比天津,并不与张家口相同,布大人如愿与张家口相提并论,可于古城、巴里坤择一处以作比

---

① 杨楷本无"大臣"二字。
② 文中"后段'不纳税'之下"系指与第十条相关的崇约第十二条,为在蒙古与天山南北各城贸易纳税之事。

较。布云：本国已允嘉峪关比天津矣。曾侯曰：崇约是嘉峪关比张家口，汉口比天津，因不愿意，始议更改，今既应允，何必赘言？布云：通商章程上有张家口。曾侯曰：旧约所准可写照旧办理，只将现在所添者写入最妙。布云：我要写在约内。曾侯曰：若写在约内，只写张家口、汉口则反挂一漏万，莫若原有权利只写照旧约办理岂不简净？布云：并无旧约可以遵守。曾侯曰：业已通商如此其久，然则从前皆照何法？布云：从前系照通商章程，现在既定新约，前章即为废纸。邵大人云：旧章作废并无明文，亦未载在约内，恐日后忽照新章，忽引旧章，殊为不便。若一定要将旧章作废，须将旧章条条载明约内方妥，然又不胜其赘矣。曾侯曰：既有通商章程，可仍照旧办理，不必载入条约。若定要提清，即写照何年定章办理亦可。布云：节略内已允照依约中所改之处更改，何今又不照约更改？曾侯曰：是照约内改易之处更改，但是如将旧约所允权利今皆提出，放在我之肩上，不知者以为皆是我此次应允之件，我不能担承。布云：此是两国公事，非我二人私事，贵爵大臣①徒畏人言，我甚不以为然。曾侯曰：前崇大人皆因不畏人言，所以才弄出事来。我之所以如此者，正所以重公事也。布策随于皮夹中出俄文约稿一册交桂荣译出，又将法文约稿改易数字令庆常译出，译云："俄商由陆路运货赴中国内地照前法办理，可由张家口到天津，或由天津赴别处，或在该处销售，嘉峪关比照天津办理。"曾侯曰：如此写我可以答应。

　　布云：各条之外再添一条《瑷珲条约》与松花江贸易行船原条不必改动，可写"松花江贸易行船之事由两国再行商办"。布又

---

① 杨楷本无"大臣"二字。

云：贵爵大臣①前说松花江行船许多不便，本国皇帝深体此意，惟恐中国为难，务望中国亦体本国之意，速为了结此事。曾侯曰：俟此约定妥，众议稍息，缓缓商办。贵国皇上既有此美意，中国岂有不答之理？此次之约仍请布大人起稿，先将法文稿起好，再由本处译出汉文，再请布大人阅，以免汉洋文内有不符之处。

曾侯又曰：即如领事与地方大宪用信函，中国人皆不以为然，其实法文稿内并无"信函"字样，仍是"公文"，汉文亦仍改"公文"二字。布云：此事与崇宫保辩论许久。曾侯曰：原是崇大人要用"信函"二字。布云：请问应用甚样纸书写？曾侯曰：无论用何样颜色纸张皆可，两国办公事总是公文，即信札亦算公文，若言信函，则为家常私信矣。只改汉文，法文不必改。

布云：适与贵爵大臣②所说之话，外部即照此作节略送来，按今日所议各节，不识贵爵大臣③可能照允否？曾侯曰：如两国意见相差太远，我须先问国家能否应允，俟画押时还须请示，共需往返电报两次。今日所谈两国意见尚不甚远，惟亦须报明，尽我职分耳。我即云若可应允，我就画押，不过一次而已。布云：明日外部节略一到，俄国之意不能再改，亦请报明中国。布又云：崇宫保所拟通商章程今亦留下，以便交译，其应改之处我已作有暗记。

布又云：前格大人曾说交收办法由土尔克斯塘④总督与陕甘总督左办理，备一照会。我今日先将大略说说，有此办法为免临期为难，恐中国兵出入伊犁时百姓惊慌，不得不预先防范，故须酌商

---

① 杨楷本无"大臣"二字。
② 杨楷本无"大臣"二字。
③ 杨楷本无"大臣"二字。
④ 土尔克斯塘：杨楷本作"图尔克斯坦"，而朱克敬本此前称此为"土耳其斯坦"，下同。

中国遣派接收大臣,所带兵数足敷弹压而已,请不必多带。前说只派文官不必带兵,惟其中有归附中国之民,恐文官无兵呼应不灵,是以照贵爵大臣[1]之意,仍允带兵前往,但兵数及驻扎之地应与本国大臣两下相商,缘其处有俄国屯兵,务须两下商办周妥,免生枝节。俄国另派大臣一员,照料迁居之民,其迁移居民与俄国屯兵皆以一年为限,如办理顺手,限内迁净更好,俄国即按此意吩咐土尔克斯塘总督,两国皆按此吩咐,有应商酌者[2],由伊等商酌。曾侯曰:俄国即想不及此,中国亦是要说。惟总祈照朋友相交一样,言语须得柔和。缘左相本是中国大官,断不能受他人限制,且左相入伊犁,有如进朋友家取回物件,万无强横之理,请给我行文[3]时,文内须似朋友相商之意,不可如章程有应如何办理之语。布云:此不过言其大略。此处既有好意商办,不可临期因小事致生事端。格大人派我前来,应说之话我尽说出,格大人越日即备文来。再者喀什噶尔等处中国官囚禁俄人以及禁阻俄商贸易等事,祈于未定约以前,将此等事件全行办妥。曾侯曰:此等事件皆我职分所应办者,惟刻下议约之事系用电报,此等事件非电报所能传清者,须用信函并非拖延,请布大人勿疑,我亦甚愿作速了结,免生他虞。

曾侯又曰:章程内有五年修改之语,总理衙门以为五年之限过促。如章程妥当,可以宽定限期。布云:原章尚有限内修改之语。曾侯曰:既有此语,何妨定以十年。此原小事,不过体贴衙门[4]之意。因各国章程不是同年所定,今年此国修改,明年彼国修改,年年修改章程,衙门实有忙不过来之势。布云:此事我不能作主,须问格大

---

① 杨楷本无"大臣"二字。
② 有应商酌者:杨楷本作"其余有应商酌者"。
③ 行文:杨楷本作"公文"。
④ 衙门:杨楷本作"总理衙门"。

人。曾侯曰：请向格大人问问，不必相强，此系衙门意思。布云：我必问。曾侯曰：即祈于节略内一并见复。又闲谈数语而散。

十一月二十六日一点钟[①]

曾侯带翻译官庆常赴外部，适外部尚书格尔斯进内见君，尚未回署，遂同布策会晤，寒暄毕。

布云：前日贵爵向我所言乌鲁木齐设立领事不甚相宜之处，我已告知格大人。惟格大人于前日早晨已将一切事件奏明本国大皇帝，如再行请旨，似属烦琐。经我力请，伊始答应入奏，但我昨日未到外部，不知此事已蒙俞允否？曾侯曰：已改为吐鲁番矣。布云：我曾告知格大人，如改地方，中国仍准俄国领事前往乌鲁木齐办理通商事件，我想中国官不致拦阻。曾侯曰：原无阻止之理，但贵国若不放心，何不照嘉峪关领事写明管理某处通商事务。布云：不知应如何写法。曾侯曰：可将嘉峪关领事与吐鲁番领事相提并论，只言此二处领事管理天山南北路中俄两国通商事务，将原文"兼管陕西甘肃两省通商事务"一语删去，则所该者益广矣。布云：此事我不能作主，必须回明格大人请旨定夺。

曾侯曰：我昨阅外部送与本爵公文节略等件，具见贵国大皇帝和好之意，将中国所请各事，大概俱已答应，其余细节无论如何为难，似难再向贵国启齿。查外部公文内云，如此次所拟各条中国再不应允，即不必在俄国商议等语，我惟有自己担承，一面请示画押，一面请布大人缮写专条底稿，俟中国回电到时即可画押。布云：总望中国有好信来，则诸事可了结矣。曾侯曰：中国亦愿妥速

---

① 杨楷本无"一点钟"三字。

了结。布云：本国所请批准"里发抵亚之约"，按照商改各款另立专条一节，不知中国以为然否？我想此节若不说定，恐中国回电不能速至。曾侯曰：我已将此节报明中国，按中国之意，只请加"分别批准"字样。现在贵国如不欲另立专条，而愿另立新约，亦听贵国之便。布云：只要中国答应则事不难矣。

曾侯曰：我有两件事向布大人一商。布云：愿闻。曾侯曰：第十二条末段所言嘉峪关通商比照天津一节，可请挪在第十条。布云：第十条系领事官之事。曾侯曰：不错，但嘉峪关通商一节如与张家口、通州列入一条，恐人误会。若分提，之于俄商，毫无伤损。布云：此节无甚关系，可以斟酌改写。曾侯曰：偿款一事按去年所定卢布五百万元，系由银卢布合成金镑①分三起，一年交清。现在添出四百万元，共合九百万元，如欲全核金镑交纳，诚恐如此巨款难得，上海金镑价为之腾贵，致中国格外吃亏，俄国毫无利益，可否请贵国将九百万银卢布合成中国银两，则彼此均无伤损矣。布云：此事我不能作主，须请格大人向户部尚书商量，请问此款如何交纳？曾侯曰：从前五百万分三起，一年交清，此次添出四百万元，恐中国海关一年不能筹出。布云：我必将贵爵今日所言告知格大人。曾侯曰：我所说的不必定要回信，即请布大人写在专条稿底送与我看，总在贵国斟酌，我亦不相强，惟祈布大人相帮而已。布云：我必尽力说。言毕而散。

十一月二十七日一点钟②

曾侯带翻译官庆常赴外部，与尚书格尔斯会晤，热梅尼、布策

---

① 金镑：朱克敬本原为"金磅"，现改为通行用法，下同。
② 杨楷本无"一点钟"三字。

均在座,寒暄毕。

曾侯曰:按贵部照会二件、节略一件,具见贵国大皇帝和好之意。我想此事大致已如中国之愿,惟塔尔巴哈台界务未能以"明约"为根,暨领事官不止嘉峪关一员,此二事与本爵所受国家吩咐不符,是中国不满意处。本爵今日即将贵部照会、节略之意电报本国,如贵部能将塔界暨领事二者全照中国之意,则更善矣。格、布皆笑。格云:昨日照会业已写明,现在本国退让已到极处,无可再加。贵爵将本国之意电报贵国,约可定,则须如此定之。中国再不满意,则俄国另有办法,不能与贵爵再举一条两条朝夕辩论矣。本日本部公事甚忙,迟数日布大人即办法文约章,请贵爵细看可也。言毕而散。

十一月二十八日一点钟[①]

曾侯带翻译官庆常赴外部,与尚书格尔斯会晤,布策在座,寒暄毕。

格云:贵爵有要事以告我否?曾侯曰:前接贵国公文节略,具见贵国大皇帝和好之意,今日我已电报本国。格云:复电何时可到?曾侯曰:现值封河之时,往返约需一月。格云:如中国安设电线,则往来信息岂不更速乎?曾侯曰:电线诚有用之物,但中国知其好处者尚少。格云:此次商改各条本国大皇帝已让至极处,以显真心和好之意,望中国体贴此意,则事可成矣。曾侯曰:我已将此意电报本国,惟有静候回电而已。可先请格大人吩咐布大人将专条及通商章程拟出底稿,彼此校阅,俟中国回电到后,如蒙俞允,即可画押。

---

① 杨楷本无"一点钟"三字。

格云：我想出一省事办法，但须请旨定夺，可行与否尚不可知，不过同贵爵闲谈而已。曾侯曰：愿闻。格云：始因"里发抵亚之约"系两国已定之约，本国视之最重，不肯更改。嗣因本国大皇帝愿同中国和好，曲体中国为难之处，始允商改，今本国已将原约要紧各条全行退让，所留者为数无几，与其留此商改殆尽之约，莫如照现改各条另定新约，则两国因此约，所有之嫌隙即无痕迹矣。曾侯曰：废前约立新约自然更觉妥当，将来开办时亦可省事。格云：布大人之意如何？布云：若废前约系本国一番美意，必须中国体会此情方好。格云：布大人所言甚是，如中国知是本国一番好意，一洗从前意见不合之处，本国方肯答应。曾侯笑曰：贵国肯将崇大臣所议旧约与本爵大臣另订新约，中国自然深感贵国美意。惟以本爵大臣①私情而论却无关系，缘崇大臣所订之约所许贵国好处极多，本爵大臣来此商改，贵国只允商改几条，其余留与俄国之好处，中国不免吃亏者尚难枚举。若写成新约，将来人忘崇公之事，必以为皆本爵大臣所许与贵国，本爵大臣不免要受骂名，惟国事为重，本爵大臣亦不敢避此骂名耳。格云：若废前约，恐中国不知事务之人将谓以威制服俄国矣。如中国不但不感情，反使此等人得意气扬，则不如不废也。曾侯曰：断不致有此等糊涂人。

格云：本国大皇帝所重者有二，一系兵费，一系批准前约。今兵费名目已允不提，若再请废前约，恐未必俞允。曾侯曰：此事可听贵国斟酌。如废前约，即请布大人将新约与通商章程拟出底稿来。如不废前约，亦请布大人将专条与通商章程拟出底稿来。格云：然。曾侯曰：我前日同布大人面谈之事已回明格大人否？布

---

① 杨楷本无"大臣"二字，此句均无此二字。

云：我已回过了，系偿款之事。格云：不错，我已见过户部尚书。据户部尚书言，须由外部斟酌。曾侯曰：格大人意见如何？格云：我想可作二年交清。曾侯曰：可以，但请核银两。格云：按原约系交金镑最为整齐，今据贵爵言中国有不便之处，本国可将九百万卢布核出银两，但行市时有变更，必须细算，俟核出数目再议由何处递交。布云：请问银卢布每元应合银若干？曾侯曰：按分两说，一银卢布系中国五钱四分，却未算搀铜之数。格云：本部须请人核算。曾侯曰：我想此项偿款可提出若干由中国给票，交俄商在中国买货最为方便，按现在虽似中国稍占便益，而将来俄商行使此票，中国官必肯出力照料，商务更有起色。格云：此节须同户部一商，因款项一事我甚不明白。布云：将来卢布行市长落若与此票不符，恐商人不肯使用。曾侯曰：我想俄商必肯使用，即如嘉峪关买茶用此票最便，如格大人同户部议及此事，务请为力。格云：我尚须考究。曾侯曰：西洋于运货之驼只、牲畜等件，统名之曰卡尔番，华言谓之货帮。嘉峪关比照天津一事，我曾向布大人言过，货帮至关而止，即如各国商船到天津货入而船不入，将来俄国货帮行至嘉峪关，货入而货帮不入，此节须再声明。布云：自然货帮不入内地，俄商只送货而已。格云：贵爵不必过虑，俄国货帮必不入内地也。言毕而散。

十二月初六日两点钟[①]

曾侯带翻译官庆常赴外部，与尚书格尔斯会晤，寒暄毕。

格云：贵爵前与布大人面谈之话，布大人已告知于我，据我看

---

① 杨楷本无"两点钟"三字。

来公事可期成功矣。曾侯曰：我向布大人言过，现在两国意见大致相同，其余细事于俄国无所吃亏者，须将约章中词句斟酌一番，以免他国将来援以为例。格云：现在两国皆有好意，事已垂成，似此之小节不难相让。曾侯曰：请格大人吩咐布大人拟出约稿送与本爵阅看，俟中国回电到时，即可画押，岂不简便？格云：我已请布大人拟稿矣。昨日接到凯大人电信，言中国已允许俄国领事官与中国省会大宪互通往来等语，按此事本国已向崇大人辩论许久，始议定按照友邦官员之礼相待，今中国既慨然允诺，具见真心和好之意。曾侯曰：中国实有和好之意，但我所接中国电报却未提及此事。格云：凯大人办事谨慎，既有此电必系实有其事，我想不专指俄国领事而言，别国领事想亦一律办理。曾侯曰：果许俄国如此，别国自必亦请援照，所以约内各事尚须斟酌，其中词句在俄国不致吃亏，别国亦无所借口方妙。格云：可以斟酌。

曾侯曰：请问偿款一事格大人已与户部商议否？我非催问此事，不过问明以便有所依据。格云：我昨日已向户部尚书商议，一二日布大人会同户部总办核算。曾侯曰：如所核之数较去年所核者于中国尚有便宜即可照办，否则仍请照去年所核者办理。此事虽似细节，然亦公使分内应办者，谅格大人亦必知之。格笑云：本国不至使中国有所吃亏，可请放心。请问中国回电何时可到？曾侯曰：约需三个礼拜以外。言毕而散。

十二月十三日一点钟[①]

曾侯带翻译官庆常赴外部，与尚书格尔斯会晤，寒暄毕。

---

① 杨楷本无"一点钟"三字。

格云：贵爵近来接到北京信息否？曾侯曰：无甚要紧信息，现在只候中国回电而已。格云：回电何时可到？曾侯曰：约需两个礼拜。格云：总望中国说出定准之话方好。曾侯曰：我想中国必说一句决定之话，然中国既愿和平商议，可期俞允也。格云：甚好，我亦望中国俞允，则从前不和之事可期解释矣。

曾侯曰：去年所议卢布五百万元，系将代守伊犁之费及补恤俄民之款包括在内。此次贵国所请添出四百万元，应声明所有以前补恤之案此次扫数清结，岂不清楚？且两国边界绵长，案件时所不免，随时可以商办，但以前之案却须一概作为全清。格云：此次议增四百万元既归去年所议代守补恤等费之内，自无再索补恤之理，可请贵爵放心。但愿中国定要紧名目全行答应，两国意见相同，其余细事不致令中国为难也。曾侯曰：请格大人吩咐布大人于拟定约稿之时，将中国有益之事于贵国无损者斟酌缮写，则约中之词句可期妥协。格云：此事不难相让，现在本国节届元旦，布大人未到外部，想渠已拟约稿矣。曾侯曰：明日系贵国元旦，俟本爵进见贵国大皇帝后再赴尊寓贺年。格云：不敢劳驾。言毕而散。

十二月十八日一点钟[1]

曾侯带翻译官庆常赴布策公馆会晤，寒暄毕。

布云：贵爵接有北京信息否？曾侯曰：接有电信。布云：系好信息否？曾侯曰：信息甚好，我今日来见布大人为贺年喜，就便通知电报之事[2]。布云：如本国节略公文内开各条中国全行答应，固为可喜，但务望中国系诚心应允方好。倘稍有勉强或退有后言，

---

① 杨楷本无"一点钟"三字。
② 事：杨楷本作"信"。

将来必有为难之处,想中国不至暂顾目前将就了结而不作长久之计也。曾侯曰:布大人既出此言,我实告布大人说,今日早晨我接到总理衙门电信,言中国大皇帝深谢贵国大皇帝美意,将两国一切事件和平商定,总署王大臣亦嘱向布大人、格大人代为致谢。所有贵国公文节略内开各条,中国大皇帝均已诚心俞允矣。布云:闻贵爵言中国均已诚心俞允,我甚喜悦。

曾侯曰:电信内言约章各细节须将词句斟酌一番,使别国无所借口,贵国亦无吃亏之处。布云:要紧大端中国既然应允,其余细节及约章词句不难相让矣。曾侯曰:可请布大人将约章拟出法文底稿送与本爵,饬译汉文再行斟酌。布云:通商章程底稿我已拟出,一二日即可送阅,如有应行酌改之处,即请贵爵开出,以便商改。曾侯曰:甚好。

布云:前接北京来信,言左中堂将欲进京,似有请中国动兵之意,特恐左中堂到京后,无知之人借势作难,而中国东三省地方仍然调动兵勇,本国深不放心,今日闻贵爵所告之事,我始放心矣。曾侯曰:此系谣传,不可轻信。外间因左中堂削平回乱建立大功,遂以为左中堂专好用兵,其实左中堂年逾六旬,老成重望,岂有唆使构兵之理?我说一句老实话,中俄两国和好固无须调左中堂进京,假使中国有用兵之意,则西边正关系紧要,更无调其进京之理也。布云:然则左中堂未曾进京否?曾侯曰:并未进京,总之中国办事机密,外间不知底细,不免造作言语也。

布云:中国国家①虽有真心和好之意,然将来开办之时,恐中国各处官员不能仰体国家之意,致生枝节,此事不可不虑。曾侯

---

① 国家:杨楷本作"现今"。

曰:若"里发抵亚之约"中国将就答应,则布大人所虑者诚恐实有其事,盖其中窒碍难行之事甚多,势难照办也。今中国派本爵到贵国商改约章,实系认真办事之意,无论本爵与贵国辩论数千万言,两国意见既然相合,则中国所应允之事毫无勉强,谅开办之时不致再生枝节矣。布云:两国边界官有不晓事体者,遇事不肯和平商办,颇有傲慢之意,所以屡有龃龉情事。上年本国曾派施领事前往伊犁办理两国交涉事件,所以免去许多事故。现在俟定约后仍拟派其前赴伊犁办理一切事件,可保无事,将来开办时务望中国饬令各处官员认真照办,与俄官和平共事。曾侯曰:中国国家实有好意,倘将来开办时某处未能照办,可由贵国驻京大臣与总理衙门随时商办。现在只请布大人会同本爵早将约章底稿斟酌妥当,定约后中国即可吩咐各处认真办理。本爵一面请总理衙门通行各处一体照办。布云:甚好。

曾侯曰:上年所议卡伦单内开卡伦甚多,中国难以稽查,可请布大人斟酌裁减。布云:此事容易商量。曾侯曰:偿款一事请问布大人已向户部商议否?布云:格大人与我俱同户部议过,但贵爵所拟偿款内提出若干由中国给予官票准俄商持票在中国买货一节,户部不以为然。缘户部不喜与商人共事,而俄商在中国贩货汇银等事,自有省便之法,亦不愿行用官票,恐有吃亏之处。至俄官在中国收此官票,汇兑至俄,其费甚重,所以给票一节,户部碍难答应。曾侯曰:向来上海交易多用银两,如贵国定欲交纳金镑,势必银行高下其手,中国格外吃亏,于贵国毫无便宜。莫若由俄国官在中国收领银两,即使由中国出其汇费,贵国自有俭省办法,必不致似银行汇兑如此吃亏也。布云:本国实无俭省之法,无论如何总须由银行汇兑。按户部之意,不欲零星,只愿指定期限,每次实交若干方好。曾侯曰：我所报偿款数目系指卢布而言，中国所答应之数系核银两，倘现在拟办法较上年所议者更为吃亏，恐逾中国所允之数，是以不得不计较也。布云：贵爵所谓吃亏之处是否指汇费而言。曾侯曰：虽指汇费而言，然我之意思系为中国争得一分便益，即免一分吃亏之虑，此本爵职所当为之事也。布云：上年所议者系由卢布核成金镑在英伦交纳，其汇费系中国出之。曾侯曰：此汇费非俄国得之，乃银行得之也。与其使中国格外吃亏，贵国毫无所得，莫若请贵国想一妥善办法。布云：贵爵既因汇费甚重，恐中国吃亏，我可同户部商议本国认此汇费，但不知户部肯答应否？总之无论孰出此费，必须出之也。曾侯曰：此事可以斟酌，即请布大人同户部将偿款核成金镑总数，以便计较。布云：如户部允出汇费，须俟交纳之时按照时价以定汇费之多寡，约内只可言明由俄国出其汇费而已。俟将来由银行定明其费若干，再行扣算。曾侯曰：两国既然和好，即使贵国少算汇费稍占便宜，中国亦无话说。布云：汇费愈大，本国所得者愈少，此自然之理，俟同户部商议后再告知贵爵。曾侯曰：此事尚望布大人为力，使两国均不吃亏方好。布云：我必为力，今日贵爵告我电信之事，我深感谢。曾侯曰：知布大人关切此事，特来相告。今日欲到外部，但不知格大人在署否？布云：今日礼拜一日，格大人进内会议，三点钟始能回署。言毕而散。

十二月十八日三点钟[①]

曾侯带翻译官庆常赴外部与尚书格尔斯会晤，总办梅尼阔甫

[①] 十二月十八日三点钟：杨楷本为"同日"。

在座,寒暄毕。

曾侯曰:我今日早晨接到北京电信,言中国大皇帝深谢贵国大皇帝美意,将两国事件和平商定,弭止衅端,总理衙门王大臣亦嘱向格大人代为致谢。所有贵国照会二件、节略一件内开各条,中国大皇帝均已俞允。格云:尚有别话否?曾侯曰;余只言约章内各细节须斟酌词句以免别国将来有所借口,然亦不使贵国有所吃亏等语。格云:我闻贵爵所言深为欣悦,因本国大皇帝深愿同中国和好,以保两国边界平安无事。贵爵于本国元旦进宫朝贺,本国大皇帝亦曾对贵爵言明和好之意。曾侯曰:中国亦是此意。格云:本国所开各条,中国既然应允,则不久即可定约矣。

曾侯曰:布大人对我说将来开办时恐中国官有误会情事,我答以现在当作速定约,以使①中国吩咐各处地方官认真办理。本爵一面请总理衙门通行各处一体照办,即请格大人吩咐布大人早将法文约章底稿拟出送与本爵交译,将其中词句斟酌妥当,即可定议。格云:我已向布大人说过了,按今日贵爵所言,具见中国真心和好之意,且本国近闻察罕格根诟辱俄官及江汉关扣留俄船两案中国俱已办结,尤征中国和好之意。曾侯曰:我愿从一千八百八十一年起,以后两国和好较从前更为亲密。格云:本国与贵爵在俄和平商办,事已将成,务望本国驻京②大臣,中国亦与之和平办事。曾侯曰:中国待贵国公使向来最优,可请格大人放心。

格云:我明日进内即将贵爵所言奏明本国大皇帝,现请贵爵将电报之意再述一遍,我可记下。曾侯曰:中国大皇帝深谢贵国大皇帝美意,将商改约章一切事宜和平商定,总理衙门王大臣亦嘱

---

① 使:杨楷本作"便"。
② 京:杨楷本作"华"。

向贵国外部诸位大臣代为致谢。所有贵国照会二件、节略一件内开各条,中国大皇帝均已俞允。格记写已毕。①

曾侯曰:电报内尚有斟酌约章词句之语。格云:此系细事容易商量。但我从前向贵爵商议者系另立专条附于"里发抵亚约"之后,旋又因贵爵言及与其另立专条,莫若另立新约,将"里发抵亚之约"径行废弃,业已奏请本国大皇帝定夺。本国大皇帝令我稍缓此议,且观中国动静,所以姑未深言。今中国既将本国所开各条全行答应,万无疑虑之处,我当奏请本国大皇帝另定新约,想可俞允。曾侯曰:中国亦有此意,只请格大人奏明贵国大皇帝另定新约,则从前不和之事全无痕迹,以后两国更加和好矣。格云:本国大皇帝允定新约,废弃旧约,自是一番好意,可请贵爵奏明中国。曾侯曰:中国必感贵国美意。

格云:定约后不知中国批准需几个月工夫?曾侯曰:我拟派邵大人捧约进京,计由俄国起程日起需三个月工夫可以批准矣。格云:俟中国批准后,本国接到电信再行批准。曾侯曰:约章法文底稿请外部拟出,公同斟酌,约章汉文应由本爵处译出。格云:甚好,我甚喜两国公事妥速完结,如别国之事亦能如此,则厚幸矣。本国与中国连界,又有哈萨克各种族杂处其间,时虞滋生事端,今两国和平定议,则边界滋事之案易于商办。即如本国与波斯国连界,有库尔特族人杂处其间,劫掠骚扰是其常事,本国与波斯国和好,所以其害渐消矣。曾侯曰:我亦谓两国意见相同,则边界偶有事故易于弹压。格云:从前中国视各国通商为有害中国之事,望中国渐释此嫌疑之心,则商务方有起色。曾侯曰:西洋各国初到

① 朱克敬本此句为双行小字。

中国通商，所定章程多有非出于中国情愿者，中国嫌其不甚公平，不免嫌疑。但贵国与中国和平定约所议章程非勉强应允者，将来开办之时，中国必定襄助。

格云：英事①以鸦片毒害中国，以兵力强定和约，中国忌之似近情理。本国与中国和平办事，毫无芥蒂，此次商②改约章愈显本国真心和好之意。且本国所用中国货物甚多，而所售于中国者不过哈喇大呢之属而已。是中国与俄国通商实有利益，较诸以鸦片易中国子母者大相悬殊。曾侯曰：格大人所言，我甚明白。

格云：此次商改约章实系最难之事，而贵爵商办此事竟成厥功，具见贵爵才智兼优，能办大事，曷胜钦佩，想中国大皇帝必予恩宠嘉奖矣。曾侯曰：此系本爵分内之事，职所应为，尤赖贵国大皇帝愿同中国和好，不忍伤害百姓，所以能和平定议。格云：起初本国大皇帝颇有不悦之意，幸贵爵到俄后布置咸宜，令人钦羡，所以本国大皇帝始复和好初心，即此可见贵爵之才智也。曾侯曰：格大人在③事与本爵和平④商议，我深感谢，从此两国可望永久和好。格云：我办外国事件四十二年，所见人才甚多，今与贵爵共事，始知中国非无人才⑤。虽然定约以后，贵爵或在外洋或回中国，务望于所定约章关切其事，以期行诸⑥久远，则两国更加和好矣。定约在迩，今日预先贺喜。曾侯曰：两国大事彼此同喜。言毕而散。

---

① 事：杨楷本作"国"字。
② 商：朱克敬本作"尚"字，现按杨楷本改为"商"。
③ 在：杨楷本作"随"字。
④ 平：杨楷本作"好"字。
⑤ 人才：朱克敬本原为"人材"，现改为通行用法。
⑥ 诸：朱克敬本作"请"字，现按杨楷本改为"诸"。

十二月十九日三点钟①布策来署

曾侯带翻译官庆常接见,寒暄毕。

布云:昨日贵爵面告格大人之事,格大人业已奏明本国大皇帝,至废弃"里发抵亚之约"另定新约一节,已蒙本国大皇帝俞允,以显本国真心和好之据。格大人令我前来面告贵爵,以便奏明中国国家②,望中国体会本国美意。曾侯曰:我必奏明中国,今③贵国此番好意中国无不体会。布云:本国大皇帝允将"里发抵亚之约"废弃之意,原为将从前不和之事全行消除,不留痕迹也。曾侯曰:两国和好二百余年,毫无芥蒂,中国亦愿将此龃龉之事全然解释。今贵国既肯废弃"里发抵亚之约",诚可借此一洗从前不和之事。

布云:格大人并请贵爵将昨日面告格大人之言知照外部,作为中国答复本国公文节略之意,俟接到贵爵照会后,即可商定约章底稿矣。曾侯曰:我可以办一照会咨行外部。布云:我现在拟出法文约章底稿,过日送阅,如有应改之处,即请贵爵指出。曾侯曰:甚好。布云:现在事已成矣,我想起崇大人在俄所办事件,虽未合中国之意,然非有心之过,可惜未明中国之意耳,但恐商改约章以后中国复欲咎其往事也。曾侯曰:可请布大人放心,不致有此等事,但恐一时难得差使耳。布云:我与崇大人共事多年,办事向来最为谨慎,若谓其故意违训越权,我不信也。曾侯曰:此非崇大人一人之过,盖因中国与西洋交涉日浅,不明白西洋情形,以为全权大臣遂可不听国家吩咐,其实西洋亦无此例,中西交涉日久,则无此等弊端矣。布云:此次定约后,不知贵爵仍在俄国,或往别国驻

---

① 杨楷本无"三点钟"三字。
② 国家:杨楷本作"更深"。
③ 今:杨楷本作"令"。

扎,请问服水土否? 曾侯曰:我身体有病,尚须调养,然西洋水土尚服,只抱旧疾而已。言毕而散。

十二月二十日

曾侯带同翻译官庆常、塔克什讷前赴外部,与该部尚书格尔斯会晤,寒暄毕。

曾侯曰:昨日与布大人相见,知俄皇允废崇约另写新约,今日特来作谢。格云:两国意思既是相同,断无不成之事。格又云:前已面许贵爵以废弃崇约,缘本大臣日在皇帝左右,早已窥见意旨,故云可以如此。皇帝谓有传闻左相奉召入京,务须及早定议,免生枝节。曾侯曰:早定最好,惟左相并无进京之信。格云:凯署使电奏,谓有传闻。曾侯曰:左相是中国大臣,老成重望,诸事明白,断不肯挑生事端。前参崇大人谓其所定之约不妥,均系实在之话,亦系大臣谋国者之所应言。此次条约既是两国意见相合,左相亦必喜欢,且他最是明白大体之人,无论其并无进京之说,即使进京,见今日之约和平商定,亦必喜欢也。格云:前与贵爵亦曾提过,今日之言系本国皇帝之话。曾侯曰:我请格大人转奏贵国大皇帝,但请放心,左相必不进京。即使进京,亦断不肯从中作难,我所受者系本国皇帝电旨,皇帝令我应允,谁敢阻止? 崇大人所以办不妥者,即少此电耳。格云:本大臣佩服贵爵的话,前已说过办理国家大事是须如此小心郑重。至崇大人,人却甚好,惜欠精细耳。

曾侯曰:现在只请催令布大人缮妥约底,译出汉文,我即令邵大人起程。格云:本国亦愿速竣其事,惟前次照会,祈速为答复。曾侯曰:我即刻要办,惟不能快耳。格云:此系办理公事常例,前与贵爵面谈时不过记一节略耳。曾侯曰:我必照会,我办事最急,即如前次电报,晚间接到,次日即来告知。格云:办事是要如此方好。

格又云:大凡定约,先给商办之权,及议定画押时,复给定约之权。本大臣已奉有商办之权,画押时必复给以定约之权。贵大臣已有商办之权,亦必另给定约之权。彼此全权,理应互阅,照会内祈将所奉全权叙明。曾侯曰:先请将约底给我一看,缘本爵大臣①奉有斟酌字句之旨故也。至定约一层,本爵大臣②来俄时即本奉有全权,如皇上另有吩咐,届时我必行文知照③,如④无别旨,则我本有定议之权。格云:既有商办之权,即算有定约之权。曾侯曰:届时我将所奉本国皇帝敕书翻出,亦请格大人一阅。格云:本大臣亦将敕书请贵爵一阅,此不过办公事之常例,然惟按部就班乃能垂诸久远,彼此复闲谈数语而散。

十二月二十三日两点钟⑤布策来署

曾侯带参赞邵大人⑥、翻译官庆常接见,寒暄毕。

布云:昨日格大人接到贵爵照会,均已阅悉。我今日特来将法文约章底稿送与贵爵查阅。曾侯曰:我给外部照会,系照录中国电信之语,不知格大人阅后有何话说。布云:格大人无有话说。曾侯曰:如今两国意见相同,我实告知布大人,上次给我节略词意甚紧,恐中国碍难依议。所以我的电报内说得委婉些,缘欲凑合两

---

① 大臣:杨楷本作"从前"二字。
② 杨楷本无"大臣"二字。
③ 照:朱克敬本无"照"字,现按杨楷本添入。
④ 如:朱克敬本无"如"字,现按杨楷本添入。
⑤ 杨楷本无"两点钟"三字。
⑥ 杨楷本无"大人"二字。

国之意,期将一切事件妥当完结。今中国既已应允,务望贵国按我照会之意缮写约章。布云:我所拟约章底稿系照外部给贵爵节略之意,不知贵爵另有何意?曾侯曰:我无他意,不过凑合两国意见。即如松花江条款内,外部节略词意紧急,我所报中国者只言缓商而已。我想既有将来商议之语,则《瑷珲条约》具在,于贵国毫无损处,可请贵国照我公文之意缮写此条,则两全矣。布云:外部给贵爵公文节略,俱系本国大皇帝阅定之事,如欲酌改,须由格大人代为奏请,我不能妄置一辞。

曾侯曰:我给外部照会内,尚有二事系从前与布大人及格大人面商者。即如嘉峪关通商,货帮不入内地,并喀什噶尔分界照现管之界酌定等事,虽外部节略未曾详及,然我已据从前面商者报明中国矣。布云:嘉峪关通商照天津应得利益一律办理。至于货帮不入内地一节,我所拟约稿已寓有此意,但货物仍可由该关运入内地销售。曾侯曰:自然准货物入内地销售,肃州一城何须用许多俄国货物,惟牲畜及大帮人众须言明不入内地耳。布云:喀什噶尔分界照现管界勘定一节,本国可允照写。曾侯曰:两国意见相同,无可争之事,不过斟酌词句,酌量缮写而已。

布云:外部接到凯大人信,云中国允许俄国领事官与中国大宪往来均照平行之礼等语,我所拟约稿内已有此语。曾侯曰:此事我未奉中国吩咐。如贵国欲办,可用公文商办,不必写在约内。布云:凯大人原说,遇有紧要公事可见中国大宪。我想此语甚属含混,将来必致因紧要二字互有龃龉,我不以为然,所以约稿内我稍加酌改,俟贵爵交译阅看后再谈。曾侯曰:我今日亦不细说。

布云:我所拟稿内将偿款改为二年交完。至换约日期原议一年,今格大人请赶紧办,如定六个月何如? 邵大人云: 六个月太促。[①] 曾侯曰: 若定八个月可以办到。布云: 约稿内空着日期尚未添写。又有交收伊犁期限,原议俟陕甘总督将批准颁行之事派员知照土尔吉斯坦[②]总督,自该员到塔什干城之日起两个月内将交收之事办竣。外部以两月之期太促,若稍有迟延,反致误期,莫若写明三个月期限,如能先期办完更好。曾侯曰: 可以如此写。

布云: 稿内有将从前《陆路通商章程》作废之语,并添一条,系两国从前旧约未经此次更改之条仍旧照行等语。曾侯曰: 如废从前陆路章程,必须详细查阅,以免遗漏。布云: 章程稿内第二条"罚无照商民之事",及第八条"货主不知情分别罚办",贵爵曾欲添话,即请开出再行商议。曾侯曰:"分别罚办"之语以下须添"海口通商不照此例"。布云: 偿款专条与卡伦单均未开出,俟拟稿后即行送阅。曾侯曰: 可请布大人将卡伦数目核减方好。布云: 我可斟酌。言毕而散。

---

① 朱克敬本此句为小字。
② 土尔吉斯坦: 杨楷本作"图尔克斯坦",即朱克敬本上文所提"土耳其斯坦"。

卷　四

庚辰十二月二十五日一点钟①

曾侯带翻译官庆常至布策公馆会晤，寒暄毕。

曾侯曰：前日晚间接到中国电旨，派本爵为钦差全权大臣定约画押，昨日已照会外部矣。布云：我闻之甚喜。曾侯曰：不知定约时须将全权字据译出否？布云：按常例，画押时须彼此校阅全权字据，但不知贵爵已奉到全权字据否？曾侯曰：前日所接电旨即系全权，却无字据，我已知照外部，不知可作凭据否？布云：贵爵既奉电旨，即可作为全权矣。曾侯曰：定约后拟派邵大人捧约晋京，将来换约之事不知可将批准之约交与两国钦差大臣否？布云：按常例，在某国定约即在某国换约。中国批准可将条约寄送贵爵，会同外部大臣换约，写一字据画押为凭。

曾侯曰：前日布大人面交本爵法文约章底稿，已饬将条约译出，其通商章程一二日即可译完，细阅条约各款，两国意见大致相同，惟其中小处及字句②内尚须斟酌，俟帖出签子再行送阅。布云：甚好。

曾侯曰：我所请斟酌之处非欲使俄国吃亏，不过使字面光彩，

---

① 杨楷本无"庚辰"、"一点钟"五字。
② 句：朱克敬本为"局"字，现按杨楷本改为"句"字。

文理妥顺而已。布云：如贵爵欲将约章字句全行改易，本国难以答应。曾侯曰：非欲全行更换，不过欲免人议论及别国借口情事。布云：请问欲改者何条？曾侯曰：今日只言大略，即如条约第十一条可仍照原约开列，不必另议条款。布云：贵爵因何不以为然？曾侯曰：布大人稿内添出领事与中国大宪往来平行之语，我不以为然。查中国大宪与领事官来往谦恭，接待从未以属员之礼视之。若写明平行之语，似难为情，盖既与贵国公使平行，复与领事官平行，则毫无区别矣。原约内只言照友邦官员之礼相待，意甚周妥，不如仍照录原约为妙。布云：我添入此语并非杜撰，实因本国接凯大人信，言中国已允俄国领事官与中国大宪往来按照平行之礼，所以即将此语添入约内。曾侯曰：我却未接中国电报，布大人既谓中国业已答应，何不用公文商办此事？何必写在约内。布云：贵爵欲请酌改，无非欲满中国之意，然事事俱欲满意，本国难以答应。曾侯曰：有许多事原无妨碍，而不知事理之人只看面子。譬如吃咖啡时或有先放牛奶后斟咖啡，在明白人视之原无分别，然拘执人见之即以为大谬不然矣。我所请斟酌者正类此耳。布笑云：诚有此等人。

曾侯曰：布大人所拟约稿第十条云，俄国照旧约在伊犁、塔尔巴哈台、喀什噶尔、库伦设领事官外，其肃州之嘉峪关、乌里雅苏台、科布多、吐鲁番、哈密、乌鲁木齐、古城亦准设立领事官，惟现在俄国只在肃州之嘉峪关及吐鲁番两处添设领事，其余五城俟商旺再议添设，于未议添设以前肃州之嘉峪关及吐鲁番领事兼管附近各处商务，并照从前旧章给地盖房等事。又云，以上各城将来一经添设领事，即可一律照办等语。在布大人反复提说之意，不过为将来地步，我甚明白，然将来添设领事即可照办之语可不必提。盖既然添设领事,岂有不照办之理,此其一也。嘉峪关、吐鲁番领事可开在前,然后再提别处将来添设之语较为清楚,此其二也。布云:嘉峪关、吐鲁番领事先行开列,原无不可,其余无需更动,盖或先提之或总提之,其意一也。曾侯笑曰:此即方才所言,先放牛奶后斟咖啡之喻也。布笑云:诚然。曾侯曰:向来通商处所方准设立领事,今中国准贵国在吐鲁番添设领事,本非通商之所,须声明未开通商口岸及内地各处不得援以为例。布云:为何必须声明?曾侯曰:恐将来或有流弊,不可不防。然我所指者,系内地与未开通商口岸而言,并未议及陆路,于贵国毫无妨碍之处。布云:可以商量。曾侯曰:凡设领事处方准设立行栈,今张家口虽准设立行栈,然非设领事之所,必须声明别处不得援以为例。布云:贵爵所欲酌改及添增之处我已明白,即请贵爵详细开出,再行商量。

曾侯曰:我同布大人共事半年之久,情意相投,可称良友,而此次商改约章我所为难之处,布大人无不尽知,今两国意见相同,事已垂成,其中细节于贵国无伤者,务请相让。布云:可惜非我一人可以作主。曾侯曰:可请布大人代为婉言,如我所开酌改之处实于贵国有损,布大人不妨直言,以期互相印证。布云:可以如此。

曾侯曰:偿款一事不知布大人与户部商议后已拟专条否?布云:尚未拟妥,今日正想往户部一商。曾侯曰:布大人上次曾言贵国允出汇费,即请布大人将偿款合成银两,将来在中国交与贵国驻京大臣收领较为便易。布云:贵爵所言交纳者系用银票否?曾侯曰:或交现银,或交银票,听贵国之便,若在上海交领事官更为方便。布云:我所谓本国可允出汇费者,系指英伦交纳而言,倘在中国交纳,本国未必肯出汇费。曾侯曰:若在英伦交纳,则银行独享其利,于两国毫无益处。布云:无论如何必须经银行之手,即必须有人出此汇费。曾侯曰:中国不知卢布,亦不知金镑,凡一切出入款项系合银两,所以必须合成银数报明中国。如贵国定欲在英伦交纳,则中国不能知其确数。盖贵国卢布既有行情,而英国金镑亦一时有长落,虽两国经手官员毫无舛错,然每起交纳时金价不一,必致为难,不如在中国交纳之省便也。布云:贵爵欲在中国交银否? 曾侯曰:不错。布云:交银之事或于中国方便,然本国碍难答应,盖如此办理,则偿款究竟应得若干,本国不可得而知也。曾侯曰:然则在英伦交纳,则贵国即可知之乎? 布云:英伦交纳汇费易算,不难知其究竟应得之数。曾侯曰:不知布大人已将偿款合成金镑若干否? 布云:我尚未合算。曾侯曰:按九百万卢布,大约可合金镑一百三十一万有奇,此不过大略而已,请布大人再细核算。缘卢布与金镑是两层事,说明一层不难类推,若全不说出,我岂能揣摩? 布云:按贵爵之意,每卢布合银若干? 曾侯曰:大约合库平银五钱四分。布云:我再向户部问明,合出金镑数目若干,即行告知。曾侯曰:一切事件均望布大人助力。布云:我甚愿相助。言毕而散。

十二月二十七日一点钟[①]

曾侯带翻译官庆常赴外部,与尚书格尔斯会晤,侍郎热梅尼在座,寒暄毕。

格云:现在事已垂成,定约在迩,彼此同为庆幸。曾侯曰:今日格大人接见各国公使,本爵亦照常前来,非为辩论公事,盖大端

---

① 杨楷本无"一点钟"三字。

业已商妥,两国意见相同,不过将约章词句同布大人斟酌一番,其中或于中国稍有益处,而于贵国无损之事,务望贵国相让。格云:斟酌字句原无不可,至于约章小处,若无妨碍,本国亦愿相让。曾侯曰:布大人已将法文约章底稿送与本爵,现在译出汉文,其中字句有应酌改之处,我详细开出,与布大人再行商量。格云:俟约章底稿拟妥,由外部进呈本国大皇帝俞允,即可画押,将来本国批准不过照例之事。盖一切事件悉由本国大皇帝作主,既蒙俞允,即与批准无异。曾侯曰:布大人办事谨慎,若无格大人吩咐,虽细事亦不肯轻让,可请格大人嘱其同本爵商量。若于贵国无甚出入者,稍加退让。格云:布大人一半日到署,我可告知。

曾侯曰:我所请斟酌者皆字句小节,只有一层须先向格大人言之,即如条约第三条末段系论伊犁迁民将来至中国,照俄国人一律看待之事。以本爵之意,此项迁民既入俄籍,即系俄民,将来再到中国地方,中国官见其持有贵国护照,即以俄民视之,岂复问其从前曾否在伊犁居住,不如将此段删去较为清楚。盖欲提明迁民,则反有区别矣。格云:本国欲提明迁民者,系为保护该民起见。中国国家①宽大之政,本国素所深知,惟地方官不能仰体此意,以致本国深不放心。盖将来迁入俄国之民复入中国,经地方官认出,恐有杀害情事也。曾侯曰:中国大皇帝既有恩旨,地方官岂敢不遵?贵国不必过虑,断无此等情事。格云:本国拟饬土尔吉斯坦②总督转令本国边界官,所有迁出之民暂不准复入伊犁,以免激成事端,俟将来人心平定,方准前往,此系本国格外好意。曾侯曰:我深感谢,然中国亦有好意,所有迁出之民必照俄民看待,所以请删

---

① 国家:杨楷本作"向来"。
② 土尔吉斯坦:杨楷本作"图尔克斯坦"。

去此段,不使稍有区别也。譬如桌上所放白纸之外,另由别处采取一张置在此处,使人不辨其出处,同一白纸也。格笑云:贵爵所言实属有理,但今日尚难定其可否,俟同布大人商量后再可提及。曾侯曰:我非即欲格大人答应此事,不过预先说其缘由,格大人即知本爵毫无他意也。

格云:贵爵办事最为谨慎,往往中国已欲退让,而贵爵语言之中仍不肯遽然放松也。曾侯曰:我已向布大人言过,若实与贵国不便之事,不妨据实相告于我,岂有勉强之理?格云:以贵爵之才智,不惟出众于中国,亦罕见于欧洲,诚不可多得之使材也。外部诸公同为钦佩,即如热大人久办外国事件,彼亦为钦羡。热云:我实羡慕之至,方才格大人谓贵爵办事谨慎,正当如此。盖贵爵不在中国国家[1]耳目之前,不得不再三思量。即如从前本国皇上带格大人移驻黑海之时,留我署理外部,彼时与贵爵极力辩论者,正因皇上远行,往返寄谕迟滞,不敢放松也。曾侯曰:彼此商办公事,俱系因公起见,皆不相怪也。言毕而散。

十二月二十八日两点钟[2]布策来馆

曾侯带翻译官庆常接见,寒暄毕。

布云:昨日贵爵到外部与格大人所提各事,格大人已告于我矣。曾侯曰:我只提过一件事,并未言及他事。布云:不错。曾侯曰:此事虽于贵国无甚关系,然既须删去一段条约,遂于昨日格大人见客之期就便提及,且布大人接到我所开酌改之条亦必商诸格大人,所以先将我的意思诚心说出也。

---

① 国家:杨楷本作"亲近"。
② 杨楷本无"两点钟"三字。

布云：今日来见贵爵，欲将偿款之事详细言明。查贵爵拟交银两之议，本国户部碍难答应，缘卢布合银究竟若干，本国无从查考，且中国银两成色不同，而本国卢布亦搀铜色，所以势难核算也。曾侯曰：如交银两，中国必发纹银，惟贵国卢布既已搀铜，复有制造之费，较中国银两成色更有出入之处，本爵不知其详，亦难说定。布云：贵爵所言每卢布一元合中国库平银五钱四分，不知如何考究的。曾侯曰：系用天秤乘过，大约如此。布云：如在英伦交纳，本国情愿出其汇费。曾侯曰：贵国既允出汇费，总是一番美意，势难再强贵国允在中国交纳，但请布大人将金镑总数核算若干，扣除汇费，开一清单送与本爵。布从怀里取出一纸①，云：户部按照上年五百万卢布所核金镑七十九万五千三百九十三元之数，将偿款九百万卢布合得金镑一百四十三万七千零七十四元，此系户部仔细核算之数。曾侯曰：按此数大约合银五百零九万两。布云：贵爵以每金镑合银若干？曾侯曰：按三两六钱合的，汇费在内，然寻常不过三两有零，此系电报汇银，汇费较重也。布云：按我所算的，每金镑合银三两一钱五分，但系照每两合卢布二元之数。曾侯曰：两元卢布不止一两银子。布云：稍有盈余。曾侯曰：贵国合出金镑数目，我可以依据。若令我遽然以卢布合成银两确数，实不知何所依据也。布云：将来交纳偿款，拟以二年为期，至交纳次序，原来五百万之数分作三起，今偿款共九百万之数，应分若干起，须向贵爵一商。曾侯曰：可分六次否？布云：若分六次，亦可按头起自换约后四月内交纳，其余五起每四月交纳一次，二年交清。曾侯曰：甚好。布云：我即照此拟一专条底稿。

---

① 此句朱克敬本为双行小字。

曾侯曰：我昨日向格大人所提之事，布大人以为如何？布云：面上似无关系，然其中却有道理。曾侯曰：伊犁迁出之民既入俄籍，将来至中国地方持有俄国护照，中国官即照俄民看待，岂能查询是否从前伊犁居民耶？若欲写明，反有区别，不如将此段径删为妥。布云：本国欲提明之故，缘中国官每有歧视之意。即如本国所属之哈萨克有从前分界时归于俄国者，伊等至中国地方，中国官不以俄民看待，仍以华民视之，遇有不照中国礼仪，辄割断其耳或虐待其人，是以此段碍难删去。曾侯曰：若不肯删去，须声明从前在中国造反作乱之人，俄官不得发给执照复入中国矣。布云：第二条既言中国大皇帝允降谕旨宽免伊犁居民，即不得究其既往之事，且本国边界官亦难查询是否从前作乱之人，势必一概不准前往，然则其间竟无良民乎？曾侯曰：我已知布大人不肯添入此语，所以请删去第三条末段之文，以显中国毫无歧视之心也。布云：贵爵所言甚属有理，但本国终不放心也。曾侯曰：贵国交还中国土地，商定条约，亦罕有之事，具见两国真心和好之意。我系中国钦差，不愿约中稍有不妥之处，即如此段不删，恐留痕迹，以致本无歧视之心者反生出歧视之心也。布云：将来办事之人诚能如贵爵所言固属可喜，但恐未必能如此也。曾侯曰：将来贵国边界官务须留神，不可准从前作乱之人复入中国，方为妥善。布云：然则中国官不遵恩旨①乎？曾侯曰：我所言者系民间私仇，非指中国官而言。昨日格大人向我言及伊犁迁出之民拟饬土尔吉斯坦②总督，暂不发给执照，以免入中国滋生事端等语。贵国既有好意，我于定约后请总理衙门饬令该边界官按照条约以待俄民。布云：贵爵所

① 恩旨：杨楷本作"条约"。
② 土尔吉斯坦：杨楷本作"图尔克斯坦"。

想办法甚为周妥。曾侯曰：两国好意不可载于条约，而在见诸实行。即如伊犁迁民，中国本无歧视之心，何必定欲载明耶？布云：本国知有中国大皇帝恩旨，特恐边界官不能遵照办理也。

曾侯曰：中国大皇帝虽有恩旨，却须稍有区别。即如从前为首作乱之白彦虎等，假如我作伊犁将军，必不准其再入中国滋事矣。譬如布大人作土尔吉斯坦或西悉毕尔总督，有俄国造反之人逃入中国者，倘此等人持中国护照复入俄国，想布大人亦必不准其入境也。布云：我想此等造反为首之人复入本国，无论有无别国护照，仍可置之重典。曾侯曰：但既有俄国护照，中国势难惩治，莫若贵国禁其前往可也。布云：白彦虎等逃入俄国，并非俄国有心袒护，但拘于各国公例，碍难交出。盖各国以谋国造反之事为公罪，以杀人劫掠为私罪也。但既然某国收留造反公罪之人，即当严加管束，不得任其潜回本国滋事。倘令其潜回，即犯公例，如其本国执之以正典刑，彼国不能过问也。曾侯曰：布大人所言拘禁管束之语，可载入条约否？布云：可以用公文商定。曾侯曰：甚好。

布云：塔尔巴哈台参赞大臣有将俄属哈萨克人割去耳朵情事，已向贵爵提及矣。曾侯曰：此系边界小事，两国边界①绵长，不免偶有事故。贵国驻京大臣自可随时办理，将来定约后，我拟上条陈奏明边界一切事件。布云：此举实于两国有益，我所以提及塔尔巴哈台参赞大臣之事，缘从前中国欲派其充当接收大臣，今既有此情事，边界地方无人不晓，碍难派其前往伊犁也。曾侯曰：接收大臣系国家简派，我不能置一词。倘贵国有何意思，不妨令凯大人在北京说明，我不知中国简派该大臣与否，不能说定也。布云：甚

---

① 杨楷本此处无"小事两国边界"六字。

好。曾侯曰：二三日内即将酌改条约章程送阅，约内无甚改动之处。惟既欲废弃旧章，则新章内必须诸事周备，是以添改之处稍多，然于贵国皆无伤也。言毕而散。

光绪七年①辛巳正月初三日两点钟②

曾侯带翻译官庆常至布策公馆会晤，寒暄毕。

布云：昨日③接到贵爵所开添改约章条款各一份，均已阅悉。曾侯曰：布大人以为如何？布云：贵爵非特更改字句，且添出许多事情均有关系，既不在本国节略之内，势难增添，是以格大人甚属为难。曾侯曰：国家既吩咐我将约章妥为核定，不得不加一番斟酌，除酌改字句之外，条约内添改之处无几。惟通商章程内添改之处稍多，缘径废旧章另立新章，自应将一切办法开列清楚，以免遗漏。倘格大人不肯作主，或欲奏明贵国大皇帝之处，须自行斟酌也。布云：外部前开节略已经本国大皇帝阅定，今贵爵复欲添改，如格大人肯为代奏固好，但恐其碍难入奏也。曾侯曰：如格大人不肯另行奏明，或俟两边拟妥之后再行入奏，亦无不可。

布云：第三条内所添为中国民一语，可以照写。惟末尾所添伊犁迁民俄官发给执照，由中国官查验方准出境一节，势难答应。不知贵爵有何意见？曾侯曰：系为妥当办理起见，盖既于交收伊犁以前询明，则其权操在俄官，其余交收以前出境者固无可议。然交收以后一年限内出境者，若不由俄官预先发给执照，则中国官无从稽查，何由辨别谁系迁居之民乎？布云：迁居之民俄官必定给

---

① 光绪七年：朱克敬本无"光绪七年"四字，现按杨楷本添入。
② 杨楷本无"两点钟"三字。
③ 昨日：朱克敬本作"日昨"，现按杨楷本改为"昨日"。

予执照，何必载在约内？盖由中国官查验执照，似有限制之意，俄国碍难应允也。曾侯曰：所有愿迁之民，俄官已发执照，中国官何从限制？不过欲分别迁居之民与仍往伊犁之民耳。且询明之下，亦须补足字句，意思方为周妥。布云：从前外部向贵爵提及交收伊犁办法数端，即如中国官初入伊犁所带兵数及扎营地段，与迁居之民在一年限内归俄国驻扎大员保护，以及俄兵驻扎伊犁期限等事，较发给执照之事尤关紧要。起初外部欲载入条约，而贵爵欲行文商议，不肯载入条约，是以外部曲体应允。如贵爵定欲将发给执照一事载入条约，何不将交收伊犁一切办法全行开载，岂不更为周备乎？曾侯曰：外部不将俄官保护迁民等事载入条约，原系一番好意。至于发给执照一事，并非细故，实有关系，如不预先商定，特恐临时生出为难之事。布云：我非不欲发给执照，但交收伊犁要紧办法俱已责成交收大臣办理，似此小节，亦交收大臣应办之事，何必载明，致要紧节目反不开列乎？曾侯曰：倘布大人以"中国官查验"字样似有限制，可以不提。只于"询明"以下添"俄官发给执照"之语，似尚可行。布云：可添两句，一言迁民于一年限内归俄官保护，一言由俄官发给执照，贵爵以为如何？曾侯曰：中国官入伊犁原为安民，非为虐民。若声明归俄官保护，实于中国体面有碍，我难以答应。至添入"发给执照"字样，原系应办之事，其何伤于俄国乎？布云：我不能作主，须问格大人。

曾侯曰：既系细事，何必特意问之，尽可将我所要斟酌者一总问明，较为省事。布云：虽属小节，积少成多，即如第三条原文末段，贵爵亦曾请格大人删去，似此节节添改，则本国节略所开各条势必全行改动也。曾侯曰：请问布大人我所添改之处有伤俄国利益乎？布云：虽于本国无伤，却非必须添改之事，何必定要改动？

曾侯曰：我与布大人商办此事，日日相互辩论，事已纯熟不必细说，即可一目了然。但将来开办时，两国官员于一切情形未必熟习，条约章程非为布大人与我而设，所以不厌其详，务期人人易于领会，则开办之时不致有误会情事也。

布云：第四条末尾所添，"但在贸易圈外者应一体完纳税饷"等语，我不甚明白。曾侯曰：伊犁通商章程所载贸易圈内者，可照各国租界之例一律办理。若不声明此章，恐中国官不甚知晓，此系一番好意，以免俄民将来有所吃亏也。布云：如此可以照写，但末后添出"伊犁迁民不在此例"之语，然则迁民之产业竟当舍弃乎？曾侯曰：迁民既入俄籍，即不得仍将产业存在伊犁，与真正俄国人不同也。布云：然则中国不准其将产业出售乎？曾侯曰：中国并不拦阻。布云：此段与第七条内所添"遗弃产业迁居俄国之人"一节相互关系，按本国之意，中国既于伊犁西边给与安插之地，则迁民所有田地可以遗弃，但伊等之房产不能遽然舍弃，必须准其出售方妥。曾侯曰：既有一年期限，即有出售之暇。布云：如一年限满有未出售者，应宽予限期。曾侯曰：自交收伊犁日起予限一年不为少矣，何以复请宽限耶？布云：中国向来待民宽厚，及至少宽限期，反不肯应允乎？曾侯曰：居民出境非中国所愿之事，岂能设法催其迁居？布云：否则俟一年期满，所余房产中国若欲给价入官，亦无不可。曾侯曰：中国既给予安插之地，倘再出房价，则人人视迁居为利薮，直与催其迁居无异也。布云：本国亦不催其迁居，但彼既情愿归俄，岂可拒而不纳乎？曾侯曰：布大人既欲展限，可连一年期限一并删去，由交收大臣商定期限可乎？布云：此节关系甚重，我难答应。曾侯曰：我亦难宽予限期。布云：第七条所添"遗弃产业"字样，应改为"遗弃田土"。曾侯曰：第四条内"产业"

二字亦应改为"田土",方与末尾之语相贯。

布云：第五条内所添"如能先期交完亦可"之语，可以添入。第六条内添"所有各案"字样亦可照写。第七条所添"产业"二字应改为"田土"。第八条末尾所添"以分清哈萨克之事为主"之语，与本国意见相同，可以添上。但以法文而论，须添在"以归妥协"之语以下，方为妥顺。第九条内所添"喀什噶尔西边及西北地方"等语，可以照写，但"西北"二字不甚相符，因喀什噶尔西北系七河地面原有旧界，而现在应分者只有西边一面交界，可否只用"西边"二字？曾侯曰：可以。布云：末尾所添"照两国现管之界勘定"一语，可行。至第十条设领事官之事，文理虽前后颠倒，尚无妨碍，亦可照写。惟按照旧约给予盖房等地之例，只言嘉峪关、吐鲁番可以照办，而不提将来添设领事各处，似不妥当。曾侯曰：俟将来添设之时，两国再议照办，何必预先写明致使无关紧要之事反似大有关系也。布云：我信贵爵之言，暂可不提。曾侯曰：不提甚好。布云：此条所添"吐鲁番非通商口岸设领事，各海口及十八省、东三省、内地不得援以为例"，何以不言嘉峪关乎？曾侯曰：嘉峪关系通商口岸，与吐鲁番不同，我所以声明十八省、东三省及各海口，而不言他处者，恐妨俄国之利也。

布云：第十二条末尾添出"彼此情愿不可抑勒施行"等语，皆系无用之文。盖彼此交易总是两相情愿，未闻有强买强卖者，似此字样可不必写。曾侯曰：可请布大人斟酌。布云：第十三条末尾所添"张家口无领事而设行栈，他处不得援以为例"一语，贵爵曾经提及此语可以照写。曾侯曰：张家口本无领事，而所得权利与有领事处所无异，故不得不声明也。布云：第十四条所添"货帮至关而止"一语，似有限制俄商不准运入内地之意。曾侯曰：运货入内地自是意中之事,盖既照天津办理,则货帮即作为商船,船至天津卸货,货入而船不入,货帮至关卸货,货入而货帮不入,此理最为明显也。

布云:我可以照此意拟一句话,至于第十五条修约年限,贵爵欲写十年,本国难以答应。曾侯曰:总理衙门公事甚繁,势难兼顾,原议五年期限太促,如商定十年修约,方能周转。且贵国既有驻京大臣,倘实有大不便处,不妨随时商议也。布云:须请示格大人。曾侯曰:以我之见,虽写十年,仍于贵国无伤也。

布云:第十八条添改松花江与黑龙江、乌苏里河相提并论,实于本国节略不符。曾侯曰:有何不符之处?布云:前所拟松花江专条,系因俄民在此江行船贸易屡有阻难情事,可以特立专条。今按贵爵写法,是与他事牵混,致此事反似湮没也。曾侯曰:贵国既提《瑷珲条约》,莫若照原约之意详细开出,彼此均有好处。倘只提松花江,然则俄商不准到乌苏里河乎?布云:本国只欲申明一事,不欲照录全约。曾侯曰:若只言《瑷珲条约》复为申明一语,岂不全赅在内乎?布云:若此写法,连松花江影响全无矣。再者下文"速行商定"之语改为"将来商定",格大人深不以为然。曾侯曰:"速行"字样与"将来"二字,俱于贵国无甚出入,盖无论何时商办,总系贵国开口先问也。布云:我以为中国独操其权,盖总理衙门如何办事我皆深晓,虽有"速行"字样尚且宕延,何况无此字样乎?曾侯曰:外部不以"将来"二字为然,我亦不以"速行"字样为是,若全不提可乎?布云:我不能作主,须问格大人。至第二十条内换约日期拟定六个月,甚好。曾侯曰:途次若无他故,六个月可以互换。布云:今日已将条约大致说明,其中只有数处须请示格大人。至于通商章程添改既多,而刻下已交六点钟,势难再议,可请贵爵定期再行晤谈,可也?曾侯曰:总而言之,章程内添改之处无非声明旧章于贵国无出入者,即请布大人照写,倘实于贵国有碍者,不妨直说。

布云:章程内所有添改字句之处,均可照写。其中只有两层势难答应,即于第二条所添"如查系有意闯越卡伦情节较重者,除罚货入官外,仍交领事官惩办"等语,似此情事,系强盗所为,非俄商所为者也,且边界既不纳税,何以罚货入官乎? 曾侯曰:中国以闯卡之事为重,漏税之事为轻,可请布大人想一办法,改日再谈。布云:第二层系张家口请领凭据由俄商出具保结一事,本国实难答应。曾侯曰:此系旧章所载者,今旧章径废,岂能不添入新章乎? 布云:此事从前即已难行,一则或无商人在口,一则或有商人而不肯具保。曾侯曰:张家口无领事,故当如此。布云:按章程内,俄商遗失执照,无论行至何处,均准向地方官请领凭据。今于张家口反有区别,诚不知作何解。曾侯曰:亦请布大人想一办法,明日一点钟到外部见格大人后,再至尊寓叙谈,可乎? 布云:甚好。言毕而散。

正月初四日一点钟[①]

曾侯带翻译官庆常赴外部,与尚书格尔斯会晤,布策、梅尼阔甫在座,寒暄毕。

格[②]云:昨日贵爵与布大人面谈各节我已闻知矣,所有添改字句小处,本国皆可答应,只有数层虽无关系,亦难载入条约,即如第三条迁居之民发给执照之事是也。曾侯曰:虽似小节,却有关系。盖迁居之民于交收伊犁以前出境者,固不必论。然交收伊犁后一年限内迁出者,既多且众,若不发给执照,则中国官无从稽查,亦无

---

① 杨楷本无"一点钟"三字。
② 格:朱克敬本为"布",现按杨楷本改为"格"。

从辨别应留应迁之民也。布云：交收伊犁要端尚且不入条约，何况此等细事本交收大臣应办者，何须载于条约乎？曾侯曰：譬如布大人交卸差使，我来接任，想布大人必将应带去之属员名单开送于我。格云：我非不以发给执照为然，但交收办法要端皆照贵爵之意行文商定，责成交收大臣会同办理，似此细节只可行文商议，不必载入条约。曾侯曰：如格大人嫌我所添者字句过多，我只请在"询明"二字以下添出"发给执照"一语，有何不可？况添入此语于两国均有好处，盖将来若有为难之处，彼此皆不方便也。

格云：既然如此，本国亦有另商之事，均用公文商办可也，现在且看下文。布云：第四条"产业"二字改为"田土"。曾侯曰："贸易圈"字样以下须添"居住"二字，则无遗义也。格云：修约改为十年，似觉过久，但既定约章须望永久遵行，若嫌五年太促，可以斟酌宽定年限。至第十八条松花江一事，本国原拟"速行"商办，贵爵改为"将来"二字，俟[1]觉无期矣。曾侯曰："将来"商办于贵国无甚出入，盖无论何时，贵国可请中国商议也。布云："将来"二字断难答应，莫若仍写"速行"字样方妥？曾侯曰：格大人既不肯用"将来"二字，我岂肯用"速行"字样乎？格云：莫如全不提出，只言两国再行商办可也？礼拜六日拟将约稿进呈。曾侯曰：可请格大人先送与我看，然后再奏。格云：自然。布云：我在外部稍候至三点钟，赴尊处商议章程可也。言毕而散。

正月初四日三点钟[2]布策来馆

曾侯带翻译官庆常接见，寒暄毕。

---

① 俟：杨楷本作"似"。
② 正月初四三点钟：杨楷本作"同日"。

布云：约内第十一条俄国领事官与中国官往来一节，昨日遗漏未提，贵爵以我所拟稿内有按照平行之礼等语，所以仍请照录原约。其实若删去此语，不知贵爵可仍用我之稿乎？曾侯曰：若删去此语，即可用布大人之稿。布云：只将分别情形一语说得圆满而已，无大改动之处。曾侯曰：可以照写。

布云：今将通商章程内贵爵所请添改之处逐款说明，即如第二条内添出"或随人"三字亦无不可，惟"驼牛马匹"一语似难增添，盖恐中途有牲畜倒毙之事，则数目不符矣。曾侯曰：然则批明只许减少不许增多何如？布云：亦难批明，缘俄商往往以车辆运货至中国边界始换驼载，所以在俄境领照时不能预先开出准数，及到边界雇驼换载时始知需用若干也。曾侯曰：此系旧章原有之文，似应照旧添写。布云：若定欲开出数目，惟有到边界时由中国官照数开单可也。按本国施领事熟悉边界情形，彼深不以此事为然。盖中国官若认真稽查其驼载数目多不相符者，倘不准其入境，岂不大受赔累乎？曾侯曰：若实于俄商有不便之处，我不相强，如无妨碍仍请添写此语。

布云：我姑且添上再说。至下文添出"如查系有意闯越关卡，情节较重者，除罚货入官外，仍交俄官惩办"等语，本国势难应允。一则边界无纳税之处，虽无执照者不应罚货入官。二则闯越关卡之事真与强盗无异，岂可以此度俄商乎？曾侯曰：中国以闯越关卡为重，以税项为轻，两国俱不愿有此等事，若不幸而有之，然则俄国不肯从严惩办，尚欲保其货物乎？布云：此段既指无执照商民而言，即不便与闯关卡者并论。曾侯曰：罚货入官系旧章所载，且有照逃人办理之语，若嫌逃人字面不甚光彩，可只添"罚货入官"字样。布云：商人或遗失执照，或未带身边，此系间有之事，若因此细故遽然罚货入官,本国实难答应,且又添出"阑越关卡"字样,不知者以为常有之事,不然何得载入章程耶? 似此启人猜疑之文,断难应允。曾侯曰:若不书"阑越关卡"字样,原无不可,但必须添"罚货入官"一语,盖原约只有"照例罚办"一语,似属含混。布云:按本国条律,无执照之人自有办法,但不至罚货入官也。曾侯曰:请问布大人曾有因无执照致罚货入官之事乎? 布云:从未有之,但此事本国断难应允,以其办法近于严苛,请贵爵万勿再争,徒费唇舌也。曾侯曰:姑阅下文,然后再谈此事。

布云:第三条内"该关"二字改为"中国官",并添"呈明日期、号头"字样均可照写,至"该商有隐匿"等语,以上加"查系"二字,仍与原文同义。曾侯曰:须添此二字方能明白。布云:至第三条末尾,添出"张家口请领凭据由俄商代出保结"一段,本国碍难答应。曾侯曰:此系旧章所载者。今既径废旧章另立新章,须将一切办法开出。布云:按章程内俄商遗失执照无论行至何处,均准报明中国官请领凭据,唯独张家口有此区别,我实不解。曾侯曰:张家口无领事,须由俄商代出保结,此系中国防弊之法,岂可删去? 布云:他处无须保结,而张家口独有之乎? 或无商人在口,或有商人不肯具保,则不能请领执照乎? 曾侯曰:原约无废旧章明文,故无须细写。今既有废弃旧章之条,不得不将防弊诸法照旧开出,如布大人不愿开出,须将径废旧章之条删去可也。布云:大凡另立新章,其旧章无不径废者,此不言而喻之事也。然则若不声明径废旧章,中国仍欲引证之乎? 曾侯曰:中国并不愿有两样章程,惟既定新章,须将从前一切办法列入其中也。布云:如贵爵定欲在张家口一处另设办法,只可于原文"准其执此前行"之语以下,添出"俄商在张家口遗失执照者须在口守候,补给新照"等语。倘欲照贵爵所开者,本国实难答应。曾侯曰:按布大人所拟者,尚可斟酌。

布云:第四条"该关"二字可改为"中国官",此条末段移于第五条,改为"俄国运货至嘉峪关照天津一律办理"亦无不可。第六条可以照写。第七条"由嘉峪关运货入内地照章程第九条办理"等语,可以照写。第八条"不得将全货入官"一语,可改为"方可免其议罚",至"分别罚办"等语以下添出"专指俄国陆路通商经过处所而言","各海口及各省内地不得援以为例"之语,亦无不可。末段"税官"二字可改为"中国官"。第九条各口以上可加"议定"二字,至于税则以上加"各国"二字似不相宜。盖除各国税则外,尚有俄国续则,我所谓税则者系全包括在内,若专提各国税则,反有遗漏也。曾侯曰:既全包括在内,只书"税则"二字亦无不可。布云:第十条"各国税则"亦只书"税则"而已,下文"在天津贩买复进口土货"等语何也?曾侯曰:旧章程分作三条写,我今合于一条内写明,取周密之意耳。布云:如此可以照录,其由嘉峪关贩运土货回国照天津一律办理一节,可以照写。第十一条"嘉峪关"字样删去,并加"在该口"三字,至于执照内注明沿途不得销售一节,似乎无用,盖章程内已有此语,何必再提?曾侯曰:此系旧章所有者,若于贵国无妨,可以添上。布云:第十二条子税以上有"各国税则"四字,只提"税则"可也。第十五条俄商及中国官发给准单等字句,均可照写。现在已将约章字句大致说清,其中未说清者,我再斟酌一番可也。

曾侯曰:章程第二条罚货入官一节,布大人可答应否?布云:实难答应。曾侯曰:只言从严罚办可乎?布云:我再斟酌。曾侯曰:我无可再让矣。

布云:偿款一事,户部合得金镑一百四十三万一千六百六十四元,自换约日交头一起,共分六起,二年交清。曾侯曰:按原约系自交还伊犁之日起交头一起,此次仍可照办。布云:若俟交还伊犁之日交头一起,则不能分作六起矣。缘既定每四月交一次,则逾二年之期矣。曾侯曰:可请布大人斟酌分作几起俱可。布云:我可斟酌。曾侯曰:布大人所言贵国认出汇费一节,不知如何算法?布云:我所言金镑之数,中国须照此数交纳。至由上海至英国汇费,本国可出之。曾侯曰:初以为贵国必在金镑总数扣分汇费若干给还中国,今知其不然也。布云:金镑数内本无汇费,譬如在上海买金镑是一价钱,汇至英国另有花费,本国所认者即此花费也。曾侯曰:向来在上海汇兑金镑,其汇费系算在金镑价内,今中国既须照此数交纳,仍系中国出其汇费也。布云:银行有时不开细账,故不单开汇费。若令其细开,即可知其出入也。曾侯曰:如此仍与原议办法无异,于中国毫无便宜。布云:从前办法并未提及汇费,今户部既言肯出汇费,于中国必有便宜。曾侯曰:两大国办事当顾大局,我于总数并未争论,似此小有利益之处,更不欲再争也。布云:我于此事不甚明悉,可再问明户部,即可知其分晓。言毕而散。

正月初六日三点钟①

曾侯带翻译官庆常赴布策公馆会晤,寒暄毕。

布云:格大人拟于明日将条约入奏,令我将约章内尚未说清之处,再向贵爵一商。曾侯曰:甚好。布云:约内第三条贵爵拟添发给迁民执照一事,与第四条拟添两国交收大臣查明俄民田土等

---

① 杨楷本无"三点钟"三字。

语,格大人皆愿行文商议,不必载入条约。曾侯曰:可以行文商议。惟第三条内其已入俄籍之民一段,不知已删去否?布云:业已删去。曾侯曰:第四条内应添在贸易圈外居住者照中国人民一体完纳税项一说,布大人已添上否?布云:业已添上,连末尾拟添伊犁迁出之民不在此列一节均已照写矣。曾侯曰:只言居住者意尚未足,盖不居住者并未议及,即嫌漏叙。布云:请贵爵拟一句话。曾侯曰:只言其田土在贸易圈外者一语足矣,不必单提"居住"字样。

布云:可以照写,至第七条内贵爵拟添"所有各案"一语,可否改为"所有报明中国各案"。曾侯曰:此语不甚妥当,盖既云已报者,则未报者恐再索取补偿也。查从前外部单开者,共一百零九案,可请在约内声明数目,岂不清楚?布云:按贵爵之见,若不声明全数清结,恐将来再索补偿,所见亦是。缘本国之意亦愿一次全结,并无再索补偿之意,但单约内声明一百零九案似不合宜,须另拟一句话。曾侯曰:若声明所有定约以前各案一语可乎?布云:我即照贵爵意思拟一句妥当话,不必提"报明"字样,事属妥协。曾侯曰:甚好。

布云:第八条内"分清哈萨克"一语已经添上。第九条内"照现管界勘定"一语亦已照写。第十条内"吐鲁番非通商口岸设领事"等语,与第十三条内"张家口无领事而设行栈"等语,均已添上。第十五条内修约改为十年,其余各条两边意见相同,无可议者。曾侯曰:请外部先将条约清稿送与我看,然后再行入奏。布云:可行。至通商章程内未说清者,为数无几。即如第二条罚货入官一事,我拟了一段话,如无执照商民不由应走关卡行走,以避中国边界官查验者,应扣留送交俄国边界官或领事官罚货价十分之一入中国官,再犯者将货物全行入官。曾侯曰:初犯者可按货价一半入官否? 布云:按俄国之例,罚其十分之一已属加重矣。曾侯曰:如此则声明交俄官照俄国例定其应罚之数入中国官何如? 布云:我所谓本国之例者不过比拟,却无罚办明文。曾侯曰:然则上文一段仍可存留也。布云:若贵爵肯用我所拟之文,则上文一段不必留矣。盖上文既言照例惩办,下文另有办法,则不明白矣,且无执照之人本国虽有办法,却不至罚货入官,我所以引出不按应走关卡行走一条,方有罚货办法,特为将就贵爵所言也。曾侯曰:里发抵亚所定之章程言办而不言罚,今布大人所改又言罚而不言办,如此我难答应。不如仍留上文,只改为"从严罚办"一语方为圆足。布云:总之本国只有一层办法,若照贵爵之意改此一语,亦无不可。曾侯曰:甚好。

　　布云:章程第十一条内,我原稿内系由内地贩买土货运往通州、张家口、嘉峪关等语,今贵爵将"嘉峪关"三字删去,似仍须添上。曾侯曰:第十条内既有"嘉峪关贩运土货回国照天津一律办理"之文,足以包括矣。布云:章程内既无由内地贩买土货运往嘉峪关回国明文,亦无照总例纳子税条款,将来中国官恐有阻难贩运情事。曾侯曰:嘉峪关既照天津办理,岂有阻难情事? 布云:章程内亦无由内地贩买土货运往天津照总例纳子税明文,嘉峪关何得援照乎? 曾侯曰:天津系照各国总例办理,若欲抄录总例,想布大人必厌其烦琐,至由内地贩货运至天津交纳子税一节,系属中国好处,我岂不愿添写? 但旧章与里发抵亚章程全无此语,我恐添之反嫌挂一漏万,不如不添之为妙也。布云:章程第七条内既声明由俄国运货至嘉峪关运往内地者,应照天津一律办理,则第十条内应亦声明在内地贩买土货运往嘉峪关,岂不遥遥相对? 曾侯曰:如布大人有不放心处,可以声明。但既有天津之例,似可不必声明也。布云:我只添"由内地贩买土货"一语足矣。现在约章全然说清,只候缮写而已。曾侯曰:可请布大人先将约章清稿送与我看,然后再行入奏。布云:可以。现在所余者只有偿款专条与卡伦单而已。前日贵爵所言偿款汇费之事,我未料到,当再向户部询明。曾侯曰:此系小节,我不争矣。惟卡伦单内可请布大人斟酌核减,并由尼布楚行走之路,虽现在难以说定,须声明俟将来再行商定。布云:甚好。我可将卡伦单细查一番,可减者必减。至尼布楚入边时应走何卡,须在单上注明。言毕而散。

正月初七日三点钟①布策来馆

曾侯带翻译官庆常接见,寒暄毕。

布云:今日特将拟妥条约稿本一份送与贵爵查阅。曾侯曰:布大人已将添改之处一一登录否?布云:均已照录。曾侯曰:第十五条内有废弃同治八年章程一语,不知布大人已删去否?布云:我已写在约稿之内矣。曾侯曰:如中国所请商改各条,贵国全行应允,则可添入此语。无如贵国未尽允许,则此语碍难登录。布云:中国所请商改者,本国已尽数答应矣。至现在既立新章,则旧章自应作废,故特欲声明也。曾侯曰:布大人所言诚然有理,但"里发抵亚约"内所无者势难添出也。布云:"里发抵亚条约"业已更动甚多,贵爵添改者本国无不允许,今本国只添出废旧章一语,贵爵竟不肯允诺乎?曾侯曰:我所请添改者,布大人业已答应,所以贵国欲添此语,在我本难再为力争,然此属②系我私求布大人,

---

① 杨楷本无"三点钟"三字。
② 属:杨楷本作"事"。

非我国家有吩咐也。现在既立新章,无论声明旧章作废与否,中国必不愿有两样章程,亦无引证旧章之意,惟声明作废之语,甚与本爵不便。倘日后遇有碍难之处,我国必有以废旧章为非者,必有谓旧章若不作废仍可引用者。如布大人肯将此语删去,则厚幸矣。布云:立新章废旧章本照例之事,我若请格大人删去此语,彼必谓其中另有意见,势难入奏。曾侯曰:并无他意,不过因原约无此语,碍难增添。倘格大人不肯答应,我亦不好强求,但我之私衷仍愿布大人为我圆转。布云:约内既言俄国陆路通商应照此约所附章程办理,则不得别有章程。虽不声明旧章作废之语,仍与作废无异也。曾侯曰:可请布大人见格大人代为婉言。布云:我可向格大人一商。曾侯曰:承布大人美意。布云:通商章程字句尚有未安处,俟拟妥后即送贵爵查阅。言毕而散。

正月初九日早晨十点钟[①]

曾侯带翻译官庆常赴布策公馆会晤,寒暄毕。

曾侯曰:日前请布大人向格大人说明,将约内第十五条中之废弃旧章一语径行删去,不知布大人已提过否?现抄汉文约稿留此一语尚未添写,而今日系礼拜一日,格尔斯奏外部事期[②],所以今早特来一问。布云:我昨日到外部未得见格大人,今日当再前往。曾侯曰:约内只言照新章办理,并未提及旧章,则将来开办总以新章为主,无需声明旧章作废之语。且原约内并无此条,而旧章系国家所定,我岂能擅言废弃也。布云:此语诚原约所无者,然虽未声明废弃旧章仍与废弃无异,我所欲声明者不过着实而已,惟贵

---

① 杨楷本无"早晨十点钟"五字。
② 朱克敬本此句为双行小字。

爵既有碍难之处,我今日到外部时须将声明与否同一废弃之意,向格大人委婉言之,俟有回信赶紧通知贵爵可也。曾侯曰:甚好,我预先道谢了。

布云:昨晚将法文章程底稿已封送贵爵公馆矣。曾侯曰:章程大致均已拟妥,惟第三条内布大人将尼布楚删去,改添喇嘛庙,似不妥当,当请更正。布云:中国既允开尼布楚至张家口之路,俄商必须经过喇嘛庙行走,既系必由之路,何妨开出,岂不清楚?至删去"尼布楚"字样毫无他意,不过因科布多过归化城之路,起首之处并未指明俄国边界地名,所以拟将尼布楚地名亦不提出,只言由俄国边界过科布多、归化城至张家口云云。及经过喇嘛庙至张家口云云,岂不遥遥相对乎?曾侯曰:中国允添尼布楚至张家口之路,自应开出尼布楚地名,至沿途行走可听俄商自便,不必指明喇嘛庙,于俄商反嫌预为限制,在我则为于前约外添一地名,两有不便,莫若仍照原稿,不必更张也。布云:中国既允开此路,必准俄商由该处经过,但须写明较为清楚。曾侯曰:若果系必由之路,中国并不拦阻行走,但我难以添出,致贵国本有之利益反似另让贵国好处也。布云:贵爵之意我已领会,可以仍照原稿缮写也。

曾侯曰:现将约章交译汉文,约内只有第十五条废弃旧章之语,尚须候布大人回音。布云:我必赶紧作复。曾侯曰:俟将汉文拟妥再录送布大人查阅,布大人阅看后即可誊写约章矣。布云:甚好。我现在当拟俄文,惟俄文字句中须与法文语气相合,所以法文内或有改换字样之处,然不至改动文义,汉文无需更改。惟请贵爵录送一份,以便孟翻译官校对俄文,然将来为凭者仍系法文也。曾侯曰:布大人不管汉文,我亦不管俄文,只将法文拟定妥协,将来可以为凭。如布大人欲稍顺文理,改换一二字,须向我先行面商，但总不得改动文义也。至于校对文字一节，我先已留心于此，不致使汉文与法文或有出入，而汉文字句我必悉心斟酌，然后成稿也。布云：如果法文内改换字样以与俄文相就之处，我必向贵爵言之。曾侯曰：甚好，请问布大人写约章时仍由外部预备纸张否？布云：然。曾侯曰：尚有前衔须请布大人开出，以便译汉。布云：我必开出。曾侯曰：甚好。

　　布云：我细阅约内第十三条内载俄国应设领事官处及张家口准俄民建造铺房行栈等语，查原约所载七处系全应设立领事官者，则此条所载应设领事官处一语，足以包括在内。然此次议定者只有嘉峪关、吐鲁番两处设立领事，其余五处俟商旺再议添设，然则亦可算应设领事之处乎？如算应设之处，则准俄商有铺房也。曾侯曰：已准设领事之处，方准俄商建造铺房行栈。布云：俄商在各处往来贸易，不知可准在以上五处租赁住房否？曾侯曰：若租房暂时居住则可，若建造房屋设立行栈则不准行。布云：俄商只要准租住房而已，各该处贸易无几，不值开设行栈，可请贵爵放心。布云：从前科布多地方直不准俄商租房居住，我深不放心。曾侯曰：从前不准或者有之，将来既添开科布多、归化城之路，俄商即可畅行也。言毕而散。

正月十一日一点钟①布策来馆

　　曾侯带翻译官庆常接见，寒暄毕。

　　布云：今日将偿款专条法文底稿送阅，按上次贵爵所言者系俟交收伊犁时交纳第一次，今格大人仍愿自换约后四个月交纳第

---

① 杨楷本无"一点钟"三字。

一次,以后每四个月交纳一次,共分六次,二年归完,甚为清楚,想贵爵必肯依议也。曾侯曰:中国既因收回伊犁而出此款,则第一次自应交收伊犁时交纳,庶几名实相符。布云:自画押之日至换约之日,既有六个月期限,又自换约后推展四个月,始交第一次偿款,则前后已有十个月工夫矣。如中国能赶紧办理接收伊犁事宜,则第一次交纳之期或在交收之后,仍与贵爵所言交收伊犁时交纳者无甚出入也。第交收日期难以预定,所以拟自换约后每四个月交纳一次,庶有准期。曾侯曰:如俟交收伊犁时交第一次,以后或按每三个月交纳一次亦无不可,而二年期限亦可符合。布云:此系本国所拟办法,如贵爵不以为然,可请向格大人面言之。曾侯曰:且俟译出汉文再行斟酌。布云:偿款汇费之事已向户部询明,按所核英金镑总数,系中国净交之款,其由中国至伦敦汇费本国已允出之,不必由中国付给,将来①伦敦银号在总数内扣除汇费,则本国所得者不足此数也。曾侯曰:如此则与上海交纳无异,第不知上海应交何人收领?布云:名为在伦敦交纳,而本国既出汇费,实与上海交纳无异,将来当令伦敦银号在上海指定某号代其收领可也。曾侯曰:贵国既与中国一好处,但不知究竟中国所省汇费若干?布云:按汇费每百圆抽费二元,共抽汇费合卢布二十八万元,此本国少得之数,而中国所省者也。曾侯曰:此系贵国好意,中国深为感谢。

　　布云:约内第二十条所载"换约以六个月为期"之语,以上应添"自画押之日起"一语,则周全矣。曾侯曰:可以添上,我在约章内亦看出数处须添改字句者,本拟赴尊处一商,恰好布大人枉过,

---

① 杨楷本在"将来"二字后多一"由"字。

我即说出一商。布云：系在何条，可请指出。曾侯曰：约内第四条内载三层，第一层系俄国人在伊犁地方置有田地者，交收伊犁后仍准照旧管业。第二层其田地在咸丰九年伊犁通商章程所定贸易圈外者，应照中国民人一体完纳税饷。第三层伊犁居民入俄国籍者不得援此条之例，在汉文第三层尚属明白，特恐法文只言此条之例不与入俄籍之民相干一语，将来致有流弊。盖照旧管业一层是中国与俄民好处，至一体完纳税饷一层是俄民应出之款，倘不预先说清，恐入俄籍之人以为此条与之无干，将来亦照俄民管业，而反借口不纳税饷，岂非中国待新入俄籍之民宽厚，而待俄国人反薄乎？是以请布大人将第三层之文再加详细，方为周妥。

　　布云：我细译法文，第四条最为明白，而第三句不得援此条之例一语，系专指上文照旧管业而言，并无含混之处，何必再加详细，且此条系指交还伊犁之时而言，则迁入俄籍之民不得照旧管业一语，亦为交收伊犁之时而设也。曾侯曰：我甚明此理，盖交收以前出境者，中国官无从稽查，其交收以后迁出者，则须明定章程。查第三条系专论入俄籍之民，而其中并无应弃田地之语，本欲请添此语于其间，惟恐贵国以第三条系贵国大皇帝代迁民所请之好处，或以"遗弃田土"字样，似有限制之意，本爵所以请布大人在第四条切实言之也。布云：第七条内既有因入俄籍而弃田地之语，其意足矣。我已回明格大人约章拟妥矣，如再欲更张，不知有无了期也。曾侯曰：两国商定约章，不厌反复推论，期于妥协而已。布大人事无巨细必向我辩论，原系各尽己职，我不惟从无一言见怪，且极佩服。我有所见，事无大小，亦向布大人剖切敷陈，系我职分应为者，谅布大人亦不怪我，庶得以心相度而能和平商议。且今日与布大人所言添改之处，系末了斟酌出来者，此外别无他处也。布云：贵爵所论甚属有理，我无不体谅者，惟约章现已誊录，不日即当入奏，倘贵爵定欲更改，可请贵爵向格大人言之。曾侯曰：如布大人不允更改，我不勉强，只请将第四条末句移于首句之下，第二句添"俄国人"三字，移写于后，如此一转移间，既不更动原文，复将此事提清，岂非两全？布云：挪动一句话虽无关系，然必须重抄一次，岂不费事。若三日前贵爵向我商量，虽添改稍多亦不难允，现在只有格大人可以作主也。

曾侯曰：通商章程第二条"张家口"三字本应改写"天津"，因先未理会所以遗漏未改，且别条内嘉峪关与天津并提，而不与张家口并论，可请布大人更正，与俄商毫无出入也。布云：可以更正，但将来俄商运货至张家口销售，想中国官不致阻难也。曾侯曰：别条内已有在口销售明文，岂有阻难之理。布云：不错。曾侯曰：章程第四条内拟添"俄国"两字，第五条内添"由俄国"三字，不过欲使文理清楚。布云：均可添上。曾侯曰：章程第十一条按法文系俄商由嘉峪关贩运该处所买土货及在内地所买土货回国者云云，按汉文内似须添加"运往该处"四字方为周妥。布云：我可记上。曾侯曰：条约第十二条"并准俄民以各种货物抵账"一语，我已向布大人辩论多次，迄未添出彼此情愿之语，今只添两国人民一语似有一往一来之意。布云：从前中国官屡次拦阻俄商，不准以货抵账，诸多不便，故在约内声明。至添出两国人民似可不必，盖彼此交易从无相强之理，不过使中国官不禁其抵账也。

曾侯曰：今日我往外部，方才布大人不肯挪动第四条，推到格大人身上，然则似此小事尚须向格大人面商乎？布笑云：贵爵有求，我无不应，此事亦可答应，但约章自今日改妥后，彼此均不更张，只候缮写而已。曾侯曰：布大人一番美意，我深欣感，不至再请改动矣。布云：一二日可请贵爵将汉文约章底稿与我一份，交孟翻译校对俄文。曾侯曰：一二日可送去。布云：格大人与我之官衔照旧缮写，只请贵爵将官衔开出可也。言毕而散。

正月十一日三点钟①

曾侯带翻译官庆常赴外部，与尚书格尔斯会晤，寒暄毕。

格云：昨闻布大人言及约章底稿已与贵爵拟妥矣。曾侯曰：今日一点钟时布大人曾到本爵处，又将约章字句斟酌一番，始将底稿拟定。格云：现在两国意见相同，不日即可定约，一洗从前不和之事，甚为可喜。近接凯大人电信，据称中国实有和好之意，一切事件均可商办云云。曾侯曰：两国和平商办，均有裨益。

格云：惟凯大人电信所言，中国相让之处仍未见贵爵一一放松。曾侯曰：要紧诸端均由中国作主答应，我不过欲将约章字句悉心斟酌，务臻妥协而已，未尝有妨贵国权利，现在约章业已拟妥，只有偿款专条尚未说明。查布大人所拟者系自换约后每四个月交纳一次，我所拟者系自交收伊犁时交头一起，以后或每三个月交纳一次亦无不可，而亦无出入，不过欲使纳款与交地并举而行，则名实相符耳。格云：自画押至换约既有六个月期限，又自换约后推展四个月始交头一次，则前后已十个月之久，中国能作速办理，则按收伊犁当在交款以前，此事惟在中国自己调度而已。曾侯曰：交纳偿款次序本属小节，今大局已定，似可不必计较，我与布大人容易商议，格大人不必挂心。格云：定约后外部派员前往伊犁襄办交收事宜，以期妥速蒇②事，彼此均有利益。曾侯曰：现在法文

---

① 正月十一日三点钟：杨楷本作"同日"。
② 蒇：朱克敬本为"藏"，现按杨楷本改为"蒇"。

约章底稿已译成汉文，不日即送布大人查阅。格云：我亦愿作速定稿。言毕而散。

正月十二日一点钟①

曾侯带翻译官庆常赴布策公馆会晤，寒暄毕。

曾侯曰：今日特将条约、章程汉文底稿各一份送与布大人查阅。布云：甚好。曾侯曰：偿款次序本拟向布大人另商办法，因思两大国办事不宜在钱财上计较，刻下大局已定，似此小事不宜再有辩论，是以照依布大人所拟专条译成汉文一并送阅，现在只剩卡伦单而已。布云：一二日内即将卡伦单送去，明日即令孟翻译官校对俄文汉文，请问约内第四条汉文如何写法？曾侯曰：系照昨日同布大人面订者，即如第三句移于首句之下，第二句添"俄国人"三字，移写在后。布云：我欲声明系交收伊犁时入俄籍之民一语似属清楚。曾侯曰：自然系专指交收伊犁之时，似无庸再为声明。布云：然。曾侯曰：汉文字句我已斟酌妥当，与法文相符。惟字句中有委婉者，不过使阅者一目了然，于文义毫无出入。布云：可请贵爵将法文约章底稿留下，我将字句照添妥当送与贵爵。曾侯曰：法文内想布大人不再添改矣。布云：无添改之处。曾侯曰：将来约内前衔次序如何写法，闻上次汉文内中国开列在前，俄文内俄国开列在前，法文内两国轮流一前一后，不知果如此否？布云：实系如此，现在仍可照式缮写，先备画押约本两份，再备批准约本两份，共须四份。曾侯曰：自应照旧办理。言毕而散。

---

① 杨楷本无"一点钟"三字。

正月十四日两点钟①布策偕孟第来馆

曾侯带参赞官邵大人②、翻译官庆常接见,寒暄毕。

布云:前者贵爵面交条约、章程汉文底稿,均已校对相符矣。

曾侯曰:甚好。布云:惟条约第四条其伊犁居民以下请添"交收伊犁之时"一语,方为切实。若不添出此语,恐人误会,以为凡伊犁居民无论何时入俄籍者,一概不准援此条之例也。曾侯曰:上次布大人向我提及此节,我答以实系交收伊犁之时入俄籍之民,不必再加详细,今布大人仍不放心,定欲添出此语,我可不照写。

布云:条约第十三条末段"张家口无领事而准俄民建造铺房行栈,他处不得援以为例"一语,可否声明除第十条所载科布多、乌里雅苏台、乌鲁木齐、哈密、古城各处外,他处不得援以为例。曾侯曰:张家口准设行栈,已属格外通融办理,若再添出他处,实难相让。布云:外部有人言"他处不得援以为例"一语似不妥当,我答以贵爵系为防他国在内地援照起见,所谓他处者,专指内地而言也。曾侯曰:"他处"二字非专指内地而言。布云:莫非连天山两路及蒙古地方全赅括③乎?曾侯曰:总之除张家口外,无论何处不得援照。布云:贵爵初欲添写此段之时,言明系为防他国在内地援照,现在何不写明"内地"字样,较为清楚。曾侯曰:布大人欲添出五处地方,我难应允。布云:"里发抵亚条约"第十条所载七处均允添设领事,则第十三条"应设领事官各处"一语全赅在内。此次所议条约第十条只允嘉峪关、吐鲁番两处设立领事,其余五处将来再议添设,在本国之意仍以第十三条"应设领事官各处"一语,

---

① 杨楷本无"两点钟"三字。
② 杨楷本无"大人"二字。
③ 全赅括:杨楷本作"亦在内"。

全赅各处在内。曾侯曰：我看汉文"应"字专指嘉峪关、吐鲁番而言，并不赅他处在内。布云：起初贵爵请添"不得援以为例"一语，我未介意。今与贵爵细论此事，始知贵爵欲将五处除去，不准援张家口之例也。

曾侯曰：我与布大人同手办事，务求实际，如贵国要一好处，亦当知贵国能得实惠，始肯应允，否则徒张声势，毫无利益也。前次向布大人提及第十条"应设领事官各处"一句，若用"已设"字，恐贵国不肯答应，故用"应设"字，似觉难再加重，且布大人亦谓俄商并不设立行栈，何必定欲写明，徒张声势，致启他人议论乎？布云：俄商诚不建造行栈，一则该处商务无多，二则俄商赴该处贸易者，资本不大，无力出此巨款，不过欲在乌里雅苏台、科布多租买住房，开设小铺而已，不料贵爵不肯应允也。曾侯曰：若添"内地"二字，原无不可，即科布多无房堆货不便于商，将来中国亦不难设法通融。惟第十条所称其余五处既未添设领事，将来俄商如欲建造铺房行栈，仍不免有阻难情事，我当预为言明，以便贵国有所依据，此正为俄商计也。布云：此条要领意见已属不合，至添写"内地"二字与否，似属小节，此事须告知格大人乃能定夺。曾侯曰：若定欲添出五处，我亦惟有发电请示而已。布云：我初时以为张家口既准设立行栈，则以上五处更不待言矣，似此小事，贵爵何必力争？曾侯曰：本非小事，所以初次与外部照会内开大端即有领事一节，而设立行栈之事亦寓在其中。今张家口准设行栈，已属格外相让矣。布云：可惜贵爵当初并未声明该五处不在应设领事官各处之列，使本国得以早为辩论。曾侯曰：如布大人定欲与俄商以存货之地，惟有声明该五处未经添设领事以前，准俄商指定一二处租房存货，由驻京大臣同总理衙门商议酌定。

布云：租房一事原系旧约准行者，何必商议。我所请者，建造房屋之事也。邵大人①云：旧约无领事处并无租房之例。布云：按各国总例，无论何处皆准租赁房屋。曾侯云：从前张家口租房存货之事，经布大人屡请，中国始行答应。如有租房之例，何必向中国屡次争之乎？布云：条约章程内"肃州之嘉峪关"字样，应将"之"字改为"即"字，可乎？曾侯曰：意思不甚相差，可以改写。邵大人②云：现在约章专条均已拟妥矣。布云：只有第十三条尚未说明。曾侯曰：布大人原请添"内地"二字，我可添上。

布云：贵爵恐俄商建造行栈大房，似属过虑。其实俄商只要租买房屋存货居住而已，且俄商租房亦较买房合算，但有时不能租赁，亦当准其置买或修理房屋，不必拦阻也。邵大人③云：中国既准贸易，将来商旺亦可抽税，岂有不准俄商居住之理？曾侯曰：如按布大人所言，不建行栈，只租买小房居住，想可以行。此次邵大人进京，我嘱其向总理衙门言之，但俄商不得设立行栈也。布云：俄商只愿租房或买房居住，必定不设行栈。今贵爵与邵大人俱言可以租买住房，我即以此言为凭，不在约内声明可也。曾侯曰：现在条约④、章程俱已妥协矣。布云：无再更改矣。言毕而散。

正月十七日一点钟⑤

曾侯带翻译官庆常赴外部，与布策会晤，布罗赛在座⑥，寒

---

① 杨楷本无"大人"二字。
② 杨楷本无"大人"二字。
③ 杨楷本无"大人"二字。
④ 约：按杨楷本添入。
⑤ 杨楷本无"一点钟"三字。
⑥ 杨楷本无"布罗赛在座"五字。

暄毕。

曾侯曰：即日缮约章应将前后次序先向布大人询明，如以条约在先，专条附之，章程在后，卡伦单附之，似有条理，但不知布大人意见如何？布云：按上次办法，首列条约，次列章程并卡伦单，然后再列专条，此次仍可照办。

曾侯曰：请问布大人已将卡伦单拟妥否？布云：贵爵于前次会晤时欲请删减数处，第边界情形我不熟悉，何者可减，何者应留，岂可率行定夺？应请贵爵将删减之处指示于我。曾侯曰：以本爵所奉吩咐而论，本欲自治尔格台至金吉利克七处卡伦一并请裁，第恐贵国不肯联删七处，是以请布大人酌量裁减，以期两便。布云：昨日我同施领事商量许久，该领事情形虽熟，亦难知其详细，不如将来察看情形再行商改，较为妥善。曾侯曰：如布大人以为现在不便核减，我岂能勉强？然据我看来，尽可查阅地图，将卡伦稍密之处逐段删减，并非难事。布云：卡伦单内既有将来察看情形裁减更易之语，仍须届时再行商议。倘欲现在即行删减，我实难答应也。曾侯曰：既然如此，我不相强。只请布大人将卡伦单送与我看可也。布云：除删去莫萨尔特山口之外，其余仍旧照写。

曾侯曰：从前布大人以左中堂进京一事相问，比时我毫无所闻，故未明白答复。现在接阅邸抄，始知左中堂系照例进京陛见，并闻其在陕西过年，西历三月可抵京师。布云：外部接到凯大人电信，亦如此。又云：上次外部接凯大人电信，系言各国驻京大臣同总理衙门商定，各国领事官与中国官员往来之礼，比时已向贵爵言之。昨日外部接到凯大人公文，始知此事一切情形也。曾侯曰：如各国商定此事，则各领事同归一律，贵国无须载入条约也。布云：我意正是如此。

曾侯曰：可请布大人将约本纸张式样先与我看，画出格式以便缮写汉文。布入旁室取出纸样，递与曾侯，并云：此即是画押约本纸样，可请贵爵带去。[①] 曾侯曰：此外尚有批准约本纸张，亦由外部预备否？布云：系用皮纸，外部自当预备。曾侯曰：画押约本系书三国文字，想批准本内亦当如是也。布云：不然中国批准之本应书汉文、法文，俄国批准之本应书俄文、法文，两国各于本国文内批准，以法文为证，按上次办法正如此也。曾侯曰：闻上次所备批准约本，均有汉文在内，何不照旧办理？布云：实系缮写俄文、法文，并无汉文在内。只有中国批准本内有汉文一份。贵爵所谓均有汉文者，系上次贵衙门多抄一份。曾侯曰：我且先缮两份，再作道理。布云：我所说办法不至于有错。曾侯曰：俟布大人送纸后，尚须一礼拜之久始能缮竣。布云：明日可将画押约本纸张先行送去，至批准之本系用皮纸，稍缓送去。曾侯曰：请布大人多送数张，如有笔误方能更换。布云：可以多送。言毕而散。

正月十八日两点钟[②]

曾侯带翻译官庆常赴外部，与尚书格尔斯会晤，寒暄毕。

格云：现在一切事件俱臻妥协矣。曾侯曰：昨日本爵与布大人会晤，言及诸事妥当，只候外部将缮约纸张送与本爵，即可缮写，想此刻外部当已将画押约本纸张送去矣。格云：两国边界绵长，有事则彼此吃亏，相安则两国获益，所关实非浅鲜。曾侯曰：贵国大皇帝轸念两国百姓，不忍遽伤和好，而格大人办事和平，善权利害，所以商议成功也。

---

① 此句朱克敬本为双行小字。
② 杨楷本无"两点钟"三字。

格云：各国一闻商定之信，皆以为非望之事，而英国新闻纸议论甚多，大抵以中俄和平定议不利于英，或谓俄国无所忌虑于东方，必致生心于西土，或谓中国边界平定，将欲争英国之权利，所以为英国深虑也。曾侯曰：从前中国所请贵国查办之案有未经议结者，俟定约后两国和好，益昭显著，再请外部设法清理，想大事既然办妥，余事不难商办。格云：从前案件或有未结者，我不甚记忆，须俟定约大事办完，然后再行和平商办。曾侯曰：除无关紧要者不计外，其有人命各案十二起，俟定约后再行文知照可也。格云：将来接到贵爵公文可以查办。

曾侯曰：本处现在缮写汉文，想外部亦必抄写洋文，但不知何时可以画押？格云：我当催写洋文，礼拜日想可缮竣，一俟汉文、洋文齐备，即当入奏请旨，授以全权，以便画押。曾侯曰：俟三国文字齐备，可请格大人作速奏明，定约画押，以安两国之心。格云：礼拜六日，我当预先请旨，以期妥速蒇事。言毕而散。

正月二十五日

曾侯带同翻译官庆常、塔克什讷前往外部，与该部①尚书格尔斯会晤，布策、梅尼阔甫在座，寒暄毕。

格云：昨有本国官由中国回来，路经伊犁及七河省②，见两国边界官甚是和睦，想以后边界上事必有起色。曾侯曰：两国边界如此绵长，本难保其全无零星事故，即一国之各省交界地方尚且时常出有案件，致生争论。惟赖两国边界官和睦，乃可化大事为小事，化有事为无事耳。格云：然。

---

① 杨楷本无"该部"二字。
② 杨楷本在"七河省"后多"地方"二字。

　　曾侯曰：汉文约章已经缮妥送来。格云：法文尚未写齐，缘错落过多，屡次换纸，是以稍迟。曾侯曰：我所带写字两人现皆抱病，不能缮写，故约章内有我亲手所写者数页。格云：我最不善写字，即如奏事时，有时自写奏折，真是难看。曾侯曰：我亦不能写楷书，但既无人写，不得不自缮耳，请问格大人何日可以画押？格云：我已受了全权字据，一俟约章缮竣，即可画押矣。曾侯曰：画押后拟派邵大人带约进京，查有一法国公司轮船系于贵国本月二十日由马赛开行，如在礼拜六日或至迟在礼拜日可以画押，则此船仅可赶上。若再迟时日，则须搭坐下次之公司船矣。格云：我深愿作速办理，现在可请梅大人到文案处询明何日缮竣。梅即出。布云：我昨日向文案处问过，据云今日晚间可以赶完。若如此，明日即可画押。曾侯曰：我非欲催外部赶快缮竣，不过将邵大人行程情形说明，画押迟一两日，动身即须迟两礼拜，而互换六个月之期，止有五个半月矣。梅回，入厅中向格云：明日早晨可以赶竣。①格云：甚好，可定明日午后四点钟画押。

　　曾侯曰：我可届时前来，惟布大人尚未将俄文送与我看。虽云以法文为证，汉文、法文业已查阅相符，然既有三国文字校对无讹之语，应请将俄文送我一阅，乃为言行相符。格笑而向布，布有惭色良久。②布乃云：今日晚间可以送去，然我同外部官四员业将俄文、法文校对无讹矣。格云：贵爵办事谨慎，我甚佩服。曾侯曰：正当如此。格云：今年本国七月初间，我随本国大皇帝前赴黑海，所有换约事宜务请中国作速办理，以免临时多费周折，此事请贵爵报明中国。曾侯曰：我可以报明，作速办理。言毕而散。

---

① 　此句朱克敬本为双行小字。
② 　此句朱克敬本为双行小字。

和约(光绪七年七月二十五日互换)

　　大清国大皇帝、大俄国大皇帝,愿将两国边界及通商等事,于两国有益者,商定妥协,以固和好,是以特派全权大臣会同商定。

　　大清国钦差出使俄国全权大臣一等毅勇侯大理寺少卿曾、大俄国钦差参政大臣署理总管外部大臣萨那特尔部堂格、参议大臣出使中国全权大臣布,两国全权大臣各将所奉全权谕旨互相校阅后,议定条约如左:纪泽于光绪六年十二月二十三日接奉电旨,至画押准照案用"全权大臣"字样,钦此。别无谕旨可以校阅。但具一牍告之外部,外部不肯认,云将来能补递国书一份,则此次可先认全权云云。纪泽答以定约后,即须将"全权大臣"字样缴销,不能补递国书也。

　　第一条

　　大俄国大皇帝允将一千八百七十一年,即同治十年,俄兵代收伊犁地方交还大清国管属。其伊犁西边按照此约第七条所定界址,应归俄国管属。崇星使原约收回伊犁之地,广二百余里,长六百里,纪泽添索伊犁南境要隘各地广二百余里,长四百里。

　　第二条

　　大清国大皇帝允降谕旨,将伊犁扰乱时及平靖后该处居民所为不是,无分民教,均免究治,免追财产。中国官员于交收伊犁以前,遵照大清国大皇帝恩旨,出示晓谕伊犁居民。

第三条

伊犁居民或愿仍居原处为中国民,或愿迁居俄国入俄国籍者,均听其便。应于交收伊犁以前询明其愿迁居俄国者,自交收伊犁之日起,予一年限期迁居,携带财物,中国官并不拦阻。"应于交收伊犁以前询明"句下,纪泽欲添由俄官发给执照一语,格尔斯、布策坚不肯添,云系交收伊犁时琐事,可归另牍办理。原约"并不拦阻"以下有"其已入俄国籍之人,将来至中国地方贸易、游历等事,凡有两国条约许与俄民利益之处,亦准一体均沾"数语。纪泽力争十余次,格尔斯乃允删去。格云中俄既已和好,俄当嘱边界官所有前此在伊犁作乱之人,暗中不许遣入华境,却不必写入条约。纪泽亦云,第二条既有恩旨赦免伊犁居民一层,岂有入俄籍者反行追究之理。除元恶渠魁数人外,其余新入俄籍者,中国自可照俄民一律看待,不问其是否曾居伊犁,然亦不必写入条约云云。查俄民入境者是否曾居伊犁,本难查考,似宜由总署咨边界大臣,备固不可驰,政亦不宜苛也。

第四条

俄国人在伊犁地方置有田地者,交收伊犁后仍准照旧管业,其伊犁居民交收伊犁之时入俄国籍者,不得援此条之例。俄国人田地,在咸丰元年《伊犁通商章程》第十三条所定贸易圈以外者,应照中国人民一体完纳税饷。原约但称"俄国人",不分新旧,大有流弊。伊犁居民迁入俄籍仍得管伊犁之田地,甚不妥也。此数语于将写约时,争百添之。

第五条

两国特派大臣一面交还伊犁,一面接收伊犁,并遵照约内关系交收各事宜,在伊犁城会齐,办理施行。该大臣遵照督办交收伊犁事宜之陕甘总督与土尔吉斯坦总督商定次序开办。陕甘总督奉到大清国大皇帝批准条约,将通行之事派委妥员,前往塔什干城,知照土尔吉斯坦总督。自该员到塔什干城之日起,于三个月内,应将交收伊犁之事办竣,能于先期办竣亦可。

第六条

大清国大皇帝允将大俄国自同治十年代收、代守伊犁所需兵费,并所有前此在中国境内被抢受亏俄商及被害俄民家属各案补恤之款,共银卢布九百万圆,归还俄国。自换约之日起,按照此约所附专条内载办法次序,二年归完。添"所有前此及各案"字,则一百九案可作为全结。汉文似不郑重,法文则甚切实。

第七条

伊犁西边地方应归俄国管属,以便因入俄籍而弃田地之民在彼安置。中国伊犁地方与俄国地方交界,自别珍岛山顺霍尔果斯河,至该河入伊犁河汇流处,再过伊犁河往南至乌宗岛山廓里札特村东边,自此处往南,顺同治三年塔城界约所定旧界。添"因入俄籍而弃田地"八字,以与第四条相应。

第八条

同治三年《塔城界约》所定斋桑湖迤东之界,查有不妥之处,应由两国特派大臣会同堪改,以归妥协。并将两国所属之哈萨克分别清楚。至分界办法,应自奎峒山过黑伊尔特什河至萨乌尔岭,画一直线。由分界大臣就此直线与旧界之间,酌定新界。

第九条

以上第七、第八两条所定两国交界地方,及从前未立界牌之交界各处,应由两国特派大员安设界牌。该大员等会齐地方、时日,由两国商议酌定。俄国所属之费尔干省与中国喀什噶尔西边交界地方,亦由两国特派大员前往查勘,照两国现管之界勘定,安设界牌。以上塔尔巴哈台、喀什噶尔两处分界之事,最为紧要,似宜由勤明刚正通达和平之大员,细意履勘,且似须聘英法等国兵官讲究界务地势者,携之同往,暗中相助①,乃能妥叶。

第十条

俄国照旧约,在伊犁、塔尔巴哈台、喀什噶尔、库伦设立领事官外,亦准在肃州即嘉峪关。及吐鲁番两城设立领事,其余如科布多、乌里雅苏台、哈密、乌鲁木齐、古城五处,俟商务稍兴旺,始由两国陆续商议添设。俄国在肃州即嘉峪关。及吐鲁番所设领事官,于附近各处地方关系俄民事件,均有前往办理之责。按照一千八百六十年即咸丰十年《北京条约》第五、第六两条,应给予可盖房屋、牧放牲畜、设立坟茔等地,嘉峪关及吐鲁番亦一律照办。领事官公署未经起盖之先,地方官帮同租觅暂住房屋。俄国领事官在蒙古地方及天山南北两路往来行路,寄发信函,按照《天津条约》第十一条、《北京条约》第十二条,可由台站行走。俄国领事官以此事相托,中国官即妥为照料。吐鲁番非通商口岸而设立领事官,各海口及十八省、东三省、内地不得援以为例。领事官或应在肃州,或应在嘉峪关,纪泽不敢臆断,故约章中均写肃州而注云即嘉峪关。

第十一条

俄国领事官驻中国遇有公事,按事体之关系,案件之紧要,及应如何作速办理之处,或与本城地方官,或与地方大宪往来均用公文,彼此往来会晤,均以友邦官员之礼相待。两国民人在中国贸易等事,致生事端,应由领事官、地方官公同查办。如因贸易事务致起争端,听其自行择人,从中调处。如不能调处完结,再由两国官员会同查办。两国民人为预定货物、运载货物、租赁铺房等事,所

---

① 杨楷本无"且似须聘英法等国兵官讲究界务地势者,携之同往,暗中相助"字句。

立字据,可以呈报领事官及地方官处,应与画押盖印为凭。遇有不按字据办理情形,领事官及地方官设法务令依照字据办理。

第十二条

俄国人民准在中国蒙古地方贸易,照旧不纳税。其蒙古各处及各盟设官与未设官之处,均准贸易,亦照旧不纳税。并准俄民在伊犁、塔尔巴哈台、喀什噶尔、乌鲁木齐及关外之天山南北两路各城贸易,暂不纳税。俟将来商务兴旺,由两国议定税则,即将免税之例废弃。以上所载中国各处准俄民出入贩运各国货物,其买卖货物或用现钱或以货相易俱可,并准俄民以各种货物抵账。

第十三条

俄国应设领事官各处及张家口,准俄民建造铺房行栈,或在自置地方,或照一千八百五十一年即咸丰元①年所定《伊犁、塔尔巴哈台通商章程》第十三条办法,由地方官给地盖房亦可。张家口无领事,而准俄民建造铺房行栈,他处内地不得援以为例。崇约添设领事者七处,所谓应设领事各处,嘉、科、乌、哈、吐、乌、古七处也。此次商改,仅先设嘉、吐两处,则除张家口外,可添造铺房行栈者,自仅嘉、吐两处。格尔斯、布策谓应设包、科、乌、吐、乌、古、哈六处而言。纪泽力持不允,而欲将"应设"改为"已设",俄亦不允。最后彼此相让,布云:俄商无大资本,断不处处添设行栈。纪泽云:张家口未允行栈时,俄商租房存货,亦甚方便。将来如嫌科布多、乌鲁木齐路远,无存货之地,不便于商,仍可与总理衙门商酌,设法以便商云云。科布多、乌鲁木齐只要不明言设大行栈,似宜通融而宽待之。

第十四条

俄商自俄国贩货,由陆路运入中国内地者,可照旧经过张家口、通州前赴天津,或由天津运往别口及中国内地,并准在以上各

---

① 咸丰元年:朱克敬本为"咸丰九年",应误,特予更正。

处销售。俄商在以上各城、各口及内地置买货物运送回国者,亦由此路行走。并准俄商前往肃州即嘉峪关。贸易,货帮至关而止,应得利益照天津一律办理。

第十五条

俄国人民在中国内地及关外地方陆路通商,应照此约所附章程办理。此约所载通商各条及所附陆路通商章程,自换约之日起,于十年后可以商议酌改。如十年限满前六个月未请商改,应仍照行十年。俄国人民在中国沿海通商,应照各国总例办理,如将来总例有应商改之处,由两国商议酌定。

第十六条

将来俄国陆路通商兴旺,如出入中国货物必须另定税则,较现在税则更为合宜者,应由两国商定。凡进口出口之税,均案值百抽五之例定拟。如未定税则以前,应将现照上等茶纳税之各种下等茶出口之税,先行分别酌减。至各种茶税,应由中国总理衙门会同俄国驻京大臣,自换约后一年后,会商酌定。

第十七条

一千八百六十年即咸丰十年,在北京所定条约第十条至今讲解各异,应将此条声明,其所载追还牲畜之意,作为凡有牲畜被人偷盗诱取,一经获犯,应将牲畜追还。如无原物,作价向该犯追偿。倘该犯无力赔还,地方官不能代赔。两国边界官应各按本国之例,将盗取牲畜之犯严行究治,并设法将自行越界及盗取之牲畜追还。其自行越界及被盗之牲畜踪迹,可以示知边界兵并附近乡长。

第十八条

按照一千八百五十八年正月十六日,即咸丰八年在瑷珲所定条约,应准两国民人在黑龙江、松花江、乌苏里河行船,并与沿江一带地方居民贸易,现在复为申明。至如何照办之处,应由两国再行商定。布拟法文专引俄民在松花江行船,纪泽力争,仍引两国人民在黑龙江、松花江、乌苏里河行船,庶不至为俄增一脚注。

第十九条

两国从前所定条约,未经此约更改之款,应仍旧照行。

第二十条

此约奉两国御笔批准后,各将条约通行晓谕各处地方遵照。将来换约,应在森比德堡。自画押之日起,以六个月为期。两国全权大臣议定,此约备汉文、俄文、法文约本两份,画押盖印为凭。三国文字校对无讹,遇有讲论,以法文为证。格尔斯于画押时面托纪泽曰:约中虽云六个月互换,然盼望能先期互换更好。缘俄皇将于俄之七月、中国之六月间,前往黑海行宫,我辈均须随扈。如中国批准之约,能于中国五、六月之间赶到,实所深愿云云。纪泽允为暗达衙门,听候裁夺。又纪泽亦系全副精神斟酌法文,至汉文则只对法文而译之耳。

专　条

按照中俄两国全权大臣现在所定条约第六条所载,中国将俄兵代收、代守伊犁兵费及俄民各案补恤之款,共银卢布九百万圆归还俄国。自换约之日起,二年归完。两国全权大臣议将此款交纳次序办法,商定如左:

以上银卢布九百万圆,合英金镑一百四十三万一千六百六十四圆零二希令,均作六次,除兑至伦敦汇费,毋庸由中国付给外,案每次中国净交英金镑二十三万八千六百一十圆零十三希令八本士,付与伦敦城内布拉得别林格银号收领,作为每四个月交纳一次。第一次自换约后四个月交纳,末一次在换约后二年期满交纳。此专条应与载明现在所定条约无异,是以两国全权大臣画押盖印为凭。俄让汇费,则英镑之价自应稍贱。宜由赫税务司与银行商酌,算除汇费之法,当可省银八九万两也。

陆路通商章程

第一条

两国边界百里之内,准中俄两国人民任便贸易,均不纳税。其如何稽察贸易之处,任凭两国各按本国边界限制办理。

第二条

俄国商民前往蒙古及天山南北两路贸易者,只能由章程所附清单内指明卡伦过界。该商应有本国官所发中俄两国文字并译出蒙古文或回文执照。汉文照内,可用蒙古字或回回字,注明商人姓名、随人姓名、货色、包件、牲畜数目若干。此照应于入中国地界时,在附近边界中国卡伦呈验。该处查明后,卡伦官盖用戳记为凭。其无执照商民过界者,任凭中国官扣留,交附近俄国边界官或领事官,从严罚办。遇有遗失执照,货主应报明附近领事官,以便请领新照,一面报明地方官,暂给凭据,准其执此前行。其运到蒙古及天山南北路各处之货,有未经销售,准其运往天津及肃州,即嘉峪关。或在该关口销售,或运往内地,其征收税饷、发给运货执照、查验放行等事,均照以下章程办理。

第三条

俄商由恰克图、尼布楚运货前往天津,应由张家口、东坝、通州行走。其由俄国边界运货,过科布多、归化城前往天津者,亦由此路行走。该商应有俄官所发运货执照,并由中国该管官盖印,照内用中俄两国文字,注明商人姓名、货色、包件数目,任凭沿途各关口中国官员迅速点查、看货、验照、盖戳、放行。查验之时,如有拆动之件,仍由该关口加封,并将拆动件数,于照内注明,以凭查核。该关查验不得过一个时辰。其照限六个月,在天津关缴销。如该商以为限期不足,应预先报明该处官员。倘有商人遗失执照,应报明原给执照之官,并呈明日期、号头,请领新照,注明"补给"字样,一面至就近关口报明,查验相符,暂给凭据,准其运货前行。如查该商所报货数不符,查该商系有隐匿,沿途私卖货物,希图逃税情事,应照第八条章程罚办。该商上添一"查"字,中国官乃有权。否则俄商断不自认,希图逃税事情也。

第四条

俄商由俄国运来货物,路经张家口,任听将货酌留若干于口销售。限五日内,在该关口报明交纳进口正税后,由中国官发给卖货准单,方准销售。布策不肯写俄国货,云恐不能包别国货也。纪泽恐其混于土货,其后屡次力争,乃添"由俄国"字样,下同。

第五条

俄商由俄国运来货物自陆路至天津者,应纳进口税饷,照税则所载正税三分减一交纳。其由俄国运来货物至肃州即嘉峪关。者,所有完纳税饷等事应照天津一律办理。

第六条

如在张家口酌留之货已在该口纳税,而货物有未经销售者,准该商运赴通州或天津销售,不再纳税,并将在张家口多交之一分补还俄商,即于该口所发执照内注明。俄商在张家口酌留之货已在该口纳税者,如欲运入内地,应照各国总例,再交一子税,即正税之半。该口发给运货执照,应于沿途所过各关卡呈验。如无执照者,则逢关纳税,遇卡抽厘。

第七条

俄商由俄国运来货物至肃州,即嘉峪关。欲运入内地者,应照章程第九条天津运货入内地之例,一律办理。

第八条

俄商由俄国运来货物至天津,除报明酌留张家口之货外,如查有原货抽换,或数目短少,与原照不符,即将所报查验之货全行入官。但沿途实系包箱损坏必应改装者,该商行抵就近关口报明,如查验原货相符,即于执照内注明,方可免其议罚。倘有沿途私售,一经查出,其货全行入官。如仅绕越捷径,不按第三条所载之路走,以避沿途关卡查验,一经查出,罚令完一正税。如系车脚运夫作弊,有违以上章程,货主实不知情,该关应体察情形,分别罚办。惟此办法,系专指俄国陆路通商经过各处而言,各海口及各省内地遇有以上情事,不得援以为例。其罚令入官之货,如商人愿将原货作价交官,准其与中国官按照原估价交官亦可。

第九条

俄商自俄国由陆路运至天津之货,如由海道运往议定通商各口,应按照税则在天津关补交原免三分之一税银,俟抵他口不再纳税。如由天津及他口运入内地,应按照税则交一子税,即正税之半。照各国总例办理。准驳议嘱删"及他口"三字改作由天津、嘉峪关运入内地,查"及他口"三字,旧章第八款已有之,遂未议删。

第十条

俄商在天津贩买土货回国,应由第三条所载张家口等处之

路行走。俄商运货出口,应交出口正税,若在天津贩买复进口土
货,及在他口贩买土货经津回国,如在他口全税交完,有单可凭,
至此不再重征。该商交税后,在一年限内出口回国,将在天津所
交复进口半税,仍行给还。俄商运货回国,领事官发给两国文字
执照,注明商人姓名、货色、包件数目若干,由该关盖印。该商务须
货照相随,以凭沿途各关口查验放行。其缴销执照限期,并遇有遗
失执照等事,均照第三条章程办理。该商应照第三条所载之路行
走,沿途不得销售。如违此章,即照第八条所定章程罚办。沿途各
关卡查验货物,应照第三条章程办理。至俄商由肃州即嘉峪关。贩
运该处所买土货运往该处回国者,所有完纳税饷等事,均照天津一
律办理。旧章作给还存票。崇约无"存票"二字。此次虽未能将二字争添,
然税官如何办法,本不能悉书于约章之中,给还存票之法,应否照旧办理,当
由税关斟酌。

第十一条

俄商在通州贩买土货,由陆路出口回国,应照税则完纳出口正
税。其在张家口贩买土货出口回国,应在该口纳一子税。即正税之
半。俄商由内地贩买土货运往通州、张家口回国者,照各国在内地
买土货总例,应再交一子税,由各该关口收税,发给运物执照。其
在通州买土货者,应在东坝报明收税,发给执照,沿途不得销售,应
于执照内载明。其由以上各处运货出口发照验货等事,应照第三
条所载章程办理。

第十二条

俄商在天津、通州、张家口、嘉峪关贩运别国洋货,由陆路出口
回国,如该货已交正税、子税,有单可凭,不再重征。如只交过正
税,未交子税,该商应按照税则,在该关补交子税。

第十三条

俄商贩运货物进口出口，应照各国税则及同治元年所定俄国续则纳税。如各国税则及续则，均未备载，再照值百抽五之例纳税。

第十四条

凡进口、出口免税之物，如金银、外国各银钱、各种面砂、谷米、面饼、熟菜、牛奶酥、牛油、蜜饯、外国衣服、香水、胰碱、炭、柴薪、外国蜡烛、外国烟丝、烟叶、外国酒、家用杂物、船用杂物、行李、纸张、笔墨、毡毯、铁刀利器、外国自用药料、玻璃器皿，以上各物，由陆路进口、出口，皆准免税。惟由章程内载各城及各海口运往内地者，除金银、外国银钱、行李三项仍毋庸议外，其余各物皆按每值百两完纳税银二两五钱。"外国衣服"下，画押时议添"金银首饰搀银器"七字。又各国约章"外国衣服"下均有"金银首饰搀银器"七字，布策拟法文稿时忘未照录，使署译汉文亦遂未添入。外部缮法文乃添之，又未知照使署，直至画押之际，乃经庆常看出汉、法文不符之处。查各国约章，既有此七字，自未便待俄独刻。而缮正之本不宜添注，爰与格尔斯等商酌，于汉文此条之末添一双行注脚，将来条约刊行时，即可于"外国衣服"下径添"金银首饰搀银器"七字，不必乃双行注脚矣。

第十五条

凡违禁之物，如火药、大小弹子、炮位、大小鸟枪，并一切军器等类，及内地食盐、洋药，均属违禁，不准贩运进口出口。如违此例，即将所运违禁之物全罚入官，俄国人民前往中国者，每人准带鸟枪或手枪一杆护身，填入执照。又硝磺、白铅，须奉中国官发给准单，方准俄商运进口内。如华商特奉准买明文，方准销售。中国米、铜钱不准贩运出口①。外国米谷及各种粮食，皆准贩运进口，一概免税。

---

① 出口：朱克敬本作"入口"，应误，按杨楷本改为"出口"。

第十六条

俄商不准包庇华商货物运往各口。

第十七条

凡有严防偷漏诸法，任凭中国官随时设法办理。

俄商前往中国贸易过界卡伦单

中国卡伦

一、胡柏里志呼

二、则林图

三、毛葛子格

四、乌梁图

五、多罗洛克

六、霍林纳拉苏

七、呼拉查

八、巴扬达尔噶

九、阿深嘎

十、鸣孳

十一、乌阿勒嘎

十二、库达拉

十三、恰克图

十四、哈拉呼志尔

十五、治尔格台

十六、鄂尔托霍

十七、伊勒克池拉穆

十八、乌尤勒特

十九、贝勒特斯

二十、赛郭鄂拉

二十一、金吉里克

二十二、攸斯提特

二十三、苏俄许景澄折云：卡伦单应删去治尔格台至金吉里克七处。查卡伦单末段本云可议删减，目下删七处，在俄既不允，在我亦未必尽当，且恐删七处后将末段言语改成呆句，故未力争。

俄国卡伦

一、斯他罗粗鲁海图斯基

二、查罕额罗业甫斯基

三、克留车甫斯基

四、库鲁苏他业甫斯基

五、查苏车业甫斯基

六、杜鲁勒古业甫斯基

七、托克托尔斯基

八、①

九、阿深金斯基

十、们森斯基

十一、沙拉郭勒斯基

十二、库达林斯基

十三、恰克图

---

① 第八卡伦，原稿为空白。

十四、博齐斯基

十五、热勒都林斯基

十六、哈拉采斯基

十七、哈木聂斯基

十八、克留车甫斯基

十九、欢金斯基

二十、额庚斯基

二十一①、

二十二、

二十三、

二十四、查罕鄂博自此卡伦以下两国同名

二十五、布尔葛苏台

二十六、哈巴尔乌苏

二十七、巴克图

二十八、喀普他盖

二十九、阔克苏山口

三十、霍尔果斯

三十一、别叠里山口

三十二、帖列克第山口

三十三、图鲁噶尔特山口

三十四、苏约克山口

三十五、伊尔克什唐

---

① 以下二十一、二十二、二十三条原稿无具体内容。

单内所开过界各卡,可俟中国边界官及俄国领事官体察情形报明后,由中国总理衙门会同俄国驻京大臣商议酌改,将查明可裁之处,分别删减,或以便商之处酌量更易亦可。

附　录

中俄伊犁改约谈判中曾纪泽致国内奏疏

派使俄国大臣谢恩疏　光绪六年庚辰（1880）三月十五日

奏为叩谢天恩，仰祈圣鉴事。

窃臣于光绪六年三月初九日承准总理各国事务衙门咨开："光绪六年正月初三日奉上谕：'一等毅勇侯大理寺少卿曾纪泽，着派充出使俄国钦差大臣。钦此。'"臣跪聆之下，感悚难名，谨即恭设香案，望阙叩头谢恩讫。伏念臣赋才驽下，荷眷优隆，叠拜高天厚地之恩，愧无坠露轻尘之报。兹复钦承简命，兼使俄都，闻倚畀之自天，实恐惶以无地。伏查彼德堡为通商一十五国著名之域，察罕汗为入贡二百余年结好之邦。臣本无四方专对之能，滥充三国行人之职。念鹈濡之不称，惧鳌戴之难胜。惟有益懔冰兢，竭陈棉薄。秉庙谟之成竹，不竞不絿；协廷议于皇华，咨询咨度。既不敢轻狂自用，师心而涉专擅之愆；亦不敢諆诿偷安，袖手而致颠顿之诮。勉策虽柔虽愚之质，矢己力于百千；冀收得尺得寸之功，答圣慈于万一。

所有微臣感激下忱，理合缮折叩谢天恩，伏乞皇太后皇上圣鉴。

敬陈管见疏　庚辰四月十九日

奏为敬陈管见，仰祈圣鉴事。

窃臣于光绪六年三月二十六日承准军机大臣字寄："光绪六年二月初一日奉上谕：'前因崇厚与俄国所议交收伊犁条约章程等件，经王大臣等会议，诸多窒碍难行，业经降旨将该革员治罪，并派曾纪泽为出使俄国钦差大臣矣。俄人占我伊犁，其理甚曲。崇厚奉命出使，议收伊犁，竟不熟权利害，任其要求，遽与订约，殊出意料之外。曾纪泽到俄国后，察看如何情形，先行具奏。此次前往另议，必须力持定见，慎重办理。现已颁发国书，由总理各国事务衙门递寄，并令该衙门将条约章程等件详细酌核，分别可行及必不可行之款，奏准后知照该少卿，以便与俄人另行商办。纵或一时未能就绪，不妨从容时日，妥慎筹商，总期不激不随，以全大局。将此谕令知之。钦此。'"仰见我皇太后皇上慎重边防，曲全邻好，既宽假以时日，复旨授以机宜。跪读之余，莫名钦感。旋承准总理各国事务衙门将国书封寄前来，臣现在伦敦祗候，该衙门遵旨将条约章程等件详细酌核，分别可行及必不可行之款，奏准后知照到臣，即当赶紧启程，恭赍国书，取道巴黎前赴俄国。除届时另折恭报起程日期，及抵俄以后情形，容臣随时陈奏，并恪遵奏准之条妥慎办理外，所有收回伊犁一切事宜，谨先就微臣管见所及，敬为我皇太后皇上一详陈之。

窃惟伊犁一案，大端有三，曰分界，曰通商，曰偿款。筹办之法亦有三：曰战，曰守，曰和。

言战者，谓左宗棠、金顺、刘锦棠诸臣拥重兵于边境，席全胜之势，不难一鼓而取伊犁是也。臣窃以为伊犁地形岩险，攻难而守易，主逸而客劳。俄人之坚甲利兵，非西陲之回部乱民所可同日而语。大兵履险地以犯强邻，直可谓之孤注一掷，不敢谓为能操必胜之权也。不特此也，伊犁本中国之地，中国以兵力收回旧疆，于俄未有所损，而兵戎一启，后患方长，是伊犁虽幸而克复，只可为战事之权舆，而不得谓大功之已蒇也。俄人恃其诈力，与泰西各国争为雄长。水师之利，推广至于东方，是其意不过欲借伊犁以启衅端，而所以扰我者，固在东而不在西，在海而不在陆。我中原大难初平，疮痍未复，海防甫经创设，布置尚未悉周，将来之成效或有可观，第就目下言之，臣以为折冲御侮之方，实未能遽有把握。又况东三省为我根本重地，迤北一带，处处与俄毗连，似有鞭长莫及之势，一旦有急，尤属防不胜防。或者谓俄多内乱，其君臣不暇与我为难，臣则以为俄之内乱，实缘地瘠民贫，无业亡命者众也。俄之君臣常喜边陲有事，借侵伐之役，以消纳思乱之民，此该国以乱靖乱之霸术，而西洋各国之所稔知，凡与之接壤者，因是而防之益严，疑之益深，顾未闻有幸其灾而乐其祸者，职是故耳。又或者谓连结欧洲各邦，足以怵俄人而夺其气，是固欲以战国之陈言，复见诸今日之行事，不知今日泰西各国之君，非犹是战国时之君，各国之政，非犹是战国时之政也。各邦虽不尽民主，而政则皆由议院主持，军旅大事，尤必众心齐一，始克有成。今日之使臣，虽得辩如苏张，智如随陆，亦不能遍诣各国议院之人而说之。即令激之以可怒，动之以可欲，一旦奋兴，慨然相助，试思事定之后，又将何以厌其求？曩者俄土之役，英人助土以拒俄，大会柏灵，义声昭著，卒之以义始者，实以利终，俄兵未出境，而赛卜勒士一岛已入英人图籍矣。况各邦虽外和内忌，各不相能，而于中华则独有协以谋我之势。何也？一邦获利,各国均沾,彼方逐逐眈眈,环而相伺之不暇,岂肯显违公法,出一旅以相助？是战之一说,刻下固未易言也。

言守者则谓:伊犁,边境一隅之地耳,多予金钱,多予商利以获之,是得边地而溃腹心,不如弃之,亦足守吾所固有。伏维我朝自开国以来,所以经营两域者至矣。康熙、雍正之间,运饷屯兵,且战且守,边民不得安处,中原不胜劳敝,而我圣祖、世宗不惮勤天下之力以征讨之,良以西域未平,百姓终不得休息耳。迨至乾隆二十二年,伊犁底定,西陲从此安枕,腹地亦得以息肩,是伊犁一隅,夫固中国之奥区,非仅西域之门户也。第就西域而论,英、法人谓伊犁全境,为中国镇守新疆一大炮台,细察形势,良非虚语。今欲举伊犁而弃之,如新疆何？更如大局何？而说者又谓:姑纾吾力,以俟后图。然则左宗棠等军将召之使还乎？抑任其逍遥境上乎？召之使还,而经界未明,边疆难保无事,设有缓急,不惟仓卒无以应变,即招集亦且维艰;任其久留,无论转饷浩繁,不可以持久也,夫使岁费不资,而终归有用,犹之可也,若竭天下之力以注重西陲,历时既久,相持之势渐有变迁,典兵者非复旧人,将帅之筹画不同,兵卒之勤懈不一,诚恐虚糜饷糈,仍归无用,而海防之规模亦因之不能逐渐开展,则贻误实大。此固廷臣、疆臣所宜及今统筹全局,不可视为日后之事而忽之者也。

我皇太后皇上悯念遗黎,不忍令其复遭荼毒,遣派微臣,思有以保全二百年以来之和局,则微臣今日之辩论,仍不外分界、通商、偿款三大端。三端之中,偿款固其小焉者也,即就分界、通商言之,则通商一端,亦似较分界为稍轻。查西洋定约之例有二:一则长守不渝,一可随时修改。长守不渝者,分界是也。分界不能两全,此有所益,则彼有所损,是以定约之际,其慎其难。随时修改者,通商是也。通商之损益不可逆睹，或开办乃见端倪，或久办乃分利弊，或两有所益，或互有损益，或偏有所损，或两有所损，是以定约之时，必商定若干年修改一次，所以保其利而去其弊也。中国自与西洋立约以来，每值修约之年，该公使等必多方要挟，一似数年修改之说，专为彼族留不尽之途，而于中华毫无利益者。其实彼所施于我者，我固可还而施之于彼。诚能深通商务之利弊，酌量公法之平颇，则条约之不善，正赖此修改之文，得以挽回于异日，夫固非彼族所得专其利也。俄约经崇厚议定，中国诚为显受亏损，然必欲一时全数更张，则虽施之西洋至小极弱之国，犹恐难于就我范围。俄人桀骜狙诈，无端尚且生风，今于已定之约忽云翻异，而不别予一途以为转圜之路，中国人设身处地，似亦难降心以相从也。臣之愚以为分界既属永定之局，自宜持以定力，百折不回，至于通商各条，惟当即其太甚者酌加更易，余者似宜从权应允，而采用李鸿章立法用人之说以补救之。如更有不善，则俟诸异日之修改。得失虽暂未公平，彼此宜互相迁就，庶和局终可保全，不遽决裂。然犹须从容辩论，纡与委蛇，非一朝一夕所能定议也。

俄约之准驳，应经廷臣分别奏明，而臣未至彼都，已先进通融之说，未免迹涉畏葸，以致物议沸腾。顾臣窃思之：秉一定之规模，但责臣以传达两国之语言，胪列应驳之条，屡辩而力争之，事之成败，非所敢知，是臣之责任较轻，于臣之私计，实为甚便。伏念微臣世受国恩，滥跻卿贰，即使身在事外，苟有一知半解，犹宜尽献刍荛，以备圣明采择，况既膺使职，责任攸归，岂敢缄默唯阿，卤莽从事，自避嫌疑之谤，上贻宵旰之忧。臣所鳃鳃过虑者，窃恐廷臣所议，除偿款以外，所有通商、分界各条，逐条均须驳改。在议者所持，固属荡荡平平之道、堂堂正正之辞也，然言经而不言权，论理而不论势,俄人必不见允,则不待智者而后知之。如此则日后之事不外三途:一曰俄人不允,则称干比戈,声罪致讨,此战之说也。庙堂自有胜算,非使臣之所敢议也。一曰俄人不允,则暂弃伊犁,存而不论,此守之说也。是边界不可稍让,而全境转可尽让也,臣亦未敢以为是也。一曰俄人不允,然后取现今之所驳者,陆续酌允,委曲求全,此和之说也。然则目前之所驳,是姑就吾华之公论,聊以尝试之耳。尝试不效,乃复许之,此市井售物抬价之术,非圣朝所以敦信义以驭远人之道也。俄人本以夸诈为能事,若此时逐条驳改,日后又不得已而允之,则将益启其狡谲之谋,且使西洋各国从而生心,诚恐此次伊犁约章所挽回者无几,而从此中外交涉之务,议论日以滋多。臣所以言分界之局,宜以百折不回之力争之,通商各条,则宜从权应允者,盖以准驳两端,均贵有一定不移之计,勿致日后为事势所迫,复有先驳后准之条,此臣愚昧之见也。

事体如此重大,本非一人之见所能周知。请旨饬下总理衙门王大臣及大学士、六部九卿原议诸臣,详细酌核。臣行抵俄都,但言中俄两国和好多年,无论有无伊犁之案,均应遣使通诚,此次奉旨前来,以为真心和好之据,至辩论公事,传达语言,本系公使职分,容俟随接奉本国文牍,再行秉公商议云云。如此立言,则入境或不至遂见拒绝。至于约章如何辩论,计原议诸臣此时必业经奏定准驳,知照前来。惟军国大政,所关实非浅鲜,似不厌再三详审,精益求精。当俟廷臣细行商定之后,由总理衙门咨行到臣,始敢与该国平情争论。若臣言力争分界、酌允通商之说稍有可采,则在廷诸臣自必考究精详,斟酌尽善,乃定准驳之条;即臣说全无是处,通商各条必须全驳,臣俟接准总理衙门文牍,自当恪照指驳之条,逐一争辩。

臣自惟驽下，勉效驰驱，际此艰难，益形竭蹶。惟有懔遵不激不随之圣训，殚竭愚忱；冀收得尺得寸之微功，稍维大局。所有微臣管见所及，谨缮折驰陈，伏乞皇太后皇上圣鉴训示施行。谨奏。

与总署电报密商情形片

再，臣于光绪六年四月十七日接准总理各国事务衙门密致电报云"到俄先告以难准之故。如因条约不准，不还伊犁，大可允缓。能将崇议两作罢论，便可暂作了局。意在归宿到此。惟勿先露旧约。通商、分界俟后商办，亦可告知。初五日有寄谕，先电闻"等因。臣答电谓"缓索伊犁是最后一着，须说明是暂缓，非径让，此亦西例也"等因去讫。

窃思俄人趁我之索还伊犁，恣意要挟。索之愈急，则挟之愈多。暂置不论，自系权衡利害之轻重，而明绝其觊觎之心。查西洋各国每有因辩论之事，两国争持未能平允，而又不欲轻于用兵，于是知照该国，且布告各与国，谓某事本国未经应允，特以不欲用兵，姑从缓议。英人名此法曰普鲁太司特。无论强横无理之国，见有普鲁太司特文牍，即应将所议之事，作为暂缓之局。暂缓者，少则数月，多则数年数十年，并无期限。遇有机会，仍可将前事提出商论。此固西人办理交涉事件之通例，而中国于伊犁、琉球等案，皆可仿而行之者也。臣折中以伊犁边界不可稍让、全境转可尽让为疑，如用普鲁太司特办法，自可免弃地之嫌。惟是伊犁一域，实我要区，暂置不论，终系未了之案，况旧约亦有通商、分界诸事，虚悬未定，是暂置伊犁而争论仍不能遽息者，在我本有万难遽息之势也。臣愚以为缓索伊犁，姑废崇厚所订之约，总理衙门所谓意在归宿到此者，自系专指目前局势而言，至于将来之归宿，似仍宜办到通商稍予推广,伊犁全境归还,乃可真为了结。臣未赴俄都,并非受俄人之挟制而妄进通融之说,徒以揣度敌情,熟权事势,稍有所见,不敢不言。请旨饬下原议诸臣,妥议具奏,臣到俄之后,即当恪遵奏定准驳之条,硁硁固执,不敢轻有所陈,不敢擅有所许。啮雪咽旃,期于不屈而已。

所有微臣与总理各国事务衙门由电报密商情形,谨附片密陈。是否有当,伏乞皇太后皇上圣鉴训示施行。谨奏。

附该折、片的清廷议复

光绪六年八月十四日递回折片:"军机大臣奏旨:'另有旨,钦此。'"同日承准军机大臣密寄:"光绪六年六月十五日奉上谕:'曾奏筹办伊犁事宜各折片。前谕该少卿以伊犁一事如无成议,只可两作罢论,原是暂时归宿。兹据奏称:分界宜以力争,通商似可酌允等语。伊犁系中国土地,从前俄人只称代收代守,是尚不敢公然居侵占之名,中国向其索还旧疆,本是名正言顺。至通商一事,自当权其利害轻重,予以限制。其必不可行者,亦未可迁就从事,致贻后患。前经王大臣等将约章等件酌核可行不可行,奏准咨行照办,此时计已接到。该少卿当就原议各节妥慎办理。如有应行量为变通之处,仍当随时察看情形奏明请旨。该少卿请将所陈管见饬廷臣议奏之处,着毋庸议。将此密谕知之。钦此。'遵旨寄信前来。"

恭报由英启程日期疏　庚辰六月初三日

奏为恭报微臣启程日期,缮折驰陈,仰祈圣鉴事。

窃臣于光绪六年三月初九日承准总理各国事务衙门咨开:"光

绪六年正月初三日奉上谕:'一等毅勇侯大理寺少卿曾纪泽,着派充出使俄国钦差大臣。钦此。'"旋经该衙门将国书敕书封寄,并于五月十九日接准该衙门函牍,遵旨将条约章程等件详细酌核,分别可行及必不可行之款,奏准后知照前来。臣谨择于六月初七日恭赍国书,搭附火车,由伦敦启程前赴俄都,其间经过巴黎,须留驻旬日,料理法国公务,兼候总理衙门续电。经过伯邻,亦须留数日,与出使德国大臣李凤苞面商肄业学生之事。如总理衙门别无要务商嘱,展缓行期,则六七月之交可抵森比德堡。除到俄接印及呈递国书情形容臣随时陈奏外,所有微臣自伦敦启程赴俄日期,谨缮折驰陈,伏乞皇太后皇上圣鉴。谨奏。

刊刻三国参赞木质关防片　　同日

再,臣于光绪四年十月初六日具奏随带出洋员弁一折,声明于英、法两国各设参赞官,值臣移驻之时,所有交涉事件即该参赞等禀报到臣,以凭随时核办等因,已蒙圣慈垂鉴。现臣兼使俄邦,三国往来,事同一律,惟相隔较远,往返需时,除紧要文牍仍饬令随时禀报,由臣核办外,其余例行公牍,即饬该参赞等代拆代行,以归简易。该员等责任较重,应刊交关防,以昭信守。臣谨刊就木质关防三颗,文曰"钦差大臣参赞官之关防"。臣启程赴俄,即将驻英参赞官陈远济、驻法参赞官刘翰清关防先行札发,其现署出使俄国大臣邵友濂,应俟微臣抵俄接印后,饬回参赞本任,再将关防札发。除饬该参赞等将开用日期报查,并咨呈总理各国事务衙门查核外,谨附片陈明,伏乞皇太后皇上圣鉴。谨奏。

光绪六年六月初六日奉到军机大臣密寄一道:"光绪六年四月

初五日奉上谕：'本日据郭嵩焘奏俄人构患当筹补救之方一折，不为无见。前总理各国事务衙门奏明将俄国约章分别可行不可行，咨行曾纪泽遵照妥办，原就已定之约权衡利害，以为辩论改议之地。第思俄人贪得无厌，能否就我范围，殊不可必。此时若遽责其交还伊犁全境，而于分界、通商各节未能悉如所愿，操之太骤，易启衅端。若徒往返辩论，亦恐久无成议。曾纪泽前往俄国，当先将原议交收伊犁各节关系中国利害，碍难核准之故，据理告知，看其如何答复。如彼以条约不允，不能交还伊犁，亦只可暂时缓议，两作罢论。但须相机引导，归宿到此，即可暂作了局。惟不可先露此意，转致得步进步，别有要求。至旧约分界、通商事宜，及应修约章，本与交收伊犁之事不相干涉，俟事定之后，当再令左宗棠及总理各国事务衙门分别办理，此意亦可向俄人告知也。郭嵩焘折着摘抄给与阅看，将此密谕知之。钦此。'遵旨寄信前来。"

恭报抵俄接印日期谢恩疏　庚辰七月初四日

奏为恭报微臣行抵俄国接印日期，叩谢天恩，仰祈圣鉴事。

窃臣于光绪六年六月初三日在伦敦拜发恭报启程日期一折，旋于初七日离英。初八日至法，留驻旬日，料理公事。十九日自巴黎启行，取道伯灵，与出使德国大臣李凤苞面商要务，即于六月二十四日行抵俄国都城。二十八日准署出使大臣邵友濂将大清钦差出使大臣铜质关防赍送前来，臣当即恭设香案，望阙叩头谢恩祗领讫。伏念臣猥以驽庸，渥膺宠遇。赋皇华而周原隰，敢言駪征靡及之劳；仗使节而涉冰渊，益切鳌戴难胜之惧。惟有秉九重之筹策，矢千百于愚柔。庶几强国输诚，改要盟之旧敝；更冀职方载笔，书侵地之来归。除照会俄国外部订期呈递国书及应论事宜，容臣随

时陈奏外,所有微臣行抵俄国接印日期,谨恭折叩谢天恩,伏乞皇
太后皇上圣鉴。谨奏。

道员邵友濂因病请假暂留供职片　同日

　　再,据头等参赞官二品衔道员邵友濂呈称:自抵俄国以来,水
土不服,时患寒泻,西医调治,迄未就痊,禀请给假回华。词意恳
切。臣查参赞官邵友濂因地气阴寒致病,虽系实情,惟俄事之艰
巨,旧案之繁难,刻下实无干才,堪继该员之任。该员思虑周密,识
解超群,臣拟事事与商,虚衷采纳,于辩论之节目,交涉之大端,必
能多所发明,匡臣不逮。臣业经勉留该员,以资臂助,未便遽准销
差,一俟俄事稍有端倪,再当察看情形,斟酌办理。所有道员因病
请假,经臣暂留供职缘由,理合附片陈明,伏乞皇太后皇上圣鉴。
谨奏。

原驻俄国人员请留洋当差片　同日

　　再,臣于光绪六年六月初三日附奏充补随员一片,声明驻俄人
员应俟接印后再行陈奏,分别去留。现臣已抵森比德堡都城。查
前出使俄国大臣崇厚原留参赞、翻译等员,出洋将及两年,办公均
属专勤,遇事亦多谙练,可否仰乞圣恩,俯念俄事艰巨,均准留洋当
差,以资熟手。所有原留驻俄人员及臣此次于英、法各员中酌带数
员随臣差遣,汇同派驻英、法两国各员衔名,谨缮具清单,恭呈御
览。除将派驻三国供事、学生、武弁由臣咨明总理各国事务衙门查
核,不另开列,及翻译法文学生九品官福连因奉总理衙门饬令回京
当差、武弁蓝翎直隶候补守备世袭云骑尉李永春遣回直隶当差,业
由署大臣邵友濂分别咨报总理衙门查照外,谨附片陈明,伏乞圣

鉴。谨奏。

光绪六年七月二十四日奉到军机大臣密寄一道："光绪六年五月十九日奉上谕：'前因崇厚出使俄国违训越权，所议条约诸多窒碍，经廷臣会议罪名，定以斩监候，实属罪有应得，乃近闻外间议论，颇以中国将崇厚问罪，有关俄国颜面，此则大非朝廷本意。中国与俄国和好二百余年，实愿始终不渝，无失友邦之谊。崇厚奉命出使，于中国必不可行之事，并不向俄国详切言明，含糊定议，罪由自取，朝廷按律惩办，以中国之法治中国之臣，本与俄国不相干涉。第恐远道传闻，于中国办理此案缘由未能深悉，或因误会而启嫌疑，未免有妨睦谊。兹特法外施恩，将崇厚暂免斩监候罪名，仍行监禁，俟曾纪泽到俄国后办理情形若何，再降谕旨。曾纪泽接到此旨，着即将崇厚暂免斩罪知照俄国，并告以中国与俄国和好之据，即此可见。其应议条约，着仍遵前旨妥慎办理，将此密谕知之。钦此。'遵旨寄信前来。"

谒见俄君呈递国书日期疏　庚辰七月二十四日

奏为微臣谒见俄罗斯国君呈递国书日期，恭折驰陈，仰祈圣鉴事。

窃臣于六月二十四日行抵俄国都城，曾将接印日期于七月初四日恭折奏明在案。比即恭录国书，照会俄国外部订期呈递。旋晤其外部大臣吉尔斯暨俄国驻华公使布策，辩论多时，最后该外部大臣乃允代奏国君，请示日期。其时俄君正在城外阅兵，未能接见各国公使。直至七月十四日，乃接外部照会，订于十七日未刻，俄君在城外萨尔斯克行宫接见。届日臣于巳刻恭赍国书，率同参赞衔随员刘麒祥、法文翻译官庆常,由森比德堡使署启行,至火轮车栈,俄之署礼部尚书达微多福暨其参赞等官在栈迎候,同坐轮车,行五十里至萨尔斯克车栈,遂至行宫朝房,坐候一时许,该署尚书奉俄君之命,设宴相待。是日为西洋礼拜祆神之日,俄君赴祆堂行礼,未初回宫。达微多福导臣经过正殿,直入殿旁小阁俄君治事之厅。国君当门而立。臣行三鞠躬礼,手捧国书,宣读诵辞,俄君受书答辞,皆由外部之华文翻译官孟第传译。俄君致辞礼毕,送臣出至殿廷,自作英语,与臣问答数句,慰劳甚殷。旋至外殿接见刘麒祥、庆常等员,复作法语,与庆常问答数句,回身入阁,臣等乃退。

窃臣自抵俄都两旬有余,细察俄人相待之情,颇有前倨后恭之象,直至呈递国书之日,始有输诚修好之言。此皆由皇猷远播,威惠交孚,帝德诞敷,刚柔互济。丝纶讲信,贤于数十万众之甲兵;玉帛寻盟,保此二百余年之和好。观初端之礼节,尚属顺成;冀再议之约章,犹能补救。理合飞章入告,仰慰宸廑。除将诵词及俄君答词咨送总理衙门备查外,所有微臣谒见俄罗斯国君呈递国书情形,谨缮折驰陈,伏乞皇太后皇上圣鉴,谨奏。

附录诵辞答辞:

大清国钦差大臣一等毅勇侯曾纪泽,奉本国大皇帝命驻扎贵国都城,所有两国商议条约未定之事,深愿与贵国和平商订,务期两国有益,更加和好。尤愿大皇帝天锡纯嘏,既受永昌,欧亚两洲,同瞻仁德,共享升平,敬以为颂。

贵爵大臣奉大皇帝命驻扎本国都城,朕深为欣悦。所称大皇帝和好之意,正与朕意相合。两国交涉事件,前有未洽朕意之处。兹闻贵国已将各案办理完结,实为真心和好之据。又贵国前治崇厚重罪,朕心殊深不悦。现闻贵国大皇帝将崇开释,朕极欢喜。以上各事,既为闻议事件之美徵,实赖贵国总理衙门王大臣与贵爵大臣之力,能将本国之意奏达于大皇帝陛下也。七、八月内,朕即携外部大臣格尔斯前赴黑海行宫。所有贵爵大臣应议要件,务于期内会同格尔斯陈明一切,是所愿也。

俄使到京议约派员回京疏　庚辰七月二十八日

奏为俄国遣派使臣到京议约,微臣现派驻俄参赞官趱程回京,听候总理衙门差遣,恭折驰陈,仰祈圣鉴事。

窃臣于七月十七日在俄呈递国书情形,于二十四日恭折奏明在案。臣谒见俄君之后,即于十九日具文照会俄国外部,将总理衙门奏明准驳约章,摘要叙为六条,开端陈说,仍声明其余小处,应俟大端商有头绪,再行议及。措词颇觉委婉,且于廷臣议定应驳各款,亦尚未和盘托出。不意该国早挟成见,于臣所具文牍,业以为指驳太多,无可和衷商改。顷于二十四日详译该外部二十三日复文,据称现奉俄君之命,定意遣派公使到京议约,不肯在俄与臣商议等因。

查俄国遣派海部尚书统带兵船赴华,为时已久,其议遣使在京议事,定计亦非一日,所以犹肯接待中国公使,容臣谒见俄君、呈递国书者,盖尚有不欲轻启衅端之意,而于上年议约已得之利益,又难舍弃,故于接到微臣文牍之初,登时宣露遣使赴华另商之说。臣即日照会该外部,查询俄使衔名等第,及已否启程赴华,除俟复到日再行电告总理衙门核办外,伏查前出使俄国大臣崇厚上年在俄办理条款事宜,有头等参赞官二品衔道员邵友濂正在俄署,熟悉情形,嗣经奉旨署理出使俄国大臣,亦常与俄国外部诸官往来辩论。

臣抵任后,叠次照会外部及与总理衙门往来电商要务,又系该员赞襄经理。该员前在总理衙门多年,一切案牍极为谙练。兹值俄国遣使到京议约,臣谨饬邵友濂趱程回京,以备总理衙门随时询问。一俟俄国约章办有头绪,再由总理衙门遣派该员回署当差。该员用心周密,处事精详,不惟俄国情形深所考究,即欧罗巴、亚细亚两洲他国政治,亦复多所见闻。刻下暂回总理衙门听候差遣,于公事不无裨益。

所有俄国遣使到京议约,微臣现派驻俄参赞官趱程回京缘由,恭折驰陈,伏乞皇太后皇上圣鉴。谨奏。

遴员署俄法参赞片　同日

再,驻俄三等参赞官花翎知府用运同衔河南候补同知蒋斯彤,因在俄水土不合,常患腿疾,于臣未抵俄都以前,屡向前署大臣邵友濂处乞假销差。臣到任后,该员复叠次陈请,情词恳切,臣因该员经理驻俄使署支应事件,一时难得替人,是以仍复强留当差,并于驻俄人员清单,照旧开列该员衔名,恭呈御览。兹臣饬派邵友濂回京,蒋斯彤以数万里之海程,难得此结伴同行之便,具呈求归,势难再留。臣因该员经手事件次第完竣,准其销差回华就医。刻下俄君已赴黑海行宫,外部尚书随扈前去,各国驻俄公使散往四乡,或径赴别国游观,臣于中秋前后,亦可往伦敦、巴黎料理英、法公事。惟驻俄参赞二员,邵友濂既因公回京,蒋斯彤又因病请假,必须有得力参赞留驻俄国都城,值臣移驻之时,照料大小事件。查有驻法二等参赞官盐运使衔道员用分发补用知府刘翰清,品端学博,外圆内方,出洋将近两年,于欧洲各国情形,诸多熟悉。臣即日札调刘翰清自法来俄,署理邵友濂驻俄参赞官员缺,仍改列为二等。

又查有参赞衔随员花翎四川候补知府刘麒祥,和平通达,遇事留心,堪以署理驻法二等参赞官员缺。除分札饬遵外,所有驻俄三等参赞官因病销差,暨臣遴员派署驻俄、驻法参赞官缘由,理合附片具陈,伏乞圣鉴训示。谨奏。

遵旨改订俄约盖印画押疏　光绪七年辛巳(1881)正月二十八日

奏为与俄国外部改订条约章程,遵旨盖印画押,谨将先后办理情形恭折具陈,仰祈圣鉴事。

窃臣于七月二十三日因俄国遣使晋京议事,当经专折奏明,并电报总理衙门在案。八月十三日接准总理衙门电称:奉旨着遵叠电与商,以维大局。次日又接电称:面奉谕旨,俄事日迫,能照前旨争重让轻固妙,否则就彼不强中国概允一语,力争几条,即为转圜地步,总以在俄定议为要各等因。钦此。臣即于是日往晤署外部尚书热梅尼,请其追回布策,在俄商议。其时俄君正在黑海,热梅尼允为电奏,布策遂召回俄。嗣此往返晤商,反复辩论,叠经电报总理衙门,随时恭呈御览。钦奉四月初五,五月十九,七月十七、三十,八月初五等日军机大臣密寄上谕,令臣据理相持,刚柔互用,多争一分,即少受一分之害,圣训周详,莫名感悚。臣受恩深重,目击时艰,统筹中外之安危,细察事机之得失,苟获稍酬高厚,敢不勉竭驽庸;无如上年条约章程专条等件,业经前出使大臣崇厚盖印画押,虽未奉御笔批准,而俄人则视为已得之权利,臣奉旨来俄商量更改,较之崇厚初来议约情形,难易迥殊,已在圣明洞鉴之中。俄廷诸臣多方坚执,不肯就我范围,彼各有忠于所事之心,亦无怪其然也。自布策回俄后,向臣询及改约诸意,臣即按七月十九日致外部照会大意,分条缮具节略付之,布策不置可否,但允奏明俄君,意若甚难相商者。臣屡向热梅尼处催询各条,彼见臣相逼太甚,遂有命海部尚书呈递战书之说。臣不得已,乃遵总理衙门叠次电报,言可缓索伊犁,全废旧约。热梅尼又欲臣具牍言明,永远不索伊犁,经臣严词拒绝,而微示以伊犁虽云缓索,通商之务,尚可与商。旋接外部照会,除归还帖克斯川外,余事悉无实际。爰据总理衙门电示,分列四条,照复外部,又与之事事面争,热梅尼等嫌臣操之太蹙,不为俄少留余地,愤懑不平。布策又以通州准俄商租房存货暨天津运货准用小火轮船拖带两事,向臣商论。臣直答以原约之外不得增添一事,虽其计无可施,而蓄怒愈深矣。臣日夜焦思,深恐事难就绪,无可转圜。适俄君自黑海还都,谕令外部无使中国为难,于无可让中再行设法退让,但经此次相让后,即当定议云云。外部始不敢固执前议,于十一月二十六日送来照会两件、节略一件。第一照会言此次允改各条,中国若仍不允,则不得在俄再议;且将外部许臣商改之事,全行收回。第二照会言交收伊犁办法三条。节略中则历叙允改之事约有七端。臣请逐款详其始末。

第一端曰交还伊犁之事。查原约中伊犁西南两境,分归俄属。南境之帖克斯川,地当南北通衢,尤为险要,若任其割据,则俄有归地之名,我无得地之实。缓索之说,诚属万不得已之举。否则祖宗创业艰难,百战而得之土地,岂忍置为缓图。臣奉命使俄后,通盘筹画,必以界务为重者,一则以伊犁、喀什噶尔两境相为联络,伊犁失则喀什噶尔之势孤,此时不索,再索更待何时?一则以伊犁东南北三界均与俄兵相接,缓索后不与议界,恐致滋生事端。若竟议界,又嫌迹近弃地,而又虑其得步进步,伊犁虽已缓索,而他事之争执如故也。嗣因挽留布策,非将各事略为放松不可,遂舍西境不提,专争南境,相持不下,始允归还。然犹欲于西南隅割分三处村落,其地长约百里,宽约四十余里。臣检阅舆图,该处距莫萨山口最近,势难相让。叠次历色争辩,方将南境一带地方全数来归,其西南隅允照前将军明谊所定之界。

第二端曰喀什噶尔界务。从前该处与俄接壤者,仅正北一面,故明谊定界,只言行至葱岭靠浩罕界为界,亦未将葱岭在俄国语系何山名,照音译出,写入界约。今则迄西安集延故地尽为俄据,分界诚未可缓。崇厚原约所载地名,按图悬拟,未足为凭。臣愚以为非简派大员亲往履勘不可。吉尔斯必欲照崇厚原议者,盖所争在苏约克山口也。臣答以已定之界宜仍旧,未定之界可另勘。吉尔斯踌躇良久,谓此事于中国有益,非俄所求,既以原议为不然,不妨罢论。臣虑界址不清,则衅端易启,特假他事之欲作罢论者相为抵制。布策又称原议所分之地,即两国现管之地。臣应之曰:如此,何妨于约中改为照两国现管之地勘定乎? 最后吉尔斯乃允写各派大臣秉公勘定,不言根据崇厚所定之界矣。

第三端曰塔尔巴哈台界务。查该界经明谊、奎昌等分定有年,迨崇厚来俄,外部以分清哈萨克为言,于是议改。考之舆图,已占去三百余里矣。臣每提及此事,必抱旧界立论。吉尔斯知臣必不肯照崇厚之议,始允于崇厚、明谊所定两界之间,酌中勘定,专以分清哈萨克为主。所称直线自奎峒山至萨乌尔岭者,即指崇厚所定之界而言也。日后勘界大臣办理得法,或不至多所侵占。

以上界务三端,臣与外部先后商改之实在情形也。

第四端曰嘉峪关通商,允许俄商由西安、汉中行走,直达汉口之事。总理衙门驳议,以此条为最重,叠议商务者亦持此条为最坚。盖以我之内地,向无指定何处准西商减税行走明文。此端一开,效尤踵至,后患不可胜言。外部窥臣着重在此,许为商改。及询以如何商改之处,则云:须各大端商定,再行议及。臣亲诣布策寓所,告以事关全局,倘不见允,则余事尽属空谈,词意激切。布策言于吉尔斯,于是允将嘉峪关通商仍照天津办理,西安、汉中两路及汉口字样,均允删去不提。

第五端曰松花江行船至伯都讷之事。查松花江面直抵吉林,瑷珲城定立条约时,误指混同江为松花江,又无画押之汉文可据,致俄人历年借为口实。崇厚许以行船至伯都讷,在俄廷犹以为未能满志也。现将专条径废,非特于崇厚新约夺其利,直欲为瑷珲旧约辩其诬。臣初虑布策据情理以相争,无词可对,故择语气之和平者立为三策:一、径废专条;二、稍展行船之路,于三姓以下酌定一处为之限制;三、仍允至伯都讷,但入境百里,即须纳税,且不许轮船前往。布策均不以为然。适奉电旨责臣松劲,于是抱定第一策立言,务期废此专条。布策犹纠缠不已。吉尔斯恐以细故伤大局,不从其言,遂允将专条废去,声明瑷珲旧约如何办法,再行商定。

第六端曰添设领事之事。查领事之在西洋各国者,专管商业,其权远在驻扎中国领事官之下,故他国愿设者,主国概不禁阻。臣此次欲将各城领事删去,外部各官均以为怪。随将中国不便之处与之说明。吉尔斯谓领事之设,专为便商起见,系属宾主两益之事,中国既有不便,即仅于乌鲁木齐添设一员何如。臣因其多方相让,碍难再争。而总理衙门电抄编修许景澄折内,称科布多、乌里雅苏台、乌鲁木齐三处毋设领事,其次争乌鲁木齐、乌里雅苏台两处等语。臣乃复见布策,恳其商改,节略内始将乌鲁木齐改为吐鲁番,余俟商务兴旺时再议添设。

第七端曰天山南北路贸易纳税之事。新疆地方辽阔,兵燹之后,刁敝益深。道远则转运维艰,费重则行销益滞,招商伊始,必限以行走之路、纳税之章,商贩实多未便。阅总理衙门来电,曾言收税为轻。臣因将原约内均不纳税字样,改为暂不纳税,俟商务兴旺,再订税章。查西例:纳税之事,本国可以自主。日后商情果有起色,即伊犁等处亦不妨逐渐开征,以充国课。

以上商务四端,臣与外部先后商改之实在情形也。

此外节略所叙,则又有偿款一端。凡商改之事,益于我则损于彼。热梅尼、布策等本有以地易地之请。臣称约章事只可议减,不可议增。彼遂谓中国各路征兵,显欲构衅,俄遣船备边以相应,耗费卢布一千二百万圆,向臣索偿,且言如谓未尝交绥,无索兵费之理,则俄正欲一战,以补糜费等语。臣答以胜负难知,中国获胜,则俄国亦须偿我兵费。彼之言虽极恃强,臣之意未为稍屈。旋接总理衙门复电,嘱臣斟酌许之,至多不得逾二百万两。又电言如无别项纠缠,统计约五百万两偿款,即可商定云云。臣见吉尔斯、热梅尼等,始则争易兵费之名,继则争减代守伊犁偿款之数。久之,热梅尼谓迟一年收回伊犁,又加还帖克斯川,以代守费论,至少亦须加卢布四百万圆。臣照会中但允加代守费卢布二百五十万圆,若并归伊犁西境,犹可略议增加。吉尔斯不谈西境,仅称连上年偿款统算,非卢布一千万圆不可。臣嫌为数过多。吉尔斯笑曰:"俄国岂以地出售者?果尔,则以帖克斯川论之,岂仅值五百万圆乎?不过改约多端,俄国一无所得,面子太不光彩,假此以自慰耳。"臣察其意甚决,乃言热梅尼所说仅四百万,何得又增百万?吉尔斯无词折辩,故节略内仍以添偿卢布四百万圆定数。查上年崇厚所议兵费偿款卢布五百万圆,合银二百八十余万两。此次俄国认出自华至英汇费,则金镑之价较贱,合前后卢布九百万圆而统算之,约计银五百万两以内。

臣综观界务、商务、偿款三大端,悉心计较,与总理衙门来电嘱办之意大略相同,即摘录照会节略大意,电请总理衙门代奏,并与外部说明,俟接奉电旨后再行画押。一面与布策先行商议法文条约章程底稿,逐日争辩,细意推敲,稍有龃龉,则随时径赴外部详晰申说,于和平商榷之中,仍示以不肯苟且迁就之意。且以有益于中国无损于俄人等语,开诚布公而告之,于崇厚原订约章字句,陆续有所增减。如条约第三条删去伊犁已入俄籍之民入华贸易、游历,许照俄民利益一段;第四条俄民在伊犁置有田地,照旧管业,声明伊犁迁出之民不得援例,且声明俄民管业既在贸易圈外,应照中国民人一体完纳税饷,并于第七条伊犁西境安置迁民之处,声明系安置因入俄籍而弃田地之民,以防迁民虽入俄籍,而仍有占据伊犁田土之弊;第六条写明所有前此各案,以防别项需索;第十条吐鲁番非通商口岸而设领事,暨第十三条张家口无领事而设行栈,均声明他处不得援以为例,以杜效尤;第十五条修约期限改五年为十年。章程第二条货色包件下,添注"牲畜"字样,其无执照商民照例惩办,改为从严罚办;第八条车脚运夫绕越捷径以避关卡查验,货主不知情分别罚办之下,声明海口通商及内地不得援以为例。凡此增减之文,皆系微臣与布策商草法文约稿之时,反复力争面得之者,较之总理衙门三月十二日所寄廷臣奏定准验之议,虽不能悉数相符,然合条约章程计之,则挽回之端似已十得七八,此臣与吉尔斯、布策等商量条约章程底稿,于节略七端之外,又争得防弊数端之实在情形也。

十二月十七日接准总理衙门电示,奉旨:"览来电均悉,该大臣握要力争,顾全大体,深为不负委任,即着照此定约画押,约章字句务须悉心勘酌,勿稍疏忽,余依议。钦此。"臣告知外部转奏俄皇,此邦君臣仰慕皇仁,同深钦感。俄皇谕令外部允废崇厚原定约章,另立新约,又饬催布策速行缮约画押。臣因节略七端之外,所争诸条字句尚未周妥,日夜与布策晤谈而笔削之,直至光绪七年正月初九日,始将法文约章底稿议定。又彼此商订汉文、俄文条约章程,各缮二份,而将先订之法文缮正二份,以资考证,逐条参酌校对无讹,于正月二十六日与外部尚书吉尔斯、前驻京使臣布策公同画押盖印讫,电请总理衙门代奏,仰慰宸廑。

伏念臣以菲材,膺兹重任,深惧措施失当,上负天恩,幸蒙皇太后皇上指授机宜,不责以强争必行,但责以羁縻无绝。更喜总理衙门王大臣平心体察,艰巨周知,遇事提撕,遵循有自。纵絜长较短,仍不免顾此失彼之虞;而酌理准情,尚不悖争重让轻之议。除抄录臣与吉尔斯、热梅尼、布策叠次问答节略,咨呈总理衙门存查,并将条约章程各一件、专条一件,派驻俄头等参赞官二品顶戴道员邵友濂赍回京师,进呈御览,请旨饬下总理衙门核议,恭候圣裁外,谨将条约章程底稿先行抄录,咨呈总理衙门察核。所有与俄国外部改订条约章程,遵旨盖印画押缘由,理合缮折驰陈,伏乞皇太后皇上圣鉴。谨奏。

改订俄约办事艰难情形疏　辛巳正月二十八日

奏为微臣改订俄国条约办理艰难情形,关系甚重,恭折密陈,仰祈圣鉴事。

窃臣与俄国外部改订条约,遵旨盖印画押,业于本日缮折驰奏在案。伏念西洋大小各邦,越海道数万里以与中华上国相通,使臣来往于京城,商舶循环于海上,实为数千年未有之奇局也。交涉愈久,历练滋深,是在总理衙门王大臣、南北洋通商大臣、出使各国大臣遇事留心,尽言勿隐,稍有纤毫关系,即不敢壅于上闻,庶几九重因应,酌轻重以咸宜;四裔扰驯,仰恩威而胥服。臣于定约之折,虑须宣示内外臣工,甚或流传海外,是以未敢将委曲难言之隐,据实奏明。然微臣办事之难,与寻常出使情形迥不相同,有不能不沥陈于圣主之前者。

西人待二等公使之礼,远逊于头等,而视定议复改之任,实重于初议。原约系特派头等全权便宜行事之大臣所订,臣晤吉尔斯、布策诸人,咸以是否头等、有无全权相诘。臣答以职居二等,不称全权大臣。乃彼一则曰:头等所定,岂二等所能改乎? 再则曰:全权者所定尚不可行,岂无全权者所改转可行乎? 臣渥承眷遇,岂复希非分之宠荣? 且西洋公法,凡奉派之公使,无论头等二等,虽皆称全权字样,至于遇事请旨,不敢擅专,则无论何等,莫不皆然。前大臣崇厚误以师心自用、违旨擅行为便宜行事之权,盖考之中国之宪章、各国之成例,无一合者也。俄人亦未尝不腹诽之。及至与臣议事,稍有龃龉,则故以无全权、非头等之说折臣,每言使者遇事不敢自主,不如遣使前赴北京议约,较为简捷等语。臣亦知其借此词以相难,非由衷之言也。但彼国既以无全权而相轻,微臣即不免较崇厚而见绌。此其难一也。

按之万国公法,使臣议约,从无不候本国君主谕旨,不与外部意见相合,而敢擅行画押者。间有定而复改之事,亦不过稍有出入,从无与原约大相径庭者。往岁崇厚急于索地,又急于回京,遽定遽归,诸多未协。外部见臣照会,将约中要领痛行驳斥,莫不诧为奇谈,屡以崇厚违旨擅定之故晓之,奈彼闻所未闻,始终不信。此其难二也。

原约所许通商各条,皆布策驻京时向总理衙门求之多年而不可得者,崇厚甘受其绐,求无不应,一经画押,彼遂据为已得之权,再允熟商,彼即市其莫大之惠。吉尔斯贤于布策,而不明中俄商情,经臣剀切敷陈,彼仍茫然不解。此其难三也。

泰西臣下条陈外务,但持正论,不出恶声,不闻有此国臣民诋及彼邦君上者,虽当辩难纷争之际,不废雍容揖让之文。此次廷臣奏疏,势难缄秘。传播失真之语,由于译汉为洋,锋棱过峻之词,不免激羞成怒。每谓中国非真心和好。即此可见其端,若于兹时忍辱改约,则柔懦太甚,将贻笑于国人,见轻于各国等语。臣虽饰辞慰藉,而俄之君臣怀憾难消,此其难四也。

自筹兵筹饷,叠见邸抄,而俄之上下亦惴惴焉时有戒心,遣兵船以备战,增戍卒以防边。臣抵俄时,彼已势成骑虎,若仍在俄议事,则前此之举动为无名,故欲遣使晋京议约,以归功于海部。无怪一言不合,俄使即以去留相要。维时留之则要挟必多,不留则猜嫌滋甚。更恐留而仍去,适示怯而见轻。此其难五也。

俄皇始命布策向臣询明中国意向,予限一月。限满之时,经臣援引总理衙门照会驻京署使凯阳德展限三月之意,复请外部婉奏俄皇,乃许添展两月,与臣议事。我皇上因俄事日迫,意在转圜,一切情形,许臣由电径达总理衙门代奏请旨,已属破格施恩,而事势无常,日期甚促,有时于立谈之顷,须定从违,臣于未经请旨之条,既不敢许之过骤,然既奉转圜之旨,又不敢执之过坚。良由自沪至京,无电线以资迅速,故虽由电请旨,非旬日所能往还,敌廷之询问益多,专对之机权愈滞。此其难六也。

犹幸我朝与俄罗斯通好二百余年,素无纤芥之嫌,未肇边疆之患。俄国自攻克土耳其后,财殚力竭,雅不欲再启衅端。加以圣明俯纳臣言,释放崇厚以解其疑,办结各案以杜其口。故其君臣悦服,修好输诚,布策诸人虽坚执各条不肯放松,而俄国皇帝与其外部丞相吉尔斯实有和平了结之意,故得从容商改,大致就我范围,此则列圣以来怀柔之效,而我皇太后皇上公溥慈祥之德,有以感动之也。

臣之私心过虑,诚恐议者以为俄罗斯国如此强大,尚不难遣一介之使,驰一纸之书,取已成之约而更改之,执此以例其余,则中西交涉更无难了之事。斯言一出,将来必有承其弊者。窃以为兵端将开而复息,关乎生民之气数,而气数不可以预知;条约已定而可更,视乎敌国之邦交,而邦交不可以常恃。臣是以将到俄以来办事艰难情状,据实直言,不敢稍存隐饰,请旨密饬海疆暨边界诸臣,仰体圣朝讲信修睦之心,至诚以待邻封,息事而全友谊,庶几遐荒悦服,永叶止戈为武之休;海宇清平,益臻舞羽敷文之盛。臣不胜恳切喁望之至。谨缮折密陈,伏乞皇太后皇上圣鉴。谨奏。

谢恩缴电旨疏　辛巳正月二十八日

奏为叩谢天恩,恭缴电旨事。

窃臣承准总理衙门王大臣电称:光绪六年十二月十五日面奉谕旨:"曾纪泽画押,准照案用全权大臣字等因。钦此。"伏查中朝之制不同于西洋,全权之名已列于头等,臣从公异域,渥被殊荣,由电线以承恩,履春冰而滋惧。臣与俄国外部改订条约章程,已于本年正月二十六日画押讫,另折奏明在案。前项钦奉电旨,自应随案缴销。所有微臣感激下忱暨恭缴电旨缘由,理合缮折驰陈,伏乞皇太后皇上圣鉴。谨奏。

恭报赴俄换约日期疏　辛巳七月十一日

奏为恭报微臣由英启程,遵旨赴俄,将新订约章届期互换,恭折驰陈,仰祈圣鉴事。

窃臣于光绪七年六月二十五日承准总理各国事务衙门咨开,微臣前与俄国改定约章,经总理衙门详阅,具折恭呈御览,钦奉慈禧端佑康颐昭豫庄诚皇太后懿旨:"曾纪泽奏与俄国改订约章及办事艰难情形各一折,总理各国事务衙门奏进呈曾纪泽改订条约章程并地图等件一折,着惇亲王奕誴、醇亲王奕譞、潘祖荫、翁同龢会同总理各国事务衙门王大臣复核具奏。钦此。"旋经王大臣等会同复核,拟请特予批准。四月十八日奉旨:"依议。钦此。"同日又奉上谕:"此次与俄国新订约章业已批准,着派曾纪泽届期互换。钦此。"恭录叠奉谕旨,抄录原奏并醇亲王单衔奏稿,咨行钦遵到臣。前项条约正本及致贺俄君即位国书,经总理衙门王大臣派同文馆学生庆全赍送出洋。据文报局委员黄惠和禀称:该学生拟于五月二十九日搭附法国公司轮船自沪启程等因,计本月十五以前必可行抵巴黎。臣于初八夜赴英伦北边纽喀塞尔地方,会同记名提督丁汝昌查验新造新式碰快船两艘升换中国龙旗,观船炮之制造甚属坚利,察弁兵之安置亦甚周妥,即于初十日回抵英伦,酌带数员,于十三夜附搭火车由英启程。其间经过巴黎,须料理公事二三日,即可驰往森比德堡。除到俄后互换新约、呈递致贺国书及办理未了各案情形,容臣随时陈奏外,所有微臣由英启程遵旨赴俄日期,谨缮折驰陈,伏乞皇太后皇上圣鉴。谨奏。

遵旨互换条约疏　辛巳闰七月初三日

奏为恭报微臣遵旨互换条约日期,恭折驰陈,仰祈圣鉴事。

窃臣于光绪七年六月二十五日承准总理各国事务衙门咨开:四月十八日奉上谕:"此次与俄国新订约章业已批准,着派曾纪泽届期互换。钦此。"恭录咨行钦遵到臣。所有微臣由英启程赴俄日期，业于七月十一日恭折奏明在案。十四日行抵巴黎，适同文馆学生庆全赍送钦奉批准盖用御宝之条约正本，业已赶到。臣即于十七日率领该学生及随带人员，搭附火车，于二十日行抵森比德堡，比即知照俄国外部，订期换约。查新订约章，议自画押盖印之日始，限六个月互换。微臣前于正月二十六日遵旨将所议约章盖印画押，扣至七月二十五日六个月期满，该外部适订于是日互换。届期臣亲赍前项条约，率领参赞、翻译等官，赴外部衙门互相校阅后，各立互换文凭，盖印画押，连同条约正本，彼此互换。臣即将换到俄国皇帝盖印画押之条约正本，亲赍回署。除将约本暂存使署，容臣另择妥便赍呈总理各国事务衙门收存外，所有微臣遵旨与俄国互换条约日期，理合恭折驰陈，伏乞皇太后皇上圣鉴。谨奏。

中俄伊犁改约谈判中曾纪泽致国内信函

巴黎致总署总办　庚辰正月二十四日

二十三日接正月初三日电示，知纪泽奉派使俄，将崇大臣所定约章再行商议，展诵之下，惶惧失措。地翁谦和委婉，善结主国之欢，然且不能订一公平之约，纪泽才不如地翁，而承其后，且须障川流而挽既逝之波，探虎口而索已投之食，事之难成，已可逆睹，覆车有辙，欲避何由？刻下函牍未至，不可得详，不审系由本任兼派赴俄议事，抑系改派出使俄邦，而英、法另有使臣接手？又不审地翁所定约章，条条均须修改，抑仅摘商一二大端？须俟奉到明文，乃可详晰奉商。

查此事有大难处一端，纪泽身当此任，较他人尤难者一端。民间户婚田土、市肆贸易,立一合同,写一券据,犹须令受损者先行画押允许,受益者再行画押,乃可成事。况两大国立一条约,岂可冒昧从事,专顾一边?地翁所定之约,明系中国吃亏,乃不先行奏进,静候俞旨,而遽请俄皇画押,未免过于性急。然俄皇亦大国之帝王也,临朝签字批准条约,本国臣民,远近邻友,莫不周知。一旦将已押未行之约废而不用,从新商议,渠若允我,辱孰甚焉,此大难处之一端也。英、俄两大相竞,猜疑日滋,中俄交涉事件,稍有不顺俄人,则曰此英国之所唆耸也。纪泽适以驻英使者前赴俄都,凡有商议之件,主国皆将惶惑,以为必有先入之言,此纪泽身当此任较他人尤难之一端也。

现在巴黎酬应正繁,纪泽拟于仲春初旬设筵宴茶会一请法都官绅,报其礼意。然后移驻伦敦,一了应酬,即可于议绅闲谈之际,察探消息。盖英、俄相忌既深,相知最稔,采听既多,或可触机稍得策画。惟中俄并未决裂,两国交涉之务,断不与英国官场明商。此中求利避损之处,纪泽自当格外谨慎,求代回堂宪,可纾廑怀。专使兼使事局未定,随从之官,亦须俟接奉函牍后,乃可分派俄都。交涉公事,纯用法文,日来税务司雷洛施告假回法,纪泽拟邀之相劝,尚未与商,乞衙门中先告赫总税司为感。

伦敦致丁雨生中丞 庚辰二月十五日

二月八日接诵腊八日手书,具审两肃芜笺,已尘青览。日本垂涎台湾,果从琉球入手,公之言中,天下之不幸也。犹冀廊庙之上及早筹之,无令彼族狡计遂得尽逞,所谓亡羊补牢,尚不为迟。吾华清流士大夫,高论唐、虞、商、周糟粕之遗,而忽肘腋腹心之患,究其弊不独无益,实足贻误事机,挫壮健之躯,以成赢尪之疾,此其咎不全在读书酸子,亦当事者惮于缔构,怯于肩任,有以酿之。纪泽自履欧洲,目睹远人政教之有绪,富强之有本,艳羡之极,愤懑随之,然引商刻羽,杂以流徵,属而和者几人,只能向深山穷谷中一唱三叹焉耳。

连旬心绪尤恶,缘正月二十三日得译署电报,谓崇地山所订约章,中外臣工并谓窒碍难行,派纪泽使俄,再行商议。夫全权大臣与一国帝王面订之件,忽欲翻异,施之至弱极小之邦,然且未肯帖然顺从,况以俄之强大,理所不能折,势所不能屈者乎!刻下函牍未至,不知其详,不审所任之事,是否犹可措手?纪泽所惧者,入其境而见轻,直无术以自列于公使之班,无论商议事件之龃龉也。总署有总署意见,京官有京官意见,左帅有左帅意见,俄人有俄人意见,纪泽纵有画策,于无可着棋之局,觅一劫路,其奈意见纷歧,道旁筑室,助成者鲜,而促毁者多,盖不蹈地山覆辙不止也。地山固太怯弱,又牵于私家之事,回华太急,近于专擅,与言路以口实,然全权大臣处事一有不当,即重遭丑诋无所不至,嗣后使臣在外者,更何能开口议事?此亦言事者只观一面,不顾后难之过也。

纪泽有两事与时贤所论相反者。或论重惩使臣,所以明告俄人以使者之所订非华人之本意,则改之较易。愚见则以为惩使愈重,则辱俄愈甚,改约愈难。将有所求而故激怒之,所求其能获耶?或论俄多内乱,其君臣不暇与我为难。愚见则以为俄之内乱,缘地瘠民贫,无业亡命者众也。俄之君臣常喜边陲有事,借征战之役,以消纳思乱之民。左相以前事得手,遂欲轻为戎首,盖亦一隅之见,未尝统筹全局耳。总之,毁约亦非译署本意,特为言路所迫,而纪泽适承其累耳。

巴黎致译署总办再启　庚辰二月十五日

再密启者,俄约业经全权大臣与俄皇面订,忽欲翻异,施之至弱极小之国,犹未肯帖然顺从,况以俄之强大,理所不能折,势所不能诎。纪泽之往,直无法自列于公使之班,无论商议事件之龃龉也。窃尝思之,经旬仅得一策:查泰西各大国遇有争持不决之案,两雄并竞,将成战斗之局,而有一国不欲成争杀之祸者,可请他国从中评断事理,所请之国宜弱小不宜强大,恐其存乘间渔利之心也;宜远不宜近,恐其于事势有所牵涉也。既请小国评断,则两大国皆当唯命是从,虽以英国之强,而于北花旗争辩英船阿拉巴马帮助南花旗一案,听命于比利时国,出英金两百万磅合花钱一千万元。而无难色,此近事之证也。中国与俄争辩伊犁一案,无论俄人如何不公,如何欺骗,然使臣既已请其国君画押矣,再遣使者数辈,亦断不能挽回,徒助波澜,徒添痕迹而已。计不如由中国发议,请一西洋小国评定是非,剖断交易,使因此而原约稍有更改,固属甚佳,即使小国所断仍如原约,无所更改,则我之曲从为以全公义于天下,非屈于势也。各国将群起而颂之,即英国亦不能因我之让利于俄而有所觊觎矣。凡有一国请他国评断,而一国不受评断者,则不受之国为显悖公论,各国将群起而非之,俄人必不出此。纪泽所虑者,中国不发此论,而俄人先发之耳,所请之小国如得素与吾华无约者如瑞士之类。更佳,俄人更无所借口也。小国之国君亦非能自判曲直而定交易也,必将延请有名律师据公法以论理,巡视伊犁以察局势,然后判断焉。律师之费不赀,中俄当分任之,然较之用兵之费,所省为不少矣。此策虽平平,然实俄人之所甚畏。本日已发密电以闻,兹仍详陈端绪,伏候堂宪采择。如以为可,则求一面知照使臣,请某国评断伊犁一案,一面通饬晓谕官绅士庶,无许事成之后再有异议。如堂宪不以此策为然，则请格外秘密，勿令俄人先我而为之也。

伦敦复译署各堂　庚辰三月十五日

读正月初八日钧谕并抄示各件，荷蒙指示详明，慰勉周至，感激莫名。窃思俄国之占据伊犁而许我以交还者，非有怯于中华之势力，亦非迫于公义，务为名高也，当时盖直有轻藐吾华之心，不料西北平回之师遂能如此得手，是以慨然有交还之语。乃至我师大功告成，索践前诺，则又借此以为进趋地步。索之愈急，则要挟愈多，卒之还我者不过一隅，而岩险襟带之区，仍复据为己有，复于通商章程，占我无穷厚利，又多留罅隙，以作后图，其计亦诚巧矣。

俄罗斯为西洋著名杂霸之国，正与战国时嬴秦无异，狡狯多端，上下一致，处心积虑，图占便宜。崇前大臣所订之约，当时即使他人处其地位，亦未必遂能胜之，但崇大臣急于求归，过于欲速，所许似太容易，此吾华士大夫所以不平也。若无崇大臣一段公案，则使者今日于商务、界务、偿款三事，原可徐徐争论，务求辩胜方休，取舍之权，未尝不操之在我。既有前订之约，今欲悉举而更张之，而别无以饱其欲，不惟未易就我范围，抑且难于发端立论。一思有以饱之，则益于彼者未有不损于我。窃以为损益之间，惟当权其轻重。俄人于伊犁全境不肯悉还，其措词必非强我以割地也，必仍借兵费以立言，曰五百万鲁布儿未足以尽偿兵费，故于伊犁境内割留某处某处，以土地准折资财也；又曰五百万鲁布儿未足以尽偿兵费，故于通商政务推广某事某事，以商贩之利，准折资财也。此事纵办得顺遂，大约界务稍有更改，则兵费不能不加。商务系俄人所最重者，必不能全行驳改，若能劝其归于另案办理，即属万幸。然此案若不兼议商务,则兵费又不能不加。纪泽虽尚未赴彼都,然以愚意揣之,断无驳改全约而不加兵费之理。

刻下急务,诚如钧谕所云,能将原定约章专条置诸不论不议,是为最妙。惟窃思第二步办法与第一步办法,乃系相因相成,一气联贯之事,盖俄人固不肯默然轻废前约而不更议新约也。即使俄人肯将已议之约作为罢论,而在我亦有难罢之势,何也?第一步办法将原定约章专条置诸不论不议,是索还伊犁,亦当置诸不论不议也。中国屯重兵于伊犁边境,既不能进,又不能退,界址未定,何以自固?何以持久?此系军国大政,虽非使者所能与闻,然争辩之际,若于本国主见毫无依据,将何由自伸其气而畅其说乎?或仍索伊犁全境,而可以酌加兵费,或暂不索伊犁,而以伊犁更换东境旧挖某地以难之,皆是立言之法。要之使者已至,既言旧约之不公不妥,则约章必须如何乃为公平妥当之处,势必连类谈及,断无含糊中立之势,故曰第二步办法与第一步办法,乃系相因相成,一气联贯之事也。

至于俄人接待情形,诚难逆料。然主忧臣辱,夫复何辞!倘彼竟不认作公使,是为决意失和,虽百端将就,终归无益。战守之备,在廷者自有嘉谟,纪泽何敢妄议?然窃揣西陲一带,左相手握重兵,取伊犁或犹可期得手。海疆各口,北南洋大臣亦当能先事绸缪,且系通商总汇,彼或有所顾忌而不敢遽逞。惟迤北万余里处处毗连,而尤以东三省为重。或者谓俄国铁道未出欧洲,转运东方,殊非易易,且民心不靖,未必能两道入寇,而纪泽则正恐其尽赦犯法亡命之徒,使其扰我边境,掳掠即以充赏,则人自为战,而无转饷之劳,其锋固未易当也。窃以为宜即〔用〕满洲之士卒,参以近年来立功各军之营制,得其人而练之,俾成劲旅,以备不虞,似不仅一时边徼之谋,或且为万世根本之计。愿俄人不欲失和,仍能以礼接待使者,则可相其机宜,收得寸则寸之效。事体如此重大,自当随时奏闻请旨,并缄达尊处,伏求指示。

前者奔驰两国,已觉兢惕不遑,今乃兼使三大邦,竭蹶情形,更可想见。然刻下未敢卸肩者,诚以俄国情形未可预知,愈急必将愈蹙,留英、法以为急来缓受之基,于公事不无裨益。盖公使离境,所关极重,若俄人待客疏慢,纪泽可借英、法公事,时去时来,纡与委蛇,则虽驻俄都而不受欺侮,虽离境而不着痕迹,操纵在我,则机局较为灵动耳。如将来俄国不能离身,英国不能兼顾,即当奏请简派正使,以专责成。至于参赞署理一节,西洋凡于公使他适之时,即待参赞以署使之礼,诚如钧谕所云,参赞办事有旨与否,无甚出入也。若请旨派署,转露痕迹,诚恐英、法或疑我有彼此轻重之分,必致又费唇舌,未审钧意以为如何?前由税务司汇到使俄经费银五万两,业经收到,然已抽提少许拨充英、法使费之用矣。本月杪英国官场进退定局,中国使署又当请一茶会,以答此邦士绅之意,一俟国书颁到,即当起程赴俄,届时再当电闻,以慰廑系。

伦敦致总署总办　庚辰三月十五日

顷阅抄示各件内所称崇前大臣寄到伊犁分界图说,此间尚未得见其图。既从俄国兵部图译出,部位当无甚差谬,可否颁寄,以备稽考?又堂宪电达地山星使,言分界宜照旧图红线,亦未审系指何项旧图而言。按西域地名,译音各别,最易混淆。称谓不同,即不难指鹿为马。惟凭精本舆图,画以界限,尚觉稍有把握。查左相函称伊犁大城与阿克苏南北相望,俄图则伊犁稍偏于西。纪泽遍查俄、英、德、粤各本舆图,伊犁皆较阿克苏偏东一度左右,中国舆图则阳湖李氏及鄂刻两本，均偏东三度有奇，并无伊犁西偏及或与阿克苏南北相望之说。喀什噶尔则各图皆在乌什西南，并无混列于西之说，未审左相据何图为准而云然也。又谓俄图不若中图之确，缘其不能仿照中国以南北极出地为准，而又不明地学准望之法，所以方位时有误会云云。愚意西人绘中国舆图，略其所详，而详其所略，诚所不免，至于方位远近、山之枝干、水之曲折，则西人之精详，实非华图所及。盖测北极出地之高下，所以定纬度之南北，而经度不与焉。经度所以分东西，则非昼测日午、夜测中星而细推其差度，不可得而定也。至其循人行路径测其曲折，概以三角法推之，千里万里，无或差忒。盖大小总成三角形，同一比例，即所谓准望之法也。中国测望之法，所凭者仅一指南针，不知电极之南北，并非天元之真南北，又不讲求里差、岁差之理。窃以为舆地之学，西精于中，不啻倍蓰。左相当代伟人，奈何犹未化此成见！

俄人甚欲借伊犁以开衅而夺我紧要海口，似不可不早虑及。堂宪赐函提及"全权便宜行事"字样，纪泽前接电报所夙夜惴慄者，正恐膺此虚名。盖西洋通例，亦无全权公使遂可独行独断之说，仍须事事商承本国公议。故头等、二等名目虽不同，而实际本无异也。惟订一新约，国主必先问"全权"字样，纪泽自揣无遂订新约之才，即使俄人将来就我范围，亦拟请其遣使入华，然后订约。非纪泽敢于规避也，俄人专尚谲诈，纵使许我废弃旧约，商定新章，又安保其临定议之时不有翻覆、既定议之后不有翻覆乎？权位稍轻，则责任亦轻，或犹纪泽之一幸也。

伦敦致总署总办　庚辰三月二十九日

俄约分界、通商二事，吾华均属吃亏。然就二者之中，亦须权其轻重。查西洋各国订约之例,分为二种:一曰长守不渝之约,一曰随时修改之约。长守不渝者,分界是也。分界不能两全,此有所益,则彼有所损。是以订约之际,其慎之难。随时修改者,通商是也。通商之损益不可逆睹,或开办乃见端倪,或久办乃分利弊,或两有所益,或互有损益,或偏有所损,或两有所损,是以订约之时,必商定若干年修改一次,所以保其利而去其弊也。俄约经崇前大臣商订,虽吾华显受亏损,然如覆水泻地,势难全收。朝廷既不欲轻开衅端而遣使保全和局,从容商议,则亦须开一转圜之路,俾彼邦不至恼羞变怒,乃为佳耳。若分界、通商,条条皆须争回,无论纪泽无此才力,即使主议诸公自持旄节,恐未必得手应心,无论吾华独力镇御不足以慑之,即西洋各国合从以助我,犹不足以销俄人之倔强也。窃谓分界既为永定之局,自宜以百折不回之力争之;通商既属按期修改之约,似宜权宜允许,而采用李相立法用人之说以补救之。纪泽接奉寄谕,启程时复奏,拟以此意入告,敢先以奉闻。

伦敦致总署总办　庚辰四月十九日

　　三月二十九日肃泐一函,举左都事秉隆充新加坡领事,附论俄事二纸,计可如期达览。使俄国书敕书,已于四月初五日由轮船公司交来。弟初拟恭奉国书,即星速启程赴俄,嗣于三月二十六日接奉堂宪二月三日钧函,拟将约章各条分别可准、不可准及应商三端酌议办法,奏请圣明裁定,再行函寄,嘱纪泽预为布置,整理行装及一切事宜,届时再赴彼都云云。纪泽是以展缓行期,静候函牍。近来英国朝会甚多,官绅酬应亦颇忙繁,而衙门所寄奏定条约准驳之章,至今尚未递到,不审月杪能接收否?届时伦敦紧要应酬恰已完毕,便可赶紧前去矣。顷具奏敬陈管见一折,即系前函密商之意,语虽稍嫌质直,然事关大局,不忍不言,固知局外诸公,必有大相诟病者,然亦不遑恤也。纪泽之奏,稍蒙圣明采择,续议约章准驳之条,与已寄来者微有变通,乞先以电报赐示,或所议未邀俞旨,亦恳由电告知。若纪泽所议本与现寄之议章不甚相悖,则无须商榷矣。

伦敦致总署总办　庚辰五月十八日

法人之谋据安南,俄与倭之觊觎高丽,幸因意见不齐,议论不一,譬诸筑室道谋,不溃于成。西洋新报虽常有惊人之语,捉影捕风,未足据信。惟蕴蓄久者,其发必烈,异日事端之起,虑有突如其来之势,使人猝不及防,琉球即前车之鉴也。

我朝绥驭属国,平时无所取利,遇有事故,则不惜内地之力,安辑而保字之,此如天如日之德,所以度越前古也。顾自西洋通商以来,吾华交涉强邻之务逐渐增多,属邦附庸之被侵侮者,尤为常有之事。我国家既守宽仁博大之成法,于朝贡效顺之国未尝夺其自主之权,彼之军国内政,从不牵掣而遥制之。至于救灾恤患,又复无可誰诿。揆之事势,可谓千古之至难者矣。

英人或谓中国宜讽高丽通使于英,合华、英之力以保护朝鲜,则东海可以长靖者。英人忌俄特甚,惟恐其得志于东海,此说盖自便其私,非真为吾华谋也。然通使之说,或有微益于我;或俄、倭之事未露,而英人反先致损于我;或高丽通使于英,于华事两无损益;计堂宪必已深思而熟筹之。安南之事,纪泽过法都时,拟即据外间风闻,一探弗来西尼声口。西洋各国公使,常有据谣传未定之说预询外部者,纪泽当相机措词,格外加慎,不令生出风波而已。

俄人日派兵船东行,虽系恫喝之计,然求尊处切嘱边庭大帅,宜严戒士卒,毋许挑生衅端。两国战事未成,若和局幸得保全,则俄人派船添兵、修铁路、设电线诸务,皆其私设之备、私耗之费也。西塞一与交绥,即使旋发旋收,彼必将所用诸款,尽欲取偿于我。纪泽之所昼夜忧虑者,窃恐使者方议事于俄廷,而边军前敌已挑衅于疆场,一矢一石,可生出无穷之患。诸公在都闻见较确,细察此层,果可虑否?

巴黎致总署总办　庚辰六月十六日

初九日肃泐一函,附录与格相、俄使先后面谈节略,计可如期达览。奉堂宪四月初六日钧函,敬聆一一,现在巴黎静候衙门复电,计五六日间当可就道赴俄。到俄立据之说,此间亦有所闻。窃以为此层虽系入境首先相难之一端,然似尚可用正论折之。盖使臣无论头等二等,均无可以故违其国家之意而专擅自便者。订约必候批准,自是天经地义,彼族如面诘纪泽事权如何,当以直捷之词明告之曰:"从前倭、布两位大臣有何等事权在中国办事,吾现今事权亦正与之相同。使者所力争之处,中国国家容或有酌予通融之时。至于国家所坚执未允之说,则使者丝毫不能通融,但可据贵国国家之意,转询朝廷耳。"如此立言,似尚光明正大。若其纠缠不已,即可以此意具函复之,即名之为立据,亦无碍也。

西洋状师不甚可靠,赫德谓其迁地弗良,亦系实情。雨生中丞所谓延订状师者,盖睹乌石山案之成效也。愚见以为中国通商各口,遇有华洋交涉案件,各执一辞,争论不休,自可延请状师,按照西律评断曲直。今俄事约章业经奏奉谕旨,交王大臣阅看,复核意见相同,名正言顺,无须借助于状师。且事体如此重大,俄人如此倔强,亦非一状师之言所能折服。凡两国争论,各不相下,西洋有另请一国之君延请状师,援据公法,从中评断者,纪泽曾以此说电达衙门，旋奉复电，以为不可。纪泽更熟思之，亦觉难于妥协。盖状师者，古之法家。公法者，出于刑律，虽有无数专家编辑成书，然弱国恃以自保，而强国时时犯焉。中国自有成法，与西洋各国刑律不同，而睦邻绥远之道，亦未必与公法处处符合。今日据公法以责人，则他日西洋各国凡有可以取利于吾华者，皆以曲援公法之说以相渎扰，势将辩难蜂起，步步荆棘。是目前未必真获公法律师之益，而日后之流弊有不可胜言者。俄人若讪于公论，犹讲情理，则衙门所持之理，本属公平正直，足以折之而有余；如其肆意要求，全不论理，则虽请他国之君专延律师评断，彼亦将悍然不顾。我之私延状师，何能为力？何能措词？事有弊而无利，似不如其已也。

出使经费前与金登干论及，由电汇拨，亏折太多，不若改用汇票。此间所收经费既未存店生息，则无须屯集巨款，不如按季或按月汇拨，庶上海之凑解较易，使署之储备无虞，此纪泽愚蒙之见，商之金登干而未订定，故未及奉闻者也。本年经费已蒙衙门饬拨整数，前议可作缓图。下届饬拨经费之法，可否求衙门就近与赫德妥商，或仍照旧章聚总电汇，或改用汇票按月或按季解寄，均候裁夺。鄙意电汇止可于需款甚急之时偶一行之，至于源源接济之款，不值如此暗耗多金。沪关刘道则以为票汇不如电汇之稳，其言亦不为无见耳。

森比得堡致总署总办　庚辰七月初四日

纪泽到俄第三日，即遣马格里往见驻俄英使德佛楞。德云："中国使者初到外部，吉尔斯等必以厉色相待，无须介意，久之总可转圜。俄人所注重者边界，要案数件必须速办，以平其心，而显中国和好之意，一也。崇罪必须赦免，且须斟酌措辞。如云姑赦斩罪,仍俟新使办事得手,乃予真赦,则俄之怒更不可解,二也。先派头等公使,俄人常以夸人,今派二等公使,较为减色,三也。此皆吉尔斯亲对余言,既未嘱余秘之,余故可以告君。以余观之,末一条不关紧要,前二条则甚吃重,归告曾侯,其留意安排应答之语可也。"日意格见驻俄法使商西,言不如英使之详,而说崇星使事则亦恳切。纪泽于是连发三电:二十八摘报英、法使语,二十九摘报外部情况,月朔求速办边塞各案。想堂宪见电,必斟酌赐复,半月内外,可以全到,届时若值开端论事,纪泽稍有把握矣。

森比得堡致总署总办　庚辰七月二十四日

本月初四日肃函,附录与俄外部吉尔斯等问答节略,计可呈览。外部此次催询修改各事,其势若迫不及待,纪泽本拟将尊处议改各案和盘托出,继思发端伊始,似以浑括大意为宜,观其口气如何,再为逐条分晰,庶操纵在我,不虞扞格。特瞩日意格、庆常参议法文节略六款,并就洋译汉各缮具一份,于十九日送去。

其中有照原议驳改者:如第一款伊犁须交还全境;第二款塔、喀两界仍照旧址;第四款领事只添嘉峪关一处;第六款关外各处不宜概行免税是也。有照原议允准者,如第三款之嘉峪通商,尼科行走;第四款嘉峪设领事,哈古巴指定一处留货是也。以上准驳,关系最大,确不可易,故立言不嫌其决绝。

有原议未曾议及而此次必须添叙者:前约割留伊犁西边及帖克斯川一带,俄人本以安插伊犁迁籍之民为词,此次索还伊犁全境,俄必复申前说,是以援照第四款俄民迁回之意,预与商议安插之法,以塞其口。至本属俄民与伊犁迁籍之民,办法如应稍示区别,当俟商订条目时再行细议。

有照原议议驳而措词小异者：如塔、喀两界虽曰照旧，倘实有不便，宜各派员勘定，而仍抱定彼此互让立论，以示持平；第四款领事虽只许嘉峪关一处，而更参以日后商务繁多，再商添设，使之不至绝望。其实彼之分界只图趁时要挟，若彼此大臣临境商订，是将难商一事，作为另案办理，操纵仍在我矣。领事非通商口岸不准设，再商之说亦属空谈，不过语气委婉，闻者易受。

有原议准驳两歧，仍遵驳意，而措词稍活者：如条约十四条哈巴古等城指定一处，照张家口办理，与十二条关外西路各城贸易均不纳税，两议似属不符，盖三城地方均系关外西路，既曰不纳税矣，何又谓照张家口办理乎？日前已发电奉询，未接复示，不敢擅断，谨遵驳意。第六款内言明关外各处贸易不纳税，势难全准云云，浑涵其词，预留日后转圜地步。

有原议驳改而此次暂未吐露者：如第三条之伊民已入俄籍，不准入界为商一层，俄之难允，姑不具论，彼既称俄民矣，则曾为伊民与否，边界官何从诘之？是徒添争辩而似无益于实际也。此数语能删固妙，否则仍当电商求允。十条之由台站行走发寄物件一节，电询候复，姑从缓议。十一条之领事官与地方官用信函，考法文本作公文，并非"信函"字样，拟商令照各国通例办理。章程二条之天山南北贸易，不声明"照被逃之法办理并罚货入官"字样，八条之货主不知情分别罚办各节，统俟将来真得逐条订约时，再行随时商办，始觉轻而易举，故于节略末段载明，其余小处应俟大端商有头绪再议。

有照原议驳改而办法稍异者：如第三条伊犁居民迁籍，于交收伊犁以前询明，特恐俄人从中唆耸，必致纷纷求去，多生枝节，故改为交收伊犁以后。且收地以得民为重，似不必拘以年限，迫之使去。第四条伊犁俄人产业，概行给价入官，届时恐有烦重难行之病，特添叙售于中国之民，或发给公平价值入官，其未售以前，仍照中国人民纳税，以免其持符滋弊。

有原议通融允许，而此次仍未露出者：第四条俄人为产业所累，不能迁回，应归中国管辖，作为中国人民。此条有伤领事官之权利，不惟俄人难允，西洋各国皆将争之。查西洋各国多有不许他国民人在其国置产者。是以此次照会，将原议通融，允许留管产业一层删去。俄人虽亦将争之，然吾之执理甚长，可以遍告西洋各国而无惭也。

有未照原议明驳而隐寓驳意者：凡设领事处始有行栈，既无领事，则行栈之不设自不待言，日后定约时再为添叙，似不嫌突。嘉峪关既为通商口岸，则西安、汉中便属内地，节略第六款以过界当照各国总例办理一语限制之，非特彼欲往西、汉等处，须在该关正、子并交之后，方可照旧约领单前往，即章程第七条，由张家口赴内地销售一节，亦必不能行。

此外，原议所驳专条行船至伯都讷一节，张侍读谓旧约既载中俄两国行船，明为专指共管之地而言，论约洵为得间。纪泽以为虚言其理，犹不若实征其地。试问松花江左岸何尝为俄国属地，是瑷珲定约时，明明将混同江误称为松花江也。顾在我欲辨其讹而解之使悟，在彼正乐其讹而佯为不知。闻往岁伯都讷之议，布策尚以为未足，盖以旧约松花江行船，本无限制，崇星使订立专条，尚声明"起首开办"字样，为日后推广张本，经此番议驳后，直将瑷珲旧约之讹一律更正，从前犹可不服拦阻，此后尚复何所觊觎？因此龃龉，恐他事亦相持不下。鄙意拟留为后图。倘伊犁全交，他事亦尚顺手，则可告以此事应由两国派员在彼勘明属地江名，再商办法，此次约内暂置勿论，以免争执。

又两国奉行约章，总以盖印画押之件为凭。查瑷珲定约时，只有满文、蒙文、俄文，而并无汉文，不知刻本汉文系从何文译出？若以刊行俄文论之，询之翻译教习夏干，据称文内只有"松噶里俄人呼松花江为松噶里。准俄国行船"字样，实并无松花江左岸为俄人属地，及"准许中俄两国行船"字样。纪泽又不知刻本俄文是否真照原定之俄文缮写，此地实无从悬揣。现在我若援刻本汉文为证，彼即援刻本俄文为凭，各执一词，万难定议。因思瑷珲定约时在咸丰八年，其原定之满、蒙、俄各文正本必存理藩院，可否由尊处行取原本文字，各行照译汉文一分，互相核对，是否原文错误？抑系彼人捏造？不难水落石出。

至原准之卢布尔五百万元所以不提者，以备彼诘问伯都讷议驳何以不早提及时，即将专条二事一允一驳，援以相抵。总之在我无论如何打算，究属一面办法，事之可商与否，必须俟其复文到日，方有把握。此邦纯尚谲诈，毕竟无从捉摸，而纪泽之无识无才，亦可概见矣。

森比得堡致总署总办　庚辰十二月十五日

来俄遂已半载，宾主诘难数十万言，前此都是虚掷景光，枉劳唇舌。布策阴柔狡狠，本有入水不濡、近火不爇神通。纪泽于理喻情动操术两穷之时，辄赶外部一申吾说。而外部尚书格尔斯既随扈远在黑海，署尚书热梅尼于大端必须禀承俄皇、格相之诏令，小事又不如布策之精熟。以是争辩虽繁，漫无实际，朝允商改，夕复游移。纪泽于事亟时幸未轻与放松，事缓亦无须忽然加紧。故自抵俄至今，尚无前后语言不符之弊。公务虽极磨难，而未至遽遭轻侮者,独赖此耳。迩来俄皇回都,颇不欲以戈戈之故,骤隳两国数百年之交好,以和平了结责成格相,连旬商议,乃稍稍就我范围。伊犁虽未全还,然得伊南乌宗岛山、帖克斯川、莫萨山口诸要隘,则伊犁、拱宸诸城足以自守,且与喀什噶尔之阿克苏诸城得以通行无阻矣。塔尔巴哈台之界虽未允竟照明将军之约,然两国各派大臣,于明、崇两界之中酌量勘定,则犹不失为得半之道。且既以清办哈萨克事为名,如分界大臣因应得法,似亦可以借清边患,为一劳永逸计也。喀什噶尔照现管之界派员勘定,则出入利害权在勘定之员。纪泽未履该处,与其据一纸之图说定山川之名,异日不免生出阻难,似犹不如暂不遥断,一以听之分界大臣为得计也。

商务则天山南北两路贸易均不纳税改为暂不纳税,他日尚有指望。领事除嘉峪关外,仅许添设吐尔(鲁)番一员,嘉峪关通商至关而止,俄货虽然天津有运入内地之利,而货帮牲畜人众不至有畅行内地,夺我商利,暨惊动平民之弊。松花江行船事,径废专条,置之不议。凡此数大端,皆与衙门迭电所嘱相符,业将前接外部照会节略条款于冬月二十七日摘叙电陈,乞奏示遵,并于本月初二日照录全稿咨呈冰案,计奉复电约在二十前后,如别无添争之件,则上元前后可以定约画押。俄商至嘉峪关货帮不复阑入之说,格相、布策虽已满口应诺,而不肯写入条约章程之中,纪泽尚不甚放心,写约时当再与一争。至松花江之事,愚意本欲许至三姓,且说定入界百里,照章纳税,既免一二年间复生争论,且使东边商务,不致复吃暗中侵入全失税利之亏。廷议动言中国不重商政,不图税利,故总以径废专条为主,纪泽又何敢自逞私臆而擅为通融乎?惟有恪遵衙门电示办理而已。至崇约中有小事须更改及字句未妥协者,缮写约章定议之时,当再与布策委婉商之。能改与否,事未可必。

要之须就有益于我,无损于俄者立言,乃不得谓之添争之件,庶几易于葳事耳。

森比德堡致总署总办　辛巳正月二十一日

客腊既望肃泐一函,计可如期尘览。改订俄约章程条款,自大端各条奉电旨俞允之后,弟趁俄皇允写新约之机,更与格相、布使逐日商办。格相甚爽直,然诸事未曾细意推敲,不能不倚恃布使。布使阴重不泄,其所不愿,则又诿之格相,以是断断,久而未定。直至初九日,始将汉、法文商妥,又候外部定制纸张,本日始行送来,刻下分缮正副约章各册,从官甚为忙迫,颇有因劳致疾者。近有电报调驻英之萧随员来俄帮同缮写,庶可不致迟误。所有腊底正初续行争得各条,已于十一日电达署中矣。本日具奏翻译等员遵照部议查明请奖一折,另牍咨呈冰案,并备奏事处咨文一件、印花一纸,到京时恳费清神,代备安折,如式封固转递为祷。

森比德堡致总署总办　辛巳正月二十八日

本月二十一日肃泐一函,计可如时到京。改订俄国条约章程专条卡伦缮单写正本一册,及业经盖印画押之副本一册,并遵电旨派令筱村观察赍至京师,呈请衙门进呈御览。筱村至沪或须憩息数日,谨先将条约章程、卡伦单专条,分缮清折四扣,逐条签注,先行驰递,敬候裁夺。本日具奏改订条约章程一折,恭缴电旨、全权一折,驻俄、驻法二等参赞官均留署任一片,另牍抄稿咨呈冰案,并循例备咨文印花,到京时恳费清神,代备安折,如式封固转递为祷。又密陈办事艰难一折,名为密疏,即未便由公牍咨呈,已自备安折封固,并备奏事处咨文,恳烦诸兄一同代为转递,另抄密疏稿,附呈察阅。

（以上录自光绪十九年（1893）

江南制造总局铅印本《曾惠敏公遗集》）

清廷关于中俄伊犁改约交涉的部分上谕、奏议

礼亲王世铎等奏军机处等会议崇厚与俄所订约章专条窒碍难行请遣使前往转圜折 附懿旨 光绪六年正月初十日

礼亲王世铎〔等〕奏,为遵旨会议具奏事。

光绪五年十二月初十日钦奉懿旨:前有旨,将崇厚所议条约、章程及总理衙门迭次所奏各折,交大学士、六部、九卿、翰詹科道妥议具奏,兹据大学士等遵议复奏各折片,着一并交亲郡王、御前大臣、军机大臣、总理各国事务王大臣、大学士、六部、都察院堂官,再行详细妥议具奏,醇亲王亦一并会议具奏。十三、十四、十五等日,军机大臣先后面奉谕旨,肃亲王隆勋、检讨周冠、御史李蟠、洗马张之洞等各折片,着交会议之王大臣等一并议奏各等因。钦此。

臣等公同查阅,各折片虽措词不同,而用意不外崇厚所定约章、专条不可许,并应治崇厚之罪、筹战守之策三端。除崇厚应得罪名,已于十二月十六日钦奉谕旨,交刑部治罪,应俟刑部定拟具奏时,恭候宸断,其战守事宜,容臣等详细妥筹,另折具奏外,至崇厚在俄国定议约章、专条各件内,界务一节,总理衙门迭次具奏,均声明有碍全局,必不可许等语,自是不能照议;偿款一节,系为还俄国代收代守伊犁兵费,并补恤在中国境内被抢受亏俄商,及被害俄民家属等款,俄国如允还伊犁全境,似可照办,现亦无庸置议;商务

一节,有循照旧约者,有仿照各国总例者,皆俄国与各国约章所已行;此外,如设领事,开行栈,推广运货地〔方〕于西路、北路、西安、汉中等处,大半皆俄国使臣布策在京辩论多年,求而未得之款,若允照办,辗轕正多,流弊滋大,且碍华商生计,总理衙门前亦奏明在案。松花江行船,载在《瑗珲条约》,至伯都讷贩运各货,则逾边界百里内限制,实为旧章所无,应与通商各条均请无庸置议。

缘俄国与崇厚所议各节,先以交收伊犁为词,并因修约届期肆意要求,冀得饱其所欲,崇厚堕其术中,率与定议画押。此时若将界务不能照议,偿款无可再议,通商各条分别准驳,照会其驻京使臣,揆诸事理无论其不能就范也,且现在俄国驻京之凯阳德系署理使臣,亦无办〔理〕此事之权。中国署出使大臣、道员邵友濂驻扎俄京,权分较轻,又未必能与俄国外部商办事件。臣等再四熟商,此次崇厚本在俄京与其外部定议,现既不能照议,可否另行遣使前往,将崇厚所定约章、专条如何违训越权,及中国内外大小臣工不能议准缘因,斟情酌理,与俄国君臣剀切言之。其是否愿与再商,或允再商而仍多要挟,虽均难以逆料,惟就刻下情形而论,似以遣使前往较为得体。且在我既属情理兼尽,在彼或可以藉此转圜。如蒙俞允,应请特简熟悉洋务大臣一员,亲赍国书,前往俄国,将此事室碍原委详细剖辩。无论以后伊犁允否交还,总不得轻率定议,再为贻误。

再,洗马张之洞亦于二十六日遵旨赴总理衙门,将各折件阅讫,臣等并将现在拟办情形与之会商,意见大致相同。惟另行遣使一层,据称似可稍缓,先由署理出使大臣邵友濂将未能照准缘由向其外部转达,察看情形,再行斟酌办理。谨奏。

光绪六年正月初十日奉懿旨:崇厚所议条约、章程违训越权,经王大臣等会议意见相同,其大小臣工所奏,均称事多窒碍。着曾纪泽前往再行商办一切,妥慎将事。

又奉上谕:一等毅勇侯、大理寺少卿曾纪泽,著派充出使俄国钦差大臣。

大清国大皇帝致俄国声明崇厚所议条约违训越权窒碍难行国书
光绪六年正月初十日

大清国大皇帝问大俄国大皇帝好!朕诞膺天命,寅绍丕基,眷念友邦言归于好,曩者朕特简吏部左侍郎崇厚为全权大臣,出使贵国,面谕以如何商议一切事宜。乃崇厚在贵国所议条约、章程、专条各款,朕亲加校(披)阅,多有违训越权之处。并经内外大小臣工一再会商妥议,金谓事多窒碍难行,朕深为惋惜。第念两国和好二百余年,朕恐大皇帝因此或疑中国有渝和好之意,是以再行特简一等毅勇侯、大理寺少卿曾纪泽,为出使贵国钦差大臣,亲赍国书代达衷曲,以为真心和好之据,并将前议各款窒碍难行原委,分别缕陈,即希大皇帝派员,与该大臣和衷商办。朕知曾纪泽和平通达,熟悉中外交涉事件,务望推诚相信,俾尽厥职,以永敦睦谊,共享升平。谅必同深庆幸焉。

礼亲王世铎等奏曾纪泽使俄议约应随时请旨遵行片　光绪六年正月二十一日

世铎等片。

再,光绪六年正月初十日准军机处交片称,本日军机大臣钦奉懿旨:詹事府少詹事宝廷所奏一折,著交会议事件之王大臣等,一并会议具奏。钦此。钦遵钞交原折前来。臣等查,原折内称:本月初三日钦奉懿旨,派曾纪泽前往俄国,将应办事件再行商办,拟请旨将此次国书应如何撰拟,条约应如何驳改,仍饬会议王大臣等会同总理衙门,详慎酌拟奏明,恭候裁定。如饬曾纪泽来京面授方略,固为妥善。若恐迟延贻误事机,径令由英赴俄,则必当详切寄谕,严饬恪遵办理;并慎选精明公正之员,与会议王大臣、总理衙门商议明确,面承圣训,恭赍国书、寄谕,往交曾纪泽祗领,随同参赞,匡其不逮等语。

　　臣等公同酌核,曾纪泽现在奉派出使俄国,一俟国书寄到,即可由英前往。至曾纪泽此次赴俄,应先将崇厚所议约章如何窒碍难行之处详细告知。俄国如何情形,及约章等件如何酌改,此时无从悬揣。应由曾纪泽抵俄国后,察看情形,随时奏明,请旨遵行。所颁国书,应仍由军机处撰拟进呈,恭候钦定。俟用宝后,即由总理衙门寄交曾纪泽祗领,再行赴俄。查俄国现有头等参赞邵友濂在彼驻扎,该少詹事所请另派参赞一节,应毋庸议。至洗马张之洞,臣等亦与咨商,意见相同,合并声明。谨奏。

　　光绪六年正月二十一日奉旨:依议。

谕曾纪泽到俄后必须力持定见妥慎办理以全大局　光绪六年二月初一日

　　上谕:前因崇厚与俄所议《交收伊犁条约》等件,俄人占我伊犁,其理甚曲,崇厚奉命出使,任其要求,遽与定约,殊出意料之外。曾纪泽到俄国后,察看如何情形,先行具奏,此次前往另议,必须力持定见,慎重办理。现已颁发国书,由总理衙门递寄,并令该衙门将条约、章程等件详细酌核,分别可行及必不可行之款,奏准后知照该京卿，以便与俄人另行商办。纵或一时未能就绪，不妨从容时日，妥慎筹商，总期不激不随，以全大局。特此谕令知之。

总署奏俄国分界通商各事经审订签注拟议办法折　附签注条约陆路通商章程专条附议专条及约章总论　光绪六年二月二十二日

总理各国事务恭亲王奕䜣等奏，为俄国分界通商各事，权其轻重利害，分别拟议事。

窃查，崇厚与俄国所议约章各件，前经王大臣等会议奏称窒碍难行，奉旨派曾纪泽为出使俄国大臣。旋于二月初一日钦奉上谕：曾纪泽到俄国后，察看情形，先行具奏；并令该衙门详细酌核，分别可行、不可行之款，奏准后，知照该少卿商办等因。钦此。伏查曾纪泽此次衔命赴俄，重议约章，挽回已然之局，而收未竟之功，其责倍重，其势尤难。正月间，据少詹事宝廷奏称，曾纪泽若由英赴俄，必当严切寄谕，恪遵办理；又据洗马张之洞奏称，曾纪泽奉命另议各事，须授方略，请饬将另议之方迅速妥筹会议后，谕知曾纪泽遵办各等语，均为慎重使事起见。臣等查，崇厚所拟约章、专条既多窒碍，自属毋庸置议。惟此次曾纪泽赴俄，在我固以索地为重，在彼必藉修约为词，其所注意要求者，仍不外约章、专条内数端。臣等因权其轻重利害，再三酌核，其中有必不可行者，有尚属可行及旧章已行者，分别拟议，逐款申说，并拟总论七条，附议专条，虽俄国能否就范，尚难逆料，而曾纪泽于辩论时，或较得所依据。谨将总论七条并条约、章程、专条，分别可行、不可行，及附议专条，分缮清单，恭呈御览，可否饬下原议王大臣等阅看，伏候圣裁。一俟复奏钦定后，臣衙门当即转寄曾纪泽，遵照办理，仍令随时请旨遵行，以昭慎重。谨奏。

签注中俄条约十八条

第一条　大俄国大皇帝允将一千八百七十一年,即同治十年,俄兵代收伊犁地方交还大清国管属。此约第七条所载,伊犁西边及帖克斯川一带地方,应归俄国管属。

查同治十年俄国代收伊犁时,即经前使臣倭嘎良哩(倭良嘎哩)知照,并声称,荣全如到伊犁,应与廓尔帕柯斯克依将一切办理章程商量妥协等语,是交还伊犁当时原有成说。惟交收必须全境,如藉词于自固藩篱,而将伊犁之地揩留割据,则阳居归地之名,阴蹈自利之实。况所挖去地方,隔绝我南北往来之路乎! 夫犬牙相错,虽古有之,未闻疆界本自整齐,而特欲使之华离交错者。布策云,国君欲割此地以壮声威耶? 所称西边及帖克斯川一带,归俄管属,势不可行。又查同治三年勘办西北分界大臣明谊与俄国杂哈劳在塔城议定记约十条,自沙滨达巴哈起,至浩罕之葱岭止,顺山岭、大河,及中国常住卡伦为界,其地方山名、河名详载约内,并绘画地图,以红线标记。此分界记约,原包乌里雅苏台、科布多、塔尔巴哈台、伊犁、喀什噶尔在内。嗣经将军荣全、大臣奎昌,先后会同俄官,于乌里雅苏台、科布多、塔尔巴哈台三处,设立分界牌博(碑),惟伊犁、喀什噶尔两处为回匪所据,未经建立。今议交收而定分界,自应照同治三年原议,红线以内归中国,红线以外归俄国,方昭平允。

第二条　大清国大皇帝允将伊犁扰乱时及平靖后,该处居民所为不是,无分民教,均免究治,免追财产。中国官员于交收伊犁以前,遵照大清国大皇帝恩旨,出示晓谕伊犁居民。

查中国宽大之政各国所共闻,伊犁居民既往不咎,即无俄国之请,亦必无究治之理。此事已于五年闰三月二十四日奉旨允准,其恩赦告示业由左宗棠、金顺派员赍赴伊犁,惟闻俄国边界官有拦阻情事。今办交收,临时再行出示晓谕,自无不可。

第三条　伊犁居民或愿仍居原处,或愿迁居俄国入俄国籍者,均听其便。应于交收伊犁以前,询明其愿迁居俄国者,自交还伊犁之日起,与一年限期,迁居携带财物,中国官并不拦阻。其已入俄国籍之人,将来至中国地方贸易、游历等事,凡有两国条约许与俄民利益之处,亦准一体均沾。

论伊犁居民既办交收之后,自应全归中国管属。但中国宽大,向无抑勒胁制之事,其有甘居域外者,可听其携财物迁居俄境,即宽与限期,亦无不可。惟所载已入俄籍之人,至中国贸易、游历,凡与俄民利益之处,亦一体均沾,势不可行。查西北边外皆安集延、布苏特、哈萨克各种,而陕回亦厕其中,若纵令悉照俄人准其入界为商,则人众且杂,边卡碍难究诘,流弊不可胜言。此条约后半,其已入俄国籍之人云云,必须删去。

第四条　交收伊犁后,俄国人在伊犁地方置有产业者,应准照旧章管业。

查俄国代收伊犁已经八年,俄人在彼置有产业者,自不乏人,准其照旧管业一层,谅系照中国民人纳税、应差一律办理。但华俄杂处,究难保其不滋生事端。今议令其迁回本国,若为产业所累不能迁回,即应归中国管辖,作为中国人民,方能永远相安。否则,将产业给价入官,令其携资回俄,亦一办法,应俟交收后,斟酌办理。

第五条　两国特派大臣一面交还伊犁,一面接收伊犁,并遵约内关系交收各事宜在伊犁城会齐办理施行。该大臣遵照督办交收伊犁之陕甘总督、图尔克斯唐总督商定次序开办。陕甘总督奉到中国御笔批准条约,将通行之事派委妥员,前往塔什干城,知照图尔克斯唐总督。自该员到塔什干城之日起,于两月内,应将交还伊犁之事办竣。

会办交收各事宜无可议。

第六条 大清国大皇帝允将大俄国自同治十年代收、代守伊犁所需兵费,并将补恤在中国境内被抢受亏俄商,及被害俄民家属之款,共银卢布五百万元,归还俄国。自换约之日起,按两国所定次序,一年归完。

查伊犁如果全境交还,自可如数付给。惟查卢布五百万元,系合代收、代守兵费及补恤俄人之款在内。其补恤之款,又分俄商亏款及俄人被害恤款二端。前据崇厚函送俄国外部开送清单,计一百零九案,内除补恤尸亲九案并未开列银数,其余一百案载明,统共合卢布三十二万九千八百五十四元四十戈比零五云云。至未经声明数目九案内,徐学功一案,伤毙商人较多,系俄商不听拦阻,前往有贼之地,致被劫杀,彼此辩论多年,经左宗棠议给恤银一万两,曾与布策提及。此外八案,为数自必不多,应由俄国分晰开列。即如徐学功与车隆等四案,经俄国外部照会崇厚议结,业已奏明由总理衙门办理。凯阳德前经函催,应将恤款议定办结。

第七条 中国接收伊犁地方后,其伊犁西边及帖克斯川一带地方,归俄国管属,以便入俄国籍之民在彼安置。今将两国交界明定如左:

两国交界,自别珍岛山,顺霍尔果斯河,至该河入伊犁河,汇流处,再过伊犁河往南,至乌宗岛山廓里札特村东边,顺阿克不尔塔什山岭上,即帖克斯川北分流之处,往东,其哈拉凯及察普察勒等山口归俄国属。过帖克斯河,仍顺阿克不尔塔什山岭,至廓克苏打湾山口。自此往南,至艾什克巴什山。再往西南,顺天山之哈雷克岛、罕颠葛里、萨雷雅萨、库库尔特留克、廓克山、喀拉帖凯等山,至苏约克山口。

从前浩罕地方,即今俄国属之费尔干省,与中国喀什噶尔等处地方交界明定如左:

由苏约克山顶此山口应归俄国属。往南,顺有阿来廓勒及萨乌业尔得二山口之山脚,至业精与那格拉察勒得二卡中间之地,由此往伊尔克什唐卡东之齐吉勒苏河,再往南至玛里他巴尔山。

查伊犁分界,应照明谊议定界图,以红线为界,已详第一条。其喀什噶尔分界,应酌改另议。盖从前喀什噶尔一处,与俄接壤者仅正北一面,其正北迤西为安集延所居,故当时议界只指葱岭一隅而言。近年俄国既据有安集延故地,而中国收复克城,凡阿古柏所有之地,亦已并入版图。据刘锦棠所报,阿古柏与俄人画地而守之时,其设卡处所尚有形迹可据,自宜按照办理。所有正北及西北各边分界,应与俄国议定,方可永远遵守。此条载,由苏约克山顶往南,顺阿来廓勒及萨乌业尔得二山口之山脚,至业精与那格拉察勒得二卡中间之地,由此往伊尔克什唐卡东之齐吉勒苏河,再往南至玛里他巴尔山等语。查阿古柏当日旧界,在怯底尔库尔尽头,其地在苏约克山再北一日程,不能由苏约克山划地也。又阿来廓勒迤北一日程,曰乌依塔拉,阿古柏曾造卡房于此,不能以阿来廓勒划界也。又喀城正西,由乌苏克怯提外卡西行三十里,为那格拉察勒得卡,又西三十里为业精卡,又西六十里为伊尔克什唐卡,再西一日程至利壳苏,即齐吉勒苏河,阿古柏曾掘长坑为界,今应仍其旧。至迤南一带所称玛里他巴尔山,既查无其名,自应仍照现在以黑子尔拉提达坂为界。

第八条　一千八百六十四年,即同治三年,塔城界约第一、第

二两条所定交界有不合宜,拟将此界改定如左:

两国交界,自奎峒山、顺喀巴、布尔崇二河中间山岭分流之处,过黑伊尔特什河,至萨乌尔岭内堪迭尔雷克河源。此条及前条所定各界,在此约所附图上用朱笔作线,注以俄国字母。

查塔城分界,于同治九年,经参赞大臣奎昌,会同俄官,自玛呢图噶图勒干起,至哈巴尔苏止,均已建立牌博(碑),今自毋庸纷更。惟两国所属哈萨克,应于此时一并划分清楚,以免淆杂滋事。查黑宰哈萨克一种,本归塔尔巴哈台管辖,每年冬深雪大,准入外卡过冬。自塔城变乱,该哈萨克遂潜据内卡,而又遥附俄国,自称俄属,与中国之克里哈萨克互相劫杀,至蒙汉种族骚然。如照人随地归约章,现在该哈萨克应仍归塔尔巴哈台管辖,如俄国不欲清还,而该哈萨克又甘为俄属,中国亦不相强,但当令其迁出卡外,不得再据我内卡寻隙生端也。此外,尚有哈萨尔、布鲁特等各种族之附俄国者,近亦纷纷内徙,或占据土尔扈特旧区,或占据布伦托海游牧,并应逐加清厘,以明界画而复旧制。似可于条约中声明大致,其详细节目,应由边界大员与俄官,随时随地,相度情形,再行定议。至分界之外,应留隙地若干,彼此不居,作为瓯脱,以泯争端,最是古来妙法,亦应议及。

第九条　以上第七、第八两条所定两国交界地方,及从前未立界牌之交界各处,应由两国派大员勘定,安设界牌(碑)。所有应行分界立牌之处,分定几段,分行派员勘定,安设界牌。各大员等会齐地方、时日,应由两国酌核定拟。

俟议定交收后,自应分界,安置牌博(碑),一定办法,可毋庸再议。

第十条　俄国照旧约在伊犁、塔尔巴哈台、喀什噶尔、库伦设立领事官外,准在嘉峪关、科布多、乌里雅苏台、哈密、吐鲁番、乌鲁木齐、古城,设立领事官。其哈密、吐鲁番、乌鲁木齐、古城四城,共准设领事官二员。其嘉峪关领事兼管甘肃、陕西通商事务,照依一千八百六十年,即中国咸丰十年《北京和约》第五、第六两条,应给予所盖房屋、牧放牲畜、设立坟茔等地。以上应设领事官各处,亦准一律照办。领事官公署未经起盖之先,地方官帮同租赁暂住房屋。俄国领事官,在蒙古地方及天山南北两路,往来行路,寄发信函,比照《天津和约》第十一、《北京和约》第十二两条,可由台站行走,地方官妥为照料。

查设立领事,各国总例载明,议定通商口岸方可准设,其余非指定通商口岸,及经过地方,皆不准设,已详见章程内。至给予可盖房屋,旧章载明专为指定通商处所而言,如系议定通商处所,自然照办。今除嘉峪关一口准设外,其余皆毋庸议。至往来行路,寄发信函,由站台行走,旧约只有恰克图入边一路。今议准添尼布楚、科布多两处入口,又添伊犁、塔尔巴哈台、喀什噶尔三处亦作为入口之路,则此五处准其发寄信函,不能发寄物件并不能由台站行走。

第十一条 俄国领事官驻中国,遇有公事,分别情形,或与本城地方官,或与地方大宪往来,均用信函,画押盖印;彼此往来会晤,均以友邦官员之礼相待。两国人民在中国地方贸易等事致生事端,应由领事官与地方官公同查办。如因贸易事务致起争端,听其自行择人从中调处。如不能调处完结,再由两国官员会同查办。两国人民为预定货物、运载货物、租赁铺房等事,所立字据,可以呈报领事官及地方官处,画押盖印为凭。遇有不按字据办理之人,领事官及地方官令其照依字据办理。

查领事与地方官会办一切事宜,与旧章大致相同,可以议准。与地方大宪往来均用信函一节,应驳。查咸丰八年《天津条约》第五条载,领事官与地方官有事相会并行文之例,皆照外国通商总例办理等语。又查三国条约,领事与道台同品,又查法国条约第四款,法国大宪与中国京外大宪俱用照会,二等官员与中国省中大宪公文用申陈,中国大宪用札行。是各国总例如此,不能率更旧章。且中国官与外国官员往来会晤,虽分等级,亦均以友邦官员之礼相待,未尝轻慢,何必纷更。

第十二条　俄国人民准许在中国蒙古地方贸易,并不纳税。其蒙古各处及各盟设官与未设官之处,均准贸易,亦不纳税。并准俄民在伊犁、塔尔巴哈台、喀什噶尔、乌鲁木齐,及关外之天山南北两路各城地方贸易,均不纳税。以上所载中国各处,准许俄民出入,贩运各国货物。其买卖货物,或以钱易货,或以货换货,俱可,并准以各种货物抵账。

查纳税、不纳税一层,已于章程内议明。是其以货抵货并抵账一层,查元年《塔尔巴哈台定章》原不准赊欠,至北京定约,始有相信赊欠明文。今改为换货抵账,自系由于彼此情愿,若一涉勉强,自有择人调处、官为和解专条,似无大出入,拟准。

第十三条　俄国应设领事官处及张家口准俄民建造铺房、行栈,或在自置地方,或照一千八百五十一年即咸丰元年《伊犁塔尔巴哈台通商章程》第十二条办法,由地方官给地盖房,亦可。

查张家口只准留货,与通商地方不同,亦与伊犁塔尔巴哈台定章议定贸易地方不同,照总例皆不得设领事、行栈,只准租房堆货,已于章程内议明。

第十四条　俄商自俄国由陆路贩货入中国内地,准许经过张家口、嘉峪关,前赴天津、汉口,并准在张家口、嘉峪关、通州、西安府、汉中府各等处销售,或由各处运往内地销售,俱可。俄商在以上各城、各口及内地贩买货物,亦准由此路经过张家口、嘉峪关运往俄国。

查准赴嘉峪关销售,照天津办理,准路过之哈密、巴古里坤城(巴里坤、古城)等城指定一处留货,照张家口办理,并运俄货入内地、贩土货回国,均删去西安、汉中字样,俱于章程内议明。

第十五条 俄国人民在中国内地及关外地方陆路通商,应照此约所附章程办理。其约内通商各条及《陆路通商章程》,自奉到御笔批准换约之日起,于五年后会议酌改。如五年限满前六个月内未经知照酌改,应仍照行五年。俄国人民在中国沿海通商,准照各国总例一律办理。如将来总例有应修改之处,应由两国会议酌改。

查同治八年改定《陆路通商章程》第十二款载有,试行五年,或有欲酌改之处,应于限满前六个月内照会,如限满未经知照,仍展至五年后酌改等语。又第九款载有,俄商在议定各口贩卖土货,由水陆出口、进口,及由俄国贩洋货由水陆进口、出口,仍照各国总例办理等语。此条大致相同,惟查各国通商条约,声明修改有十年者,有十二年者,各国本自不同。其实章程既无不便,原应历久遵行,似此时修改,往复辩论,徒滋纷更之弊。今约章既经订明,自无不便之处,尽可永远遵守。否则,或十年、二十年,再议酌改,有何不可?五年后会议酌改数语,应删。其俄国人民在中国沿海通商,准照各国总例一律办理,如将来总例有应修改之处,应由两国会议酌改数语,可准。至关外地方四字所包甚广,易致牵混,亦应删。

第十六条 将来俄国陆路通商较旺,出入中国货物如要定立税则,较为合宜,应由中俄两国会议定立。进口、出口货物,均按值百抽五纳税。惟未定税则之前,先将现照上等茶纳税之各种下等茶之税,酌减定拟。应由中国总理衙门,会同俄国驻北京全权大臣,自批准换约后一年内,会商酌定。

查定立货物税则,按值百抽五,系各国通例税则。税有未尽妥协者,随时厘定,以昭公允,自无不可。至所云未定税则之先,先将现照上等茶纳税之各种下等茶税,酌减定拟,亦尚可商。查汉口茶砖之案,近年来迭次辩论,迄未定议。缘茶砖系花香制成,向来出口时,各关既征正税,并令完一子税,历办已久,税则却未著有明文。近年俄商以花香已完内地厘税,不应于砖茶出口再交子税为词,由驻京大臣照会请免。经总理衙门与关道等复以花香、砖茶实系两物,譬如蚕茧、丝绸、棉花、布匹,均各按税则纳税,自不得以花香之税抵作砖茶。俄商则谓,砖茶系花香压成,即在汉口买自华商,非由内地运出,照约无应交子税之例。询之总税务司赫德,亦称,出口土货若未经由内地关卡,即不应完子税;凡洋商置买棉花织成布匹出口,亦不完子税;此项砖茶只应查明是否粗茶,若系细茶,可以议加正税,亦不应完子税等语。是此项砖茶纳税,尚未十分妥协,现虽仍以同治十三年俄商车厘班成案为据,拟令完纳,而终无以折服其心。且砖茶种类不一,有茶末、茶须、茶灰等名目,并有红茶粗梗不能作砖、仅捣成团者,究竟孰粗孰细,迄未考察得实,辄使一律征税,自未平允,今请酌减粗茶税,则事出有因。将来能将茶之粗细,分出等第,酌中定税,一昭公允,不特使洋商无所借口,亦未始非一便也。

第十七条 一千八百六十年,即咸丰十年,北京所定和约第十条,至今讲解各异,拟将此条声明追还牲畜之条其意应作为:凡有牲畜被人偷盗诱取,一经获犯,应将牲畜追还。如无原物,作为向该犯追偿。倘该犯无力赔还,地方官不能代赔。两国边界官应各按本国之例,将盗取牲畜之犯严行究治,并设法将自行越界及偷盗之牲畜追还,其自行越界及偷盗之牲畜踪迹,示知边界兵并附近乡长。

查咸丰十年《北京条约》第十条载:遇有牲畜逸越边界,或被诱取,该处官员一经接得照会,即派人寻找,或系被抢,查出牲畜,俱依照会之数将失物寻获,立即送还。如无原物,即照例计赃定罪,不管赔偿,本甚分明!乃俄官谓,洋文作应赔偿字样。于是遇有抢劫之案,或该犯无力,辄复哓哓辩论,必欲议赔。而西北各边哈萨克盗中国马匹亦间有赔偿银两之事,此或彼国旧例,责成头目人分赔,故能办到。中国势不可行。今声明汉文不能代赔字样,此系订正旧约中洋文之不符,较为妥善详明,可免讲解之误,应准。

第十八条　此约两国御笔批准后,各将条约通行晓谕各处地方遵照。将来换约应在圣比德堡,以一年为期,能于期内互换亦可。两国全权大臣将此约议定,备汉文、俄文、法文各两分,画押盖印为凭。三国文字校对无讹,遇有讲论,以法文为证。

查互换条约办法妥善,无可议。

签注《中俄陆路通商章程》

第一条　两国分界在百里内,准许中俄两国民人任便贸易,均不纳税。其如何稽查贸易章程,任便两国各按本国所定边制办理。

同治元年八月两次定章,此条文义皆同,专为限制边界贸易而设,东界久已照行。今将限制二字改为边制,去一限字,尚无碍,缘有百里内明文可以遵守也。

第二条　俄国商民,前往蒙古及天山南北两路地方贸易者,但能由章程所附清单内指明卡伦过界,该商应有本国边界官所发中俄两国文字并译出回文、蒙文执照。汉文照内,可用蒙古字,或回回字,注明商人姓名、货色、包件数目若干。此照应于入中国地界时,在附近边界中国卡伦呈验。该处查明后,卡伦官盖用戳记为凭。其无执照商民,任凭中国官员扣留,交附近俄国边界官,或领事官照例惩办。遇有遗失执照,货主应报明附近领事,或地方官,以便请领新照。其运到蒙古及天山各处之货,有未经销售者,准其运往张家口、嘉峪关,或在该关口销售,或运往内地,其征收税饷,发给运货执照,查验放行等事,均照以下章程办理。

查旧章,此条专为蒙古贸易而设。元年只准小本营生前往蒙古贸易不纳税。俄国迭以限制本银为不便,往复辩论,至八年改章时,始允删去小本营生四字。近年常有大帮买卖前往各盟,均不纳税。又咸丰元年,伊犁将军奕山奏定《西疆贸易章程》,准俄商在伊犁、塔尔巴哈台设立贸易圈,与中国商人交易,亦不纳税。查设官、不设官之蒙古地方,已统内外蒙古在内,所有库伦、乌里雅苏台、科布多三处大臣,皆辖蒙古者也。庚申约内试行贸易,又有喀什噶尔在内,即在天山之南,伊犁、塔尔巴哈台即在天山之北。今拟准其路过之巴里坤、哈密、古城等城,指定一处,留货销售,连已准之伊犁、塔尔巴哈台、喀什噶尔贸易地方,是天山南北两路已有通商地方,何必统天山南北而言,为一网打尽之计? 拟删去天山南北两路六字,改为西路二字,庶几截清界限。且华商赴俄界贸易者,百里外无不纳税。近日库伦大臣咨报,俄人加税有案。其拟准路过之哈密、古城、巴里坤等城,指定一处,本系中国内地,并非蒙古,又非边界,既准留货销售,应照张家口纳一正税,实为至情至理。旧章此条内有无执照商民将货入官,照被逃之法办理。光绪元年布策与总理衙门议约时,坚称被逃字面不光彩,请为删去。今不特将被逃句删去,并罚货入官一句,亦改有扣留惩办,未免太宽,致查验皆成具文。拟将被逃之法句照删,仍添入罚货入官四字,方昭平允。再,入边卡伦,旧章只有恰克图一路准其行走,前年布策议添入边之路单开二十一处,经库伦大臣拟定四处,未经照允。前年面与布策说过,添开卡伦,设官稽查、保护三者,所费不赀,故不能多添。今开清单三十六处,声明可以酌减,自应俟交收定议后,由各边界官会商再定。此有驳有准可与商议者。

第三条　俄商由恰克图、尼布楚运俄国货前往天津者,应由张家口、东坝、通州行走,如由科布多过归化城,运货前往天津,亦由此路行走。其由俄国运货,经过伊犁、塔尔巴哈台、喀什噶尔,前往汉口者,应由嘉峪关赴西安府,或汉中府行走。该商应有俄官并中国该管官盖印执照,内用两国文字注明商人姓名、货色、包件数目,沿途任凭各关口中国官员迅速点数、抽查、验照、盖戳放行。抽查之时,如有拆动之处,仍由该关口加封,并将拆动件数于照内注明,以凭查复。该关查验,不得逾一个时辰。其照限六个月在天津、汉口关缴销。如商人以为限期不足,应预先报明该处官员。倘有商人遗失执照,应行报明原给执照之官,请领新照,注明补给字据。一面至就近关口报明,查明所报是实,暂给凭据,准其执此前行。如查所报货色、件数与原照不符,该商有隐匿沿途私卖货物,或希图逃税情事,应照第八条章程罚办。

查旧章,俄商运俄货进口,只准由恰克图,过张家口、东坝、通州,直抵天津一路。其查验之法,设有三联执照,注明货色、包件,沿途不准销售。今于东路添出尼布楚一路,北路添出由科布多过归化城一路。查俄人向来只有恰克图一路入边,则在东路、北路之俄商,相距各有数千里,道路纡回,多添脚费,欲由尼布楚一路入边,已向总理衙门争之数年,皆驳斥有案。若止因过路起见,沿途查验得法,则由尼布楚与由科布多过归化城,仍归于张家口,事尚一律,流弊亦少。至运货赴嘉峪关一层,光绪元年俄国议改章程第六款内指出,由古北、杀虎等口并嘉峪关等处入中国,迭经驳斥有案。后据左宗棠来函,以俄官过兰州时,谈及由嘉峪关运茶一事,尚无大损,将来肃清后可以商办,并奏明在案。昨又函称,华商囤积茶箱太多,若俄商运货至关,再向华商买茶回国,实为两利。如能只准其运俄货至嘉峪关为止,似与前议相符。其入边时,即照恰克图办理,经过之哈密、巴里坤、古城指定一处,即照张家口办理;到嘉峪关时,即照天津办理。则路途一贯,防弊尚易。其余领照查验之法,与旧章无异,自可照准。至于赴西安府,或汉中府行走,前往汉口等语,是扰及陕甘两省,山路崎岖,运行不易,必至百姓惊疑,时多口舌,难行保护之责,万难准行。

第四条　俄商运来之货路经张家口、嘉峪关,任听将货酌留若干于口销售,限五日内在该关口报明,交纳进口正税后,中国官发给卖货准单,方准销售。

查元年定章以后,俄商屡欲在张家口多留货物,屡经辩驳,以此处并非指定通商处所,不能多销货物。由二成加至四成,八年改章时加至任听酌留若干。并声明无庸设立领事官及行栈,因张家口系路过之地,只准留货销售,并非议定通商口岸可比。十余年中,俄国屡以无处存货为言。再三设法,只准租房存货,不得悬挂字号,以符定章。今酌留字样,尚与旧章相同,惟删去无庸设立领事及行栈字样,直以此为通商口岸,各国必闻风而至,实于俄商不利。此处拟仍照旧添写无庸设立领事官及行栈字样,若准由伊犁、塔尔巴哈台、喀什噶尔,过哈密、古城、巴里坤等城,指定一处到嘉峪关,则此款内,应将路经张家口、嘉峪关字样,改为路经张家口及哈密、古城、巴里坤等城,指定一处字样,并凡俄商经过之地,皆可照此办理,无庸设立领事官及行栈。此条内,删去无庸设立领事、行栈,不能照办。

第五条 俄商由陆路运货物至天津、汉口,应纳进口税饷,照税则所载正税三分减一交纳。

查元年定章,运俄货至天津以及张家口,留二成货,皆纳税三分减一。八年改章,张家口改为酌留,因而交一正税。此条运至天津之货纳税三分减一,与旧章相符。汉口二字拟改为嘉峪关,其纳税即照天津三分减一,亦无不可。惟运货物应照旧章注明运俄国货物字样,方免混淆。此可以照办者。

第六条 如在张家口酌留货物,已在该口纳税,领有税单,而货物有未经销售者,准该商运赴通州或天津销售,不再纳税,并将在张家口多交之一分补还俄商。该关于张家口所发执照内注明,其在嘉峪关未经销售货物,准运往西安府、汉中府或汉口销售,其税饷照张家口一律办理。

查此条前半系八年章程内所有,后半添出,其在嘉峪关未售货物运至西安、汉中、汉口,照张家口一律等语。今若准以嘉峪关照天津办理,经过之哈密、古城、巴里坤等城,指定一城,照张家口办理,则此条后半,即应改为其在哈密、古城、巴里坤等城,指定一处,完过正税之货,有未经销售者,准其运至嘉峪关销售,其税饷照张家口办理。将在哈密、古城、巴里坤等城,指定一处,多交之一分补还俄商。再查三分减一,章程原因俄商陆路运费较大,与别国水路来者不同,故定此章程以示体恤。今既拟添嘉峪关一口,照各国总例,洋货进口自应完纳正税,亦是正理,援照减一之例,实已格外体恤。再,此次若议定以嘉峪关照天津办理,经过之哈密、古城、巴里坤等城,指定一处,照张家口办理,是经过之地只留货并酌留几成,均不得作为口岸,不得设立领事官及行栈,如能载明,方免混淆。

第七条　俄商如欲将所运俄国货及洋货,由张家口、嘉峪关运赴内地销售,照各国总例,除已交正税之外,应再交一子税即正税之半,该关口发给运货执照。此照应于所过各关卡呈验。如无执照者,则逢关纳税,遇卡抽厘。

查各国总例,洋商运洋货到通商口岸,交过正、子各税,领有税单,方准运赴内地销售,即张家口未销之货,只准运赴天津,不准径运内地。此条所称由张家口运赴内地等语,是货未运到通商口岸,在经过地方,即可四通八达,各国均无此例,亦俄国元年、八年两次章程所无。应改为俄国货由天津运赴内地销售,除补足正税外,再交一子税,方与旧章第八款相符。嘉峪关既照天津办理,则此条内由张家口、嘉峪关字样,拟改为由天津、嘉峪关运赴内地,交足正税外,再交一子税,方与各国总例相符。此照改后可以照准者。

第八条　俄商运俄国货至天津、汉口,除报明酌留张家口、嘉峪关之货外,查有原货抽换,或数目短少,与执照不符,即将所报查验之货全行入官。但沿途实系包箱损坏必须改装,装毕行抵就近关口报明,如查验原货包相符,即于单照内注明,方可免其议罚。倘有沿途私售,一经查出,其货全行入官。如仅绕越捷径,不按第三条之路行走,以避关卡查验,一经查出,罚令完一正税。如系车脚运夫作弊,有违以上章程,货主实不知情,该关应体察情形,分别罚办。其罚令入官之货,果果商人情愿将原货变价交官,自应与中国官妥商,按照原货从公估价交官亦可。

查旧章,运俄国货至天津,报明张家口酌留之货,其查验罚办之法皆与此相同。今既不准运至汉口,只准运至嘉峪关,应将汉口二字改作运至嘉峪关,其酌留嘉峪关字样改为酌留哈密、古城、巴里坤等城指定一处之货。其罚办之法,旧章只有罚货入官,今添出货主不知情、分别罚办二语。查海口通商,常有船夫作弊,货数不符,一经查出,推为货主不知情,不肯照罚,极费唇舌。在俄国商人海口买卖无多,何必添出此二语?势必致各国皆援一律均沾之例,在海口任意作弊,是虽有罚办明文,皆为虚设。且俄国两次定章皆无此二语,此次俄国实不必为各国开方便之门,损中国无限之税,关系甚大。此二语不能照办。

第九条 俄商如由天津、汉口运俄国货及洋货,由水路赴议定南北各口,则应按照各国税则,在天津、汉口补交原免三分之一税银,俟抵他口不再纳税。如由天津、汉口及他口入内地,均应按照各国税则,再纳一子税。

查此与旧章第八款相同,惟不准运俄货至汉口,只准运俄货至嘉峪关,应将如由天津、汉口运俄国货及洋货由水路云云,删去汉口二字,并及洋货三字,改为由天津运俄货由水路云云。其由天津、汉口及他口运入内地,删去汉口及他口字样,改为由天津、嘉峪关运入内地。此可以照准者。

第十条 俄商在天津、汉口贩买土货回国,应由第三条所载张家口、嘉峪关行走。俄商运货出口,照各国税则交出口正税,如在他口全税交完,至此不再重征。如在天津、汉口贩买复进口土货,该商交税后在一年内出口回国,将在天津、汉口所交复进口半税仍行给还。俄商贩货回国,领事官发给两国文字执照,注明商人姓名、货色、包件数目若干，各该关盖印。该商务须照货相随，以凭查验放行。其缴销执照限期并遇有遗失执照等事，均照第三条章程办理。该商应照第三条之路行走，沿途不得销售。如违此章，即照第八条所定章程罚办。沿途各关卡查验货物，应照第三条办理。

查此贩买中国所产土货回国章程也，旧章第十款、第十一款所载，运回国之土货，并贩运复进口之土货，一切办法皆与此相同。惟既不准由汉口陆路回国，应将在天津、汉口字样改为天津、嘉峪关。其由张家口、嘉峪关行走字样，改为由张家口及哈密、古城、巴里坤等城指定一处行走。载明俄商在天津、嘉峪关贩买土货回国应由第三条所载张家口及哈密、古城、巴里坤等城指定一处行走云云，其如在天津、汉口句改为天津、嘉峪关。将在天津、汉口句改为将在天津、嘉峪关。此可以照办者。

第十一条　俄商在通州、西安、汉中贩买土货，由陆路经由张家口、嘉峪关回国，应照各国税则完纳出口正税。如在张家口、嘉峪关贩买土货出口，应纳一子税。如该商由内地贩买土货，运往通州、西安、汉中、张家口、嘉峪关回国，照各国在内地办理土货总例，再交一子税，由各该关口收税发给执照。其在通州买土货回国，应预先报明东坝，由东坝收税发给执照。其运货出口发给验货〔单〕等事，应照第三条所载章程办理。

查旧章第十一款，在天津、通州买土货回国，完一正税，领有税单执照，沿途不得销售。十四款，在张家口买土货回国，交一子税。十三款，在通州买土货，在东坝完一正税。今并为一条。应删去西安、汉中字样，改为在通州、嘉峪关贩买土货，由陆路经由张家口及哈密、古城、巴里坤等城，指定一处回国云云。如在张家口、嘉峪关字样，改为如在张家口及哈密、古城、巴里坤等城，指定一处贩买土货回国云云。其如该商由内地贩运土货,运往西安、通州、汉中字样,改为运往通州、嘉峪关、张家口及哈密、古城、巴里坤等城,指定一处回国云云。再,回国土货照内均须载明沿途不得销售一语,方与旧章相符。此旧章所有,可以照办者。

第十二条　俄商在天津、汉口贩买别国洋货由陆路回国,如别国已交正税、子税,有单可凭,不再重征。如别国只交正税,未交子税,该商应按照各国总例,在该关补交子税。

查此与旧章第十五款相同,惟多汉口二字,应将汉口二字改为嘉峪关,载明俄商在天津、嘉峪关贩买别国洋货,由陆路回国云云。此与旧章相同,可以照办者。

第十三条　俄商贩运洋货土货出入中国,应照各国税则,及同治元年议定俄国续则纳税。如各国税则及续则均未备载,应照各国值百抽五总例纳税。

查此与旧章第十九款相同,惟添出入中国四字,语意太觉宽廓,易滋流弊。如能照旧写俄商贩运土货、洋货出口字样,较为周密。此与旧章相同,可以照办。

第十四条　凡有金银、外国各等银钱、各种面、砂谷、米面饼、熟肉、熟菜、牛奶酥、牛油、蜜饯、外国衣服、金银首饰、挽银器、香水、碱、炭、柴薪、外国蜡烛、外国烟丝、烟叶、外国酒、家用杂物、船用杂物、行李、纸张、笔墨、毡毯、铁刀利器、外国自用药料、玻璃器皿,以上各物,由陆路进出口,通商各口皆准免税。倘由章程所载各海口及各城运往内地,除金银、外国银钱、行李三项仍毋庸议外,其余各货,皆每百两之物完纳税银二两五钱。

查旧章第十六款内载所有各国税则,第二款所载俄商由陆路贩货亦按照一律办理。八年改章,第十七款仍照旧。今照各国总例第二款内全文录出，与旧章同意，此可以照准者。

第十五条　凡有违禁货物如火药、大小弹子、炮位、大小鸟枪并一切军器等类，及内地食盐、洋药，以上各物概属违禁，不准贩运进出口。敢违此例，所运货物全罚入官。俄国人民前往中国，准许自备军械护身，填入执照。每人各带鸟枪或手枪一杆。又硝磺、白铅均为军前要物，应由华官发给准单，方准洋商运进口，或由华商特奉准买明文，方准销售。中国米、铜钱不准运出，外国米谷及各种粮食皆准贩运进口，一概免税。

查旧章第十八款内载，俄商如有偷漏及挟带违禁之物，如各国税则第三、第五两条所载各物件，均应将货入官。揣其文义，似单指违禁之物而言，此次不知何以将总例第三、第五两款逐字钞录。左宗棠来函谓，此条恐别国借以运洋药入关。查俄国陆路独专之利他国不能援引，俄国商人向不贩卖洋药，所言似属过虑。然能照上两次旧章囫囵一写，更无流弊。末言每人各带兵器一件，与旧章相同。查各国由轮船运货进口，所带器械枪炮，向无定数。因与俄国边境毗连，俄商由陆路入口，故立此条以示限制。此可以照准者。

第十六条　俄商不得包庇华商货物运往各口。

查此与旧章第二十款全同，可以照准。

第十七条　凡有严防偷漏诸法，任凭中国官随时设法办理。

查旧章第二十一款内载，凡有严防偷漏诸法，按照各国总例，任凭中国官随时设立办理。两次皆同，今删去按照各国总例字样，应令照旧添入，以符定章。此可以照办准行者。

签注《中俄瑷珲专条》

按照一千八百五十八年五月十六日，即咸丰八年，中俄两国瑷珲定约,准许俄民在松花江行船,并准与沿江一带地方居民贸易。嗣因《瑷珲条约》讲解各异,致生阻难。今欲免去阻难,不废原约本意,两国全权大臣彼此商酌,意见相同,议定如左:

《瑷珲和约》准其行船贸易仍旧全留不改,今欲遵照此章,如有开办行船贸易等事,于两国未经商定之前,准许俄民在松花江行船至伯都讷,并与沿江一带地方居民贸易,或运货前往,或由该处贩运各种土产货物亦可,中国官员并不阻止俄民与该处居民贸易。此专条,均应进呈,恭候两国御笔批准,彼此知照。今两国全权大臣将此条约画押、盖印为凭,各存一份。

查《瑷珲城条约》载:黑龙江、松花江左岸为俄国属地,右岸为中国属地,两国交界之间作为两国共管之地。黑龙江、松花江、乌苏里河,此后只准中国、俄国行船,别国船只不准行走。又载:两国所属之人,令其一同交易各等语。并未限制以何处为界。自元年定有百里内一条,外间遵行已久,稍示限制。上年黑龙江买粮案内设法通融,饬商人运粮至百里交界,以便俄人前来承买,不致显违定章。近年每因外间分别上下游界址,俄人不服拦阻,公然闯越。若竟见之明文,则章程第一条百里限制即为无用,且东三省后患堪虞。是行船至伯都讷,与章程相背,不能照准。拟与言明:与中俄公共之江面自应准行无碍,其为中国独管之江面,自有元年百里内之约。此条不能照准。

签注《兵费及恤款专条》

按照中俄两国全权大臣此日所定条约第六条内载:中国将俄兵代收代守伊犁所需兵费及补恤俄民之款,共银卢布五百万元,归还俄国。此款自立约之日起,一年内归完。今将此项归款,由两国全权大臣会商,拟定归还次序如左:

以上银卢布五百万元议定分作三次归还：第一次归完与交还伊犁同时。第二次自交还伊犁之日起六个月归还。第三次自立约之日起一年归完。俄国将此项银卢布五百万元，转令伦敦城内拉得别林格银号代收。按条内所定次序，每次中国应还英金镑二十六万五千一百三十一元，三次共还英金镑七十九万五千三百九十三元，共合银卢布五百万元整。此专条与载明此日所定约内无异。此条由两国全权大臣画押、盖印为凭。

查归完俄国代收、代守各费办法次序，如果全境交收，自可照准。

附议专条

西疆各城收复以后，逆首白彦虎等逃入俄国，据左宗棠奏报，以官兵未便入俄境追捕。光绪四年二月间，经总理衙门照会俄国驻京大臣布策。旋准照复称：已咨报本国，仍须左大臣照会图尔其斯坦总督云云。嗣经往复辩论，无非推诿延宕之词。迨崇厚到俄商办交城，并未深论此事。濒行，与其外部大臣格尔斯议及，格谓：国君已谕地方官严加禁锢，不致再行出外滋事，不忍置之重典等因。查庚申条约第十条内载：如有越边逃人，一经接得照会，即设法查找，找获时送交近处边界官员等语。今俄国容留中国逆首白彦虎等，已无可解免。及屡向索取，又复迁延不交，仅以空言搪塞，不特显背约章，抑且有乖睦谊。此事自与交收并重，无论将来办到如何地步，总应向其理论，相机酌办。

中俄约章总论七条

一、俄人代守伊犁后，俄国使臣倭良嘎哩与总理衙门往返辩论,始议定一面交收伊犁,一面商办各事。乃去年开办,布策坚欲先办各事,意在合办为利。其时若能分开,无论如何居奇,或不至此无理议办商务,即令减去若干,已为从来修约所无。恐彼族又以分办为利,然在我总宜合办,方不吃亏,且可借以抵制。

一、现在商务内议准各条,皆照交还伊犁全境办理。查锡纶函内称,俄人于金顶寺修理长街二十里,每年收税百万。果尔,是无全还之理矣。此次议办,如能全还伊犁固好,否则彼此损益之间务须悉心较量,不可卤莽从事。

一、应全境交还方与通商利益,如嘉峪关通商,哈密、巴里坤、古城等城指定一处留货,及东路由尼布楚,北路由科布多,比之二百年来只走恰克图一路,可省脚费数千里,皆俄国求之多年不得者,若非全境交收,此等利益岂能轻许?

一、他国重洋之隔,止于谋利,俄则三面毗连,时怀蚕食。中国历来办法,每宽于商贾,而严于界址。故章程第一条立百里之限,二条罚无执照商民,三条限一定行走之路,设立三联执照。而税项则三分减一,又免复进口半税,以示体恤。俄国每以限制商路为言,故此次和盘托出,有伊犁、塔尔巴哈台、喀什噶尔三处分界,及松花江上游行船等条款,自皆不能松劲。

一、俄若专议修约,已推宕十年未办之事亦难拒绝,自有光绪元年、三年总理衙门照会并四次问答节略在,自可重理前说。向来修约不过小占便宜,如现拟之汉口茶叶减税等事所损无多。其余大端,自可援不准节外生枝一条以驳之。

一、向来章程,凡进口俄货,出口回国土货,皆凭三联执照查验,沿途不准销售,恐妨华商生计,故逐款载明。从前屡与辩论,布策答以写在一款与写在各款无异。此等小节似不值与争,然有此一句,外间查验得法,究竟尚可补救。

一、伊犁全境交还是一办法,不能交还是一办法,此外如条约十条之非通商口岸设领事及由台站行走发寄物件,十一条之领事与地方官用信函,十二条之不纳税,十三条之张家口设领事、行栈。章程二条之天山南北贸易,不声明照被逃之法办理并罚货入官字样,三条之由西安、汉中行走,四条之设领事、行栈,七条之由张家口、嘉峪关赴内地销售,八条之货主不知情分别罚办。专条之松花江行船至伯都讷。各节关系既大,窒碍尤多,虽将伊犁全境交还亦不可行。总之,曾纪泽此次办法自以全收伊犁为是。否则,仅议条约,酌予通融。倘能就绪,尚是中策。若俄国不能全交伊犁,且执与崇厚所议约章、专条妄事争辩,或于崇厚所议外横生枝节,不能就我范围,则惟有随时随事请旨遵行,宽其时日,缓以图之。缘曾纪泽奉命前往,其难较崇厚十倍,约章等件如何与议,固不可使之无所依据,亦不敢谓执此一成不变之说,能于数万里外操纵咸宜,使俄国君若臣遽尔心折也。

谕醇亲王等:所有总理衙门议奏折单各件,着阅看,毋宣泄。

(以上录自《清季外交史料》卷十九)

总署奏接曾纪泽电俄以兵船挟华遵照前约请谕曾纪泽与俄交涉要旨折　附电及上谕

总理各国事务恭亲王奕訢等奏,为奏闻请旨事。

七月二十七日,臣衙门接据曾纪泽电报,内称:闻俄派海部为公使,以兵船挟华照前约。现容泽商,试泽刚否,如泽太刚,彼必不在此处议事。泽恐其在华无理取闹,故未将驳议全露,宽以縻之,乞婉奏。现用柔实非得已，如不谓然，恳严电明示，泽可改而用刚。松花专条本在约外，现尚未提。提，则设词请其缓议，不能据理直驳。汉口既有运商能夺俄利，何不将西安、汉中慨允？俄行久之，渠将废然而返等语。臣等窃维曾纪泽此次使俄议废崇厚所订之约，其办理情形本不易，现在甫经开议，办法自有次第，立论亦不在过刚，但期事有转圜，于原议之必不可行者，内持定见而外示婉商，不随不激，斯为得之。松花江及西安、汉中通商两事，实为约章中最要关键。曾纪泽所称缓商、慨允两层，施之此二条，将来办理殊多窒碍。相应请旨饬下曾纪泽，将来条约、章程统权轻重，相机因应，勉为其难，总期足弭衅端，无伤大体，是为至要。谨将电报录呈御览。

再，接曾纪泽电：已于本月十七日见俄君，呈递国书。合并声明。谨奏。

光绪六年七月三十日奉旨。

谨将曾纪泽电报录呈御览①

张之洞所陈者理，俄恃强则不甚顾理。且订约理易伸，改约理难伸。昨见外部，谈驳数端：一索伊犁全境，一塔嘎界各派大臣面定，一嘉峪关领事外暂不添设，一哈巴古仅许一处留货，一关外西路不全免税。格已靦然。今日送节略仍照昨谈大端，且看答复如何。闻俄派海部为公使，以兵船挟华照前约。现容泽商，试泽刚否，如泽太刚，彼必不在此处议事。泽恐其在华无理取闹，故未将驳议全露，宽以縻之，乞婉奏为感。泽意国事为重，身名为轻，且所

---

① 应为曾纪泽七月十九日所发电报。

议终须衙门电允乃定。现用柔实非得已，如不谓然，恳严电明示，泽可改而用刚。松花专条本在约外，现尚未提。提，则设词请其缓议，不能据理直驳。汉口既有运商能夺俄利，何不将西安、汉中慨允？俄行久之，渠将废然而返等语。谨代奏。

七月二十七日

上谕：总理衙门奏，接据曾纪泽电报与俄国开议情形一折。此次曾纪泽与俄人辩论，自应先以索还伊犁全境为言，然彼既占据已久，未必遽肯全还。目前统筹全局，所重者尚不专在此节。着曾纪泽察看情形，如此事急切未能定议，即遵照四月初五日谕旨暂行从缓。至通商各条，原因索地起见，不能不量予从宽。如伊犁既从缓商，则通商各条中之必不可允者，亟应据理相持，多争一分，即少受一分之害。内如松花江行船至伯都讷及西安、汉中通商两条，尤为约章最要关键，勿得稍涉迁就，该少卿务须力持定见，与之辩驳。俄人欲以兵舶来华，兼图挟制，亦在意中。惟当刚柔互用，以期事可转圜，无伤大体，方为妥善。并着总理衙门，先将此旨大意，由电信知照曾纪泽遵办。

七月三十日

总署奏据曾纪泽电称俄外部拒绝交涉另派使赴北京商订折　附原电及上谕

总理各国事务恭亲王奕訢等奏，为奏闻请旨事。

八月初三日，臣衙门接据曾纪泽电报，内称：接外部复文，大致谓,伊犁割地,推广商务,均须照办。嫌泽节略将要务全驳,无可和衷,已派使速赴北京商订等语。臣等查,前据曾纪泽电报:七月十七日见俄君,嘱将要务商之外部,外部订次日晤谈。及见外部,谈驳数端:一索伊犁全境,一塔喀界各派大臣面订,一嘉峪(关)领事外暂不添设,一哈巴古仅许一处留货,一关外西路不全免税。嗣送节略,仍照所谈大端等因。当经臣衙门具奏。七月三十日钦奉上谕:着电知曾纪泽遵办。又据张之洞奏陈办法各条,八月初三日奉旨:一并电知曾纪泽各等因。钦此。臣衙门均由电报发寄。今据曾纪泽电报,外部复文有无可和衷,派使赴京云云。是曾纪泽甫经谈论数事,尚未将各条如何窒碍、如何商改之处详细议及,而俄外部已作拒绝之词。其办理棘手,已可概见。且查六月间据邵友濂电报:俄派海部尚书勒专乌斯机,带兵船赴上海、日本等处,布策约七月间回华。曾纪泽前次电报,又有闻俄派海部为公使,以兵船挟华照前约之说。今俄外部复文所称派使赴京商订,是否即曾经驻京之使臣布策前来,抑系带兵船之海部兼充使臣,均未可知。惟是曾纪泽奉命使俄,专为商订约章一事。未到之前,英、法驻京使臣威妥玛、宝海等,均以减免崇厚罪名始可商议为请。当经奏奉谕旨:着暂免斩监候等因。钦此。德国驻京使臣巴兰德,又以须由臣衙门与俄国署使臣凯阳德,将边界各旧案议结,以显和谊。臣等即于七月初三日奏准,各案均照原议完结,照会凯阳德,转报其国外部。初六日据曾纪泽电报到俄日期,并恳免崇厚罪名。初七日奉上谕:着加恩即行开释等因。钦此。臣等窃计免罪、结案两事均已照行,所有约章各条曾纪泽谅可与俄外部从容商议,渐有归着。乃我之使臣甫到,而彼之使臣忽来,是其有意龃龉,殊多回测。第商议约章之事,曾纪泽是其专责,何以俄有派使来京之言遽行诿卸？应请饬下该大臣,懔遵历次电寄办法,向俄外部妥速与商,以维大局。仍由臣衙门一面电知该大臣查照办理,一面知照凯阳德,转达其外务部,与曾纪泽商议各事,如有应与臣等面商者,即可由凯阳德就近晤商,毋庸另行派使来京,致多枝节。至英、法、德各使臣所请减罪、结案两事,均经照准。其能否阻止俄国派使之处,即由臣等商之各使,以冀设法转圜。至参赞邵友濂,既据曾纪泽电称熟悉情形,应由臣衙门一并电知该大臣,饬令暂留俄都,随同商办。谨将曾纪泽电报录呈御览,伏乞训示。谨奏。

光绪六年八月初五日。

谨录曾纪泽电报恭呈御览

接外部复文,大致谓,伊犁割地,推广商务,均须照办。嫌泽节略将要务全驳,无可和衷,议改前派头等钦差所定,中国既视为不足重,且举动情形难堪,俄因受累。惟各案已饬妥办,尚属好意,故约章不强中国概允,已派使速赴北京。倘各案业经办结,可即在京和衷商订。顷,案其大意照复四端,并询俄使衔名等第及已否赴华,请其复示,谨录前节略,今照复,另由北路电闻。吾华释崇、结案,占理十足,俄虽横,署中自能应付也。邵道熟悉情形,饬赶回京备问。恳代奏。

上谕：总理衙门奏,接据曾纪泽电报,俄人以要务全驳,无可和衷,派使速赴北京商订一折。览奏不胜诧异！此次曾纪泽与俄人论驳,仅及数事,因外部作拒绝之词,遂思诿卸,并未将各条如何窒碍详细商改。所论数事,如松花江行船至伯都讷及西安、汉中通商等最要之件,均未议及。该少卿将听其派使赴京,竟嘿尔而息,置身事外耶!商议约章是曾纪泽专责,前允该少卿所请,将崇厚开释罪名,原为改约地步。乃曾纪泽因外部一言龃龉,遂不能设法转圜,与之从容商议,岂开释罪名仅以呈递国书遂为了事?且据称,释崇、结案,占理十足,该少卿何不即与辩论?种种情节,殊不可解!着懔遵迭次电寄办法,与其外部从容商办,以维大局。不得因彼有派使来华之信,不候谕旨,擅离俄国,致生枝节。邵友濂既熟悉情形,着留于该处,以资襄办,毋庸饬令回京。并着总理衙门先将此旨大意由电知照曾纪泽遵办。将此密谕知之。

八月初五日

(以上录自《清季外交史料》卷二十二)

光绪六年八月初八日电寄密谕

面奉谕旨,俄事日迫,能照前旨争重让轻固妙,否则就彼不强中国概允一语,力争几条,即为转圜地步,总以在俄定议为要。俟有成说,由电请旨遵行。钦此。奉到此旨,即行遵办等语。

光绪六年八月初八日

(录自《光绪朝东华录》)

谕刘锦棠等着办理中俄界务

谕寄刘锦棠、金顺、张曜、升泰、锡纶:中俄约章互换后,伊犁分界事宜,俄国派有大员,约定在何处交收,即着锡纶懔遵前旨,驰往会晤;并着添派升泰一同前往,按照曾纪泽所订条约及所绘界图,妥慎办理。此事关系甚重,当与刘锦棠、金顺、张曜详加筹度,总期界画分明，永昭信守。

光绪七年五月十六日

总署奏中俄新订条约请预筹以备开办折

总理各国事务恭亲王奕䜣等奏，为中俄新订约章各款，拟请分别预筹，以备届期开办事。

查中俄改订约章各件钦奉恭用御宝后，于五月初一日，派员赍送出使大臣曾纪泽恭办在案。查条约、章程各件所载端绪纷繁，其中以分界、通商、偿款为三大端。界务一节，除接收伊犁外，塔、喀二处亦须重加勘定，已奉旨派锡纶会商金顺相机筹办。商务新添嘉峪关一口，声明完纳税饷等事，照天津一律办理，自有定章可循。惟嘉峪关既经添设通商口岸，所有经征税课、一切交涉事件，非有专管监督不足以资经理。查从前新设宜昌、芜湖、瓯海各关，均以本属地方道员兼充监督。嘉峪关通商伊始，可否请旨，以甘肃安肃兵备道兼充嘉峪关监督，遇有交涉事件，责成办理，以期呼应较灵；并比照各海关成例，遇有缺出，以记名海关道员，与各部院京察一等记名道府人员，一并请旨简放之处，出自圣裁。至各关洋税，向由该监督督饬税务司办理。嘉峪关系属陆路，与各口情形稍殊，应否添设税务司之处，应请饬下陕甘总督，察看情形，奏明办理。至嘉峪关、吐鲁番设领事，张家口设行栈及茶税各节，均系换约后通行之事，应于换约后分别试办。至偿款卢布九百万元，约合银五百万两，两年内匀作六次归还，应如何预为筹备，应由户部速议，以便换约后按期拨给，免致贻误。谨奏。

光绪七年五月二十八日奉旨：依议。

总署奏会同俄国大员接收伊犁折

总理各国事务恭亲王奕䜣等奏,为接收伊犁事宜亟应克期举办事。

窃奉五月十六日上谕:约章互换后,俄国派有大员约定在何处交收,即着锡纶懔遵前旨,驰往会晤,并着升泰一同前往,按照曾纪泽新订条约及所绘界图,妥慎办理。此事关系甚重,当与刘锦棠、金顺、张曜详加筹度,总期界划分明,永昭信守,不得稍涉轻心,致贻后患等因。钦此。惟查新约第五条内开,两国特派大臣遵照约内关系交收事宜,在伊犁城会齐办理,该大臣遵照督办交收伊犁事宜之陕甘总督,与土尔吉斯坦总督商定次序开办。陕甘总督奉到批准条约,将通行之事派委员前往塔什干城,知照土尔吉斯坦总督,于三个月内,将交收伊犁之事办竣各等因。现在陕甘总督曾国荃尚未到任,署甘肃布政使杨昌溶护理督篆,与从前情形不同。臣等公同商酌,拟请旨饬下伊犁将军金顺,督办交收伊犁事宜。锡纶作为特派大臣,仍与刘锦棠、升泰等详细妥筹,会同俄国所派大员,在伊犁城商定次序开办。责成金顺派委妥员,前往塔什干城,知照土尔吉斯坦总督,将交收伊犁各事,照约如期办竣。至分界事宜,拟请饬下锡纶、升泰,懔遵前旨,与刘锦棠、金顺、张曜随地随时详加筹度,妥慎办理。谨奏。

光绪七年闰七月初九日。

总署奏中俄换约日期折①

总理各国事务恭亲王奕䜣等奏,为中俄新定约章接准电报业

---

① 此折还附有《改订条约》、《陆路通商章程》及《卡伦单》,因朱刻本《金轺筹笔》末尾已附,故此处从略。

经互换事。

　　窃查中俄改订条约、章程各件，钦奉批准恭用御宝后，派员赍送出使大臣曾纪泽遵办。旋据曾纪泽电报，七月十二日祇领到批准约章，十七日由法国启程，二十日行抵俄国等因。兹复接曾纪泽电报，内称：本日换约礼毕，电闻以便安排头批偿款收地，想早派人索白逆，赆已具，迟数日即发等语。伏念此次订立约章，办理数年，始克就范，其中应行开办各条款，在在均关紧要，臣等已奏请分别议筹等因。奉旨：依议。钦此。现值互换事竣，除由臣衙门将应办事宜分别奏咨，次第办理外，谨将换约日期，专折具奏。谨奏。

　　光绪七年闰七月初九日奉旨：知道了。

　　　　　　　　　　（以上录自《清季外交史料》卷二十五）

图书在版编目(CIP)数据

金轺筹笔 /(清)曾纪泽等撰;李峻杰整理. —上海:上海古籍出版社,2020.7
(近代中外交涉史料丛刊)
ISBN 978-7-5325-9517-4

Ⅰ.①金… Ⅱ.①曾… ②李… Ⅲ.①西方文化—研究—中国—清后期 Ⅳ.①K103

中国版本图书馆 CIP 数据核字(2020)第 066245 号

近代中外交涉史料丛刊

金轺筹笔

曾纪泽　庆　常　等撰
李峻杰　整理

上海古籍出版社出版发行

(上海瑞金二路 272 号　邮政编码 200020)

(1)网址:www.guji.com.cn
(2)E-mail:guji1@guji.com.cn
(3)易文网网址:www.ewen.co

浙江临安曙光印务有限公司印刷

开本 890×1240　1/32　印张 11.375　插页 4　字数 255,000
2020 年 7 月第 1 版　2020 年 7 月第 1 次印刷
ISBN 978-7-5325-9517-4
K·2792　定价:58.00 元

如有质量问题,请与承印公司联系